Manual
de
ENFERMAGEM

2ª edição

Dados Internacionais de Catalogação na Publicação (CIP)
(Câmara Brasileira do Livro, SP, Brasil)

Paulino, Ivan
    Manual de enfermagem / Ivan Paulino. – São Paulo : Ícone, 2000.

Bibliografia.
ISBN 85-274-0611-X

1. Enfermagem – Manuais I. Título.

CDD-610.73
NLM-WY 100

00-1956

Índices para catálogo sistemático:

1. Enfermagem : Manuais : Ciências médicas   610.73

2. Manual de enfermagem : Ciências médicas   610.73

Ivan Paulino

Manual de ENFERMAGEM

2ª edição

Ícone editora

© Copyright 2004.
Ícone Editora Ltda

Capa e Diagramação
Andréa Magalhães da Silva

Modelos
Liliam Freitas Paulino
Lívia Paulino
Rafael Jacinto

Ilustrador
Francisco Vaz

Fotos
César Romero

Revisão Técnica
Yumiko Asada Jacomo

Revisão
Antônio Carlos Tosta
Jonas de Amaral Negalha

Proibida a reprodução total ou parcial desta obra,
de qualquer forma ou meio eletrônico, mecânico,
inclusive através de processos xerográficos,
sem permissão expressa do editor
(Lei nº 9.610/98).

Todos os direitos reservados pela
ÍCONE EDITORA LTDA.
Rua Lopes de Oliveira, 138 – Barra Funda
CEP 01152-010 – São Paulo – SP
Tel./Fax.: (11) 3666-3095
www.iconelivraria.com.br
e-mail: icone@iconelivraria.com.br
iconevendas@yahoo.com.br

"Ama a todos, confia em poucos
a ninguém ofendas, está à altura de teu inimigo
mais pelo poder do que por seu uso,
e guarda teu amigo
no coração a sete chaves;
deixa-te censurar por seres silencioso,
nunca, porém, por falares demais."

Shakespeare

À minha mãe LUCY e
à mãe de todas as mães, MARIA,
dedico este trabalho.

Ivan Paulino

O AUTOR

- Enfermeiro formado pela Escola de Enfermagem Ana Nery da U.F.R.J.
- Ex-Enfermeiro do Grupo de Planejamento, Epidemiologia e Informações em Saúde da Superintendência Regional de Saúde de Cachoeiro de Itapemirim/Secretaria de Estado da Saúde do Espírito Santo.
- Ex-Secretário da Associação Brasileira dos Profissionais em Controle de Infecção Hospitalar – ABIH.
- Ex-Presidente da ABIH.
- Monitor para Cursos de Introdução ao Controle da Infecção Hospitalar pelo Ministério da Saúde.
- Ex-Coordenador do Centro de Treinamento Nº 12 (Santa Casa de Misericórdia de Cachoeiro de Itapemirim), em Controle de Infecção Hospitalar (Ministério da Saúde).
- Ex-Enfermeiro do Grupo de Controle de Infecção Hospitalar da Santa Casa de Misericórdia de Cachoeiro de Itapemirim, ES.
- Ex-Membro da Comissão Municipal de Prevenção e Controle da Cólera em Cachoeiro de Itapemirim, ES.
- Ex-Membro do Conselho Municipal de Saúde de Cachoeiro de Itapemirim, ES.
- Ex-Secretário da Associação Capixaba dos Profissionais em Controle de Infecções Hospitalares – ACAPECIH.
- Ex-Presidente do Conselho Regional de Enfermagem do Espírito Santo.
- Ex-Coordenador do Programa Municipal de Atenção aos Diabéticos em Cachoeiro de Itapemirim, ES.
- Sócio Fundador da Associação Cachoeirense de Diabéticos.
- Ex-Secretário Municipal de Saúde do Município de Vargem Alta, ES.
- Ex-Membro do Conselho Municipal de Saúde de Vargem Alta, ES.
- Ex-Membro da Comissão Municipal de Prevenção e Controle da Cólera do Município de Vargem Alta, ES.
- Membro da Associação dos Dirigentes Cristãos de Empresas de Cachoeiro de Itapemirim – ADCE – ES.
- Membro do Colegiado de Secretários Municipais de Saúde do Estado do Espírito Santo.
- Ex-Secretário do Colegiado de Secretários Municipais de Saúde do Estado do Espírito Santo.

- Ex-Membro da Comissão Intergestora Bipartite do Estado do Espírito Santo (Comissão Intergestora Biparte).
- Enfermeiro da CCIH do Hospital Evangélico de Cachoeiro de Itapemirim, ES.
- Enfermeiro da Secretaria Municipal de Saúde e Ação Social de Marataízes, ES.

Publicação do autor:
Noções Básicas sobre o Controle e a Profilaxia da Infecção Hospitalar para Enfermagem (nível médio), Editora Relisul, Paraná.

ÍNDICE

PREFÁCIO 21

PARTE 1 – PRIMEIROS SOCORROS

CAPÍTULO 1 – Definições básicas
Definição de primeiro socorro 27
Como socorrer? 28
Um pouco de história 29

CAPÍTULO 2 – Sinais vitais
Definição 33
Temperatura 33
Pulso 34
Respiração 37
Pressão Arterial 40

CAPÍTULO 3 – Traumatismos
Definição 45
Escoriações 45
Contusões 46
Feridas 48
O socorro para ferimentos 50
Fraturas 55
Entorse 58
Luxação 59

CAPÍTULO 4 – Hemorragias
Definição 61
Tipos de hemorragia 61
Como realizar a hemostasia? 63

CAPÍTULO 5 – Queimaduras
Definição 67
Grau de queimadura 67
Extensão da queimadura 68
Socorro para queimaduras 70

CAPÍTULO 6 – Males súbitos
Definição 71
Vertigens 71
Socorro para vertigens 71
Desmaio 71
Socorro nos casos de desmaios 72
Insolação e Intermação 72
Socorro para insolação e intermação 72
Coma 72
Socorro para o coma 73
Convulsões 73
Socorro para crises convulsivas 73

CAPÍTULO 7 – Envenenamentos
Definição 75
Socorro para envenenamentos 75
Envenenamentos por picadas de animais peçonhentos 76
Socorro para envenenamentos por picadas de animais 76

CAPÍTULO 8 – Respiração artificial e massagem cardíaca externa
Introdução 77
Respiração boca a boca ou método de Elizeu 77
Massagem cardíaca externa 79

CAPÍTULO 9 – Transporte de acidentados 81

PARTE 2 – FUNDAMENTOS DE ENFERMAGEM

CAPÍTULO 1 – Fundamentos de enfermagem
Introdução 91
Definição de enfermagem 91
Relação da enfermagem com as demais ciências 92
Resumo da história da enfermagem 92
Condições para a boa execução da enfermagem 92
O hospital 92
Equipe de saúde 93
Equipe de enfermagem 93
O paciente 94

16

CAPÍTULO 2 – Aspectos legais da profissão

O prontuário 95

Proteção dos pacientes no hospital 95

Crimes doloso e culposo 96

Deveres e direitos 96

CAPÍTULO 3 – Terminologia técnica em saúde 99

CAPÍTULO 4 – Unidade do paciente

Unidade do paciente 105

Limpeza da Unidade do Paciente 105

Roupas de cama utilizadas nos hospitais 106

Cama fechada 106

Técnica de arrumação da cama fechada 107

Cama aberta 108

Arrumação da cama aberta 108

Cama de operado 108

CAPÍTULO 5 – Mobilização do paciente

Mudança de decúbito 111

Arrumação da cama com o paciente acamado 114

Auxílio na deambulação 114

Transporte do paciente da cama para a cadeira de rodas 115

Transporte do paciente da cama para a maca 116

Transporte de pacientes em ambulância 117

CAPÍTULO 6 – Conforto físico de pacientes

Conforto físico de pacientes 119

Aplicações quentes e frias 121

Auxílio na alimentação de pacientes 122

CAPÍTULO 7 – Atendimento básico

Admissão do paciente 125

Alta hospitalar 126

Preparo do corpo após a morte 127

Coleta de material para exames laboratoriais 128

Coleta de sangue 129

Coleta de urina 129

Coleta de escarro 130

Coleta de fezes 131

CAPÍTULO 8 – Curativos 133

CAPÍTULO 9 - Higiene de pacientes
Introdução 137
Higiene auxiliada no chuveiro 137
Higiene no leito (banho no leito) 138

CAPÍTULO 10 – Administração de medicamentos 141
Medicamentos por via oral 142
Medicamentos por via sublingual 142
Administração de medicamentos por via retal 143
Lavagem intestinal 143
Medicamentos por via vaginal 145
Injeção 145
Injeção intramuscular 145
Injeção endovenosa 147
Injeção subcutânea 148
Injeção intradérmica 148
Venóclise 149

PARTE 3 – CONTROLE DE INFECÇÕES HOSPITALARES

Introdução 155
Importância do controle da infecção hospitalar 157
Conceitos básicos 157
Desmistificando as infecções hospitalares 159
Vigilância epidemiológica 160
A lavagem das mãos e o controle das infecções hospitalares 161
Fatores ligados a áreas e artigos hospitalares e seus riscos potenciais de transmissão 162
Noções sobre isolamento 165
O aspecto legal do controle de infecções hospitalares 167
Custos das infecções hospitalares 169
Higienização hospitalar 171
Conceitos básicos necessários para quem utiliza germicidas hospitalares 173
O lixo hospitalar 175
Infecções respiratórias 179
Infecções cirúrgicas 180
Curativos e infecção hospitalar 182
Infecções urinárias 185
Infecções veiculadas pelo sangue 186
O serviço de nutrição e dietética e a infecção hospitalar 187
Proposta para um programa de controle e de profilaxia das infecções hospitalares 188
Medidas para o controle da infecção hospitalar 189
Medidas para a profilaxia da infecção hospitalar 189

O controle da infecção hospitalar 189
Legislação brasileira sobre infecções hospitalares 199
    Portaria nº 930, de 27 de agosto de 1992 199
    Anexos (Ficha de controle da IH – Controle de prescrição de
antimicrobiano – Ficha do controle ambulatorial de cirurgias) 212

PARTE 4 – INSTRUMENTAÇÃO CIRÚRGICA

Introdução 217
O centro cirúrgico 218
O preparo para a instrumentação cirúrgica 220
Degermação das mãos, escovação e esfregação 222
Antissepsia complementar 223
Vestindo o capote estéril 225
Calçando as luvas 227
Iniciando o preparo de mesas para o instrumental cirúrgico 228
O instrumental cirúrgico 232

PARTE 5 – PLANTAS MEDICINAIS

CAPÍTULO 1 – Introdução ao uso das plantas medicinais 243
Fitoterapia 243
Alopatia 243
Homeopatia 244
Orientações sobre o uso de plantas medicinais 245
Cuidados especiais no uso das plantas medicinais 245
Preparação dos remédios caseiros à base de plantas 246
Infusão 247
Decocção 247
Maceração 247
Tinturas 247
Banhos 248
Pó 248
Xaropes 248
Cataplasma 248
Compressas 249
Loção 249
Curativo 249
Colírio 249
Inalações 249
Gargarejos 250
Enemas 250

CAPÍTULO 2 – Principais plantas medicinais 251

CAPÍTULO 3 – Pranchas com as principais plantas medicinais 259

CAPÍTULO 4 – Tratamento com as plantas medicinais 263
   Doenças do aparelho digestivo 263
   Doenças do aparelho respiratório 264
   Reumatismos 266
   Problemas de pele 267
   Piolhos 267
   Problemas ginecológicos 268
   Aleitamento 268
   Sistema nervoso 268
   Dores de cabeça 269
   Pancadas e contusões 269
   Dores de dente 270
   Parasitoses intestinais 270
   Dores de ouvido 271
   Aparelho urinário 271
   Referências bibliográficas 273

APÊNDICE
   Cólera 275
   AIDS/SIDA 295

PREFÁCIO

Um livro gostoso de ler

Ao escrevermos este livro, foi uma preocupação constante de nossa parte, o fazermos de modo agradável, que pudesse ser lido por todos aqueles, profissionais ou não, motivados para os conhecimentos básicos na área de enfermagem. O escrevemos de modo simples, sem a preocupação de uma forma acadêmica, procurando trazer um pouco de nossa experiência de vinte anos de trabalho em enfermagem.

Iniciamos este **MANUAL DE ENFERMAGEM** com os conhecimentos na área de *Primeiros Socorros*, fundamentais para a resolução de problemas como acidentes no lar, no trabalho e no lazer. Na segunda parte descrevemos as técnicas fundamentais de enfermagem que servirão de base para a execução da assistência direta aos pacientes. Na terceira parte ressaltamos o controle e a profilaxia das infecções hospitalares, oferecendo aos leitores, subsídios para avaliarem as reais causas das infecções hospitalares, chamando a atenção para os critérios mínimos na busca da qualidade total na assistência hospitalar. Na quarta parte, trouxemos os conhecimentos das técnicas de instrumentação cirúrgica, visto que o interesse é grande nesta área. Na última parte, colocamos para os leitores, uma síntese de *Fitoterapia*, porque cada vez mais, em função de inúmeros fatores, buscam-se terapias alternativas na cura de doenças, e dentre estas, as plantas medicinais merecem um especial destaque, sendo por demais importante que os profissionais de enfermagem conheçam e experimentem este tratamento.

Sabemos que este manual não é uma obra completa, mas buscamos com o mesmo oferecer os subsídios mínimos para o cuidado direto a pacientes, seja no lar ou no hospital. Procuramos pelo uso de cartuns humorísticos, ilustrar o livro no que foi possível, de modo que, em paralelo à leitura, haja a felicidade de um sorriso.

Ivan Paulino

PARTE 1
PRIMEIROS SOCORROS

CAPÍTULO 1

DEFINIÇÕES BÁSICAS

DEFINIÇÃO DE PRIMEIRO SOCORRO

Primeiro Socorro é o primeiro atendimento prestado a um indivíduo numa situação de acidente. Àquele que atende o acidentado, mesmo sendo um leigo, chamamos de *socorrista* e ao acidentado chamamos de *vítima*. É comum ouvirmos por parte de leigos, que vivenciaram situações de acidentes, que *socorreram* uma determinada pessoa em certa ocasião, colocando o acidentado em determinada viatura e transportando-o rapidamente ao hospital. Essa afirmação é equivocada e, por que não dizer, totalmente errônea, pois o que chamamos de técnico de *primeiro socorro* é o *socorrista* que em uma determinada situação identifica na vítima suas lesões, improvisa o material necessário aos diversos procedimentos e usando do bom senso e do conhecimento técnico básico em socorrismo, atende ao acidentado, contendo suas hemorragias, imobilizando suas fraturas, estabilizando seu estado geral, para posteriormente, de modo seguro, providenciar o transporte da vítima ao hospital, possibilitando sua remoção sem agravos e com sucesso.

Qualquer pessoa pode ser um socorrista, pois não há necessidade de profundos conhecimentos de medicina, enfermagem ou farmacologia para atendermos numa emergência. Precisamos sim, de conhecimentos básicos, nas diversas situações do socorrismo, que vamos, a partir deste momento, tentar transmiti-los aos leitores, de modo claro, simples e objetivo, esperando que, com estes conhecimentos, estejam aptos a resolverem as diversas situações do dia-a-dia, no lar, no trabalho ou nos momentos de lazer, pois os acidentes não escolhem hora e nem local.

Uma das regras básicas do socorrismo é procurar manter a calma, ou seja, o domínio da melhor forma possível, do seu sistema nervoso, pois, se entrarmos em pânico, pouco ou nada faremos de positivo no sentido de ajuda às vítimas. Devemos lembrar que durante um acidente, nosso maior problema é o pânico que se instala de imediato, em que as pessoas gritam, outras se agitam nervosamente, outras choram, enfim, exprimem sentimentos dos mais variados durante as mais variadas situações, cabendo ao socorrista atender a todos, mantendo sempre o controle total da situação.

COMO SOCORRER?

Ao nos depararmos com uma situação de acidente, precisamos ter em mente uma série de fatos importantes, sendo o primeiro deles a necessidade de sinalização no local, pois caso contrário, poderá ocorrer uma nova tragédia. Precisamos lembrar que as lesões que tinham que ocorrer já ocorreram e que não será a pressa no atendimento que salvará a vida dos acidentados; muito ao contrário, o que vivenciamos na vida real é que a pressa no socorro, a imprudência na retirada e transporte das vítimas, provocam uma série de agravos nas lesões, com complicações diversas.

Ao chegarmos no local do acidente, caso tenha ocorrido com o envolvimento de veículos motorizados, necessitamos de imediato desligar a chave de ignição, interrompendo o funcionamento do motor, pois caso esteja em ponto morto, continuará em funcionamento e com o derramamento de óleo e combustível, poderá provocar um incêndio e explosão. A seguir devemos sinalizar o local com o que pudermos dispor, como galhos de árvores, peças de roupas etc., evitando o agravamento da situação. Somente depois destas providências é que poderemos retirar as vítimas de dentro do veículo acidentado, da maneira mais segura possível, abrindo as portas, firmando o corpo da vítima de encontro com o nosso corpo, fixando os braços e dando apoio à coluna vertebral. Em muitas ocasiões, devido à gravidade da situação, o socorrista é que deverá entrar no veículo para prestar o primeiro atendimento, principalmente quando a vítima sofreu parada cardiorrespiratória, hemorragias e outras situações graves, que pela gravidade do caso, não possibilitem a remoção imediata das ferragens ou por estarem presas às mesmas.

Seqüência de desenhos de como retirar a vítima das ferragens em acidentes.

Quando a situação permitir a retirada da vítima do veículo, devemos deitá-la longe do mesmo, em local seguro, examinando o seu corpo em toda a extensão, verificando as lesões e providenciando as improvisações necessárias para a execução do socorro propriamente dito.

Com a chegada de outras pessoas ao local, procurar pedir o apoio no sentido de colaborarem com a sinalização do local e transporte das vítimas após o socorro com a conclusão das diversas técnicas.

No caso de várias vítimas temos que ter alguma referência para prioridade no atendimento, mas neste importante momento, com freqüência, os socorristas cometem o erro de atenderem primeiro aquelas vítimas que gritam ou que estejam em situação de perdas sangüíneas. Precisamos lembrar que aqueles que gritam é porque dispõem de mais forças e muitas vezes estão sob uma situação de crise emocional, enquanto que aqueles que estão desacordados, que não podem falar ou exprimir suas reações é que realmente possuem mais gravidade, pois foram vítimas de traumatismos cranianos, estando muitas vezes em estado de choque, podendo evoluir para o óbito em pouco tempo.

O atendimento prioritário deve ser na seguinte ordem:

1) Os desacordados
2) As vítimas de hemorragias
3) As vítimas de fraturas
4) Aqueles com ferimentos menores e sem gravidade.

Como podemos ver, saber socorrer é uma arte que não é das mais complexas, mas que nos exige alguns conhecimentos básicos, bom discernimento, controle emocional e sobretudo um grande amor ao próximo, não esquecendo que muitas vezes uma simples palavra amiga, de conforto, cria no acidentado um estímulo, mantendo-o tranqüilo e que, em muitas ocasiões, é a única arma de que dispomos e que quando bem empregada é um fator terapêutico de imensurável valor.

UM POUCO DE HISTÓRIA

Acreditamos que sempre existiram pessoas de boa índole, dispostas a ajudar ao próximo em situações críticas, mas o início do conhecimento de primeiros socorros como um ensinamento está ligado ao suíço, Jean Henry Dunant, jovem, possuidor de inúmeros bens, administrador de empresas, que não era médico, enfermeiro ou farmacêutico, desprovido de conhecimentos técnicos, mas possuidor de um grande amor ao próximo, ao ponto de descuidar-se totalmente de suas empresas dedicando-se de tal modo ao socorro de feridos de guerra que morreu pobre e sem bens em 30 de outubro de 1910, aos 82 anos de idade, no hospital para indígenas de Heiden, depois de receber inúmeras condecorações como a Ordem da Coroa da Prússia, a Ordem de Cristo de Portugal, a Legião de Honra da França e, em 1901, o primeiro Prêmio Nobel da Paz.

Este homem, aos dezoito anos, reunia em torno de si, rapazes de sua idade, para falar de Deus e aos vinte e quatro anos fundou a Associação Cristã de Moços e mais tarde escreveu "Recordações de Solferino", que, publicado em 1862, deu ciência a toda a Europa dos horrores da falta de atendimento aos feridos durante a guerra, preconizando nesta publicação a criação de uma organização internacional com a finalidade de socorrer os feridos durante conflitos, sem distinção de nacionalidade. A estas idéias aderiram o general G. H. Dufour, chefe do exército suíço, o jurista Gustave Moynier e os médicos Theodore Mounoir e Louis Appia, que juntos criaram o Comitê Internacional dos Cinco, em 1863, sob a presidência de Dunant. Viajaram por toda a Europa no sentido de persuadirem os governantes a enviarem seus representantes para Genebra, onde de 26 a 29 de outubro de 1863 foi realizada a Conferência de Genebra, criando-se a Sociedade Internacional Humanitária em Defesa do Ferido de Guerra, mais tarde denominada de Cruz Vermelha Internacional, que tantos benefícios tem trazido à humanidade.

Jean Henry Dunant preconizava que quando um soldado se ferisse em batalha, deveria ficar livre de posterior violência, a menos que resistisse; que a amigos ou inimigos cumpriria socorrê-lo; que todo o pessoal médico e paramédico deveria ser respeitado, não podendo ser atacados, andar desarmados e com um distintivo que os marcassem. Em homenagem à Suíça, a sua própria bandeira, com as cores invertidas, foi escolhida e adotada como símbolo internacional, sendo esta cruz vermelha em fundo branco o símbolo do socorrismo internacional.

Tal era o entusiasmo de Dunant pela Cruz Vermelha, que por afastamento de suas empresas, resultou-lhe a falência em 1867.

Por volta de 1870 é que Dunant teve a idéia de que se ensinasse a pessoas leigas e simples da comunidade, em tempo de paz ou guerra, a socorrer não só os feridos de guerra, mas aqueles provenientes de catástrofes, como incêndios, terremotos etc. criando os ensinamentos de Primeiros Socorros.

Dunant viveu no anonimato e na miséria durante longos anos, até que, em 1890, na cidade suíça de Heiden, um professor o descobriu pregando os ensinamentos do socorrismo para as crianças. A partir deste momento, vieram as homenagens, condecorações e recursos financeiros, mas Dunant limitou-se a fazer dos recursos financeiros que recebia, doações para obras de caridade, preferindo morar num simples quarto num hospital de indigentes de Heiden, onde morreu em paz no ano de 1910. Segundo seu desejo, seus restos mortais foram sepultados em Zurich.

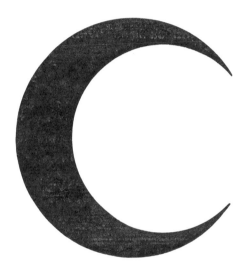

Desenhos com os símbolos da Cruz Vermelha.

CAPÍTULO 2

SINAIS VITAIS

DEFINIÇÃO

Sinais Vitais são os sinais que indicam vida, sinais que nos informam que nossas funções básicas estão em andamento. São eles: a temperatura, o pulso, a respiração e a pressão arterial ou tensão arterial.

TEMPERATURA (T)

É a medida da quantidade de calor existente no corpo. Os animais, quanto à temperatura, são divididos em homeotérmicos e poiquilotérmicos. Os poiquilotérmicos são os chamados animais de sangue frio, cuja temperatura corporal segue a temperatura do meio ambiente. Os homeotérmicos são os chamados animais de sangue quente, em que a temperatura do corpo se mantém a mesma, com pequenas variações, mas diferentes da temperatura do meio ambiente. Os homens, como os demais mamíferos, estão incluídos nesta classificação.

A temperatura corporal do ser humano representa um equilíbrio entre o calor produzido e o calor perdido para o meio ambiente. O ser humano produz calor, resultado de inúmeras reações químicas que se processam dentro de seu organismo. O calor no ser humano é controlado pelo centro nervoso de regulação térmica, distribuído pelo sangue circulante. Os tecidos musculares e o fígado constituem fontes de calor corporal, assim como a ação dos diversos fermentos digestivos sobre os alimentos que ingerimos. Existem opiniões diferentes dos diversos autores sobre a produção de calor no homem, mas gira em torno de 3.000 calorias em 24 horas. O calor produzido se perde por diversos mecanismos como irradiação e condutibilidade da pele, evaporação de água pelos pulmões e pela pele, aquecimento do ar inspirado, libertação do anidrido carbônico do sangue nos pulmões, pela urina, fezes e saliva. A quantidade total de calor perdido deve ser igual à quantidade produzida e, desta maneira, eleva-se ou baixa-se a temperatura corporal.

O aparelho destinado a determinar a temperatura é o chamado termômetro. Os primeiros termômetros foram construídos por Galileu Galilei e depois de três séculos de sua época é que este aparelho passou a ser um elemento normal de uso doméstico e hospitalar.

O primeiro termômetro clínico utilizado em hospital foi idealizado por Sir William Aitkin, em 1852, mas somente em 1870 é que Sir Clifford Albert, na Inglaterra, idealizou o atual termômetro clínico, barato, de pequeno tamanho e de fácil manipulação.

O termômetro é constituído de paredes de vidro, com um reservatório denominado de bulbo, contendo o metal líquido mercúrio que sobe na coluna de vidro na presença do calor do nosso corpo. A escala utilizada em nosso país é a centígrada e vai de 35 a 42 graus. Existem ainda outros tipos de termômetros para a determinação da temperatura corporal, que por serem pouco utilizados, não vamos aqui abordar.

A temperatura pode ser verificada na boca, no reto, na axila, sendo as medidas mais exatas no reto e na boca e a mais utilizada, a temperatura axilar, pela praticidade que oferece.

Na boca, o termômetro deve ser colocado embaixo da língua, ao lado do freio lingual. O paciente deverá fechar a boca, respirando pelo nariz, mantendo-se em silêncio por dois minutos, tempo necessário para o registro da temperatura.

Para verificarmos a temperatura retal, o bulbo do termômetro deve ser lubrificado com vaselina (pomada) ou qualquer outro gel lubrificante, inserido no reto através do ânus, com o paciente em decúbito lateral, isto é, virado de lado, permanecendo o termômetro durante o tempo de dois minutos.

Na temperatura axilar necessitamos secar as axilas, pois o suor influencia diretamente na medida de temperatura, para em seguida colocarmos o termômetro embaixo da axila direita ou esquerda, de modo que o bulbo permaneça encostado na pele por dois minutos. Lembrar que quando tratarmos de pacientes desacordados, agitados ou de crianças, deverão manter o braço onde se encontra o termômetro firmemente seguro, para que o mesmo não caia sobre a cama ou chão. A temperatura normal varia no adulto de 36 a 37 graus centígrados, quando medida por via axilar. Na retal, varia de 36,5 a 37,4 graus centígrados e a bucal varia de 36,5 a 37,3 graus centígrados.

A temperatura do corpo humano sofre diversas variações, segundo o equilíbrio entre a produção e perda de calorias, variando de acordo com a hora do dia, com o repouso ou trabalho, com o vestuário, mas sempre dentro dos limites acima mencionados. À elevação da temperatura corporal chamamos de hipertermia e a sua diminuição de hipotermia. Quando a temperatura ultrapassa a 40 graus centígrados denominamos de pirexia.

PULSO (P)

Pulso é a ondulação que ocorre nas artérias devido à contração do coração durante os batimentos cardíacos. O pulso é um dos mais convenientes métodos de informação sobre as condições da vítima ou acidentado. O coração é um órgão muscular, contendo quatro cavidades, duas superiores, chamadas *átrios* e duas inferiores, chamadas *ventrículos*. Localiza-se no tórax, no espaço denominado de *mediastino*, entre os dois pulmões, tendo anteriormente o osso esterno e posteriormente a coluna vertebral. O coração é uma bomba que impulsiona o sangue dentro dos vasos sangüíneos, bombeando o sangue para os pulmões para ser oxigenado (*hematose*) e para todo o corpo. Em cada contração ou *sístole*, o sangue é impulsionado para as artérias, que por sua vez se dilatam para a passagem do mesmo, sendo estes movimentos percebidos à distância. A isto chamamos de *pulsação*.

O pulso pode ser verificado na artéria radial próximo ao punho; na femural, na região inguinal; na carótida, na região lateral do pescoço; na artéria temporal, nas têmporas, um pouco à frente do pavilhão auditivo; poplítea, na região posterior do joelho e na axilar, recebendo denominações como pulso radial, femural etc.

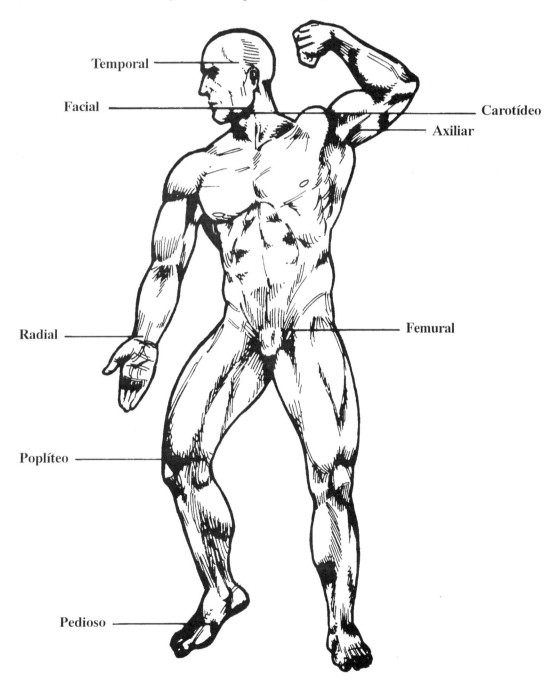

Desenho localizando os pontos de verificação da pulsação.

Na verificação do pulso devemos não apenas contar os batimentos percebidos, mas também identificar o volume e o ritmo das pulsações.

A freqüência corresponde ao número de batimentos ou pulsações percebidas, colocando os dedos indicador, médio ou anular sobre uma da regiões anteriormente citadas (punho, inguinal, na região lateral do pescoço etc.) com o apoio do dedo polegar, que geralmente corresponde de 70 a 80 batimentos por minuto para adultos, 120 a 125 batimentos/minuto para crianças e de 125 a 130 batimentos/minuto para lactentes. A freqüência sofre diversas variações de acordo com a idade, o sexo, o sistema nervoso ou durante exercícios físicos.

Quando a freqüência está dentro dos parâmetros já citados, dizemos que ocorre *normoesfigmia*. Se o número dos batimentos está além do normal, denominados *taquisfigmia* e se está abaixo do normal chamamos de *bradisfigmia*.

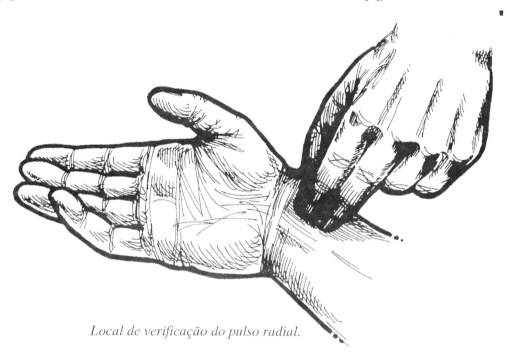

Local de verificação do pulso radial.

As pulsações normalmente são *ritmadas*, isto é, ocorrem dentro de uma mesma seqüência. Quando isso acontece dizemos que o pulso é *ritmado* ou *regular*. Quando o pulso ocorre fora de uma seqüência normal de batimentos ou pulsações, denominamos de pulso *arrítmico*, indicando já uma situação irregular de *arritmia* por diversas causas que não vamos aqui abordar.

A sensação de volume de sangue nas artérias também é importante. Neste sentido, o pulso pode apresentar-se *cheio*, bem tenso ou apresentar-se fino, mal percebido, chamado de *filiforme*. O pulso deve ser contado sempre durante o tempo de um minuto, lembrando sempre o socorrista de também perceber se o pulso é cheio, tenso e ritmado. Na prática hospitalar e no socorrismo, com freqüência utilizamos o pulso radial, mas quando temos dúvidas, no hospital, também utilizamos o *pulso apical*, que é o pulso verificado diretamente sobre o ápice ou ponta do coração, utilizando um instrumento chamado de *estetoscópio*, colocado na altura do quinto espaço intercostal do lado esquerdo.

RESPIRAÇÃO (R)

Respiração é aqui considerada como a entrada e saída do ar nos pulmões, mediante os movimentos de *inspiração* e *expiração*, sendo a troca de gases entre o nosso organismo e o meio exterior, com a absorção do oxigênio e a eliminação do gás carbônico. Os movimentos respiratórios quanto à intensidade e ao ritmo são controlados por um mecanismo complexo, no qual entram fatores nervosos centrais e periféricos e humorais ligados entre si.

O homem é um animal aeróbio e necessita do oxigênio para viver, sem este gás não há vida e para nós, socorristas, manter a perfeita oxigenação é fundamental durante o socorro dos acidentados.

Normalmente denominamos de respiração o ato da entrada e saída de ar dos pulmões, mas a respiração propriamente dita não se faz nos pulmões, e sim nas células, que recebem o oxigênio do sangue para viverem e é através delas que o oxigênio penetra de fato no organismo; a respiração realmente é a captação do oxigênio pelo aparelho respiratório, a sua condução pela sangue, o seu aproveitamento pelas células e a eliminação do gás carbônico pela via inversa.

O aparelho respiratório é constituído pelas vias aéreas – nariz, faringe, laringe, traquéia, brônquios e bronquíolos e pelos pulmões.

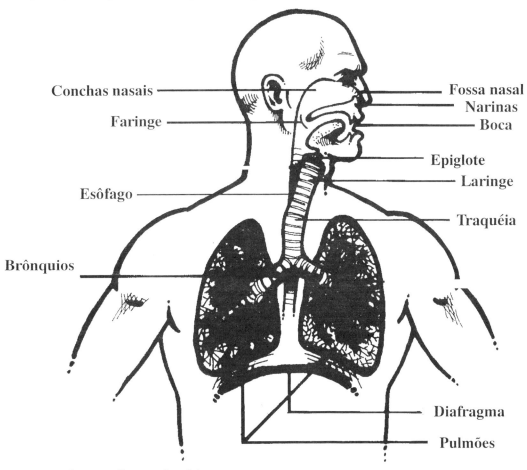

Esquema do aparelho respiratório.

As vias aéreas conduzem, umedecem, filtram e aquecem o ar que entra nos pulmões com o objetivo de o mesmo chegar em melhores condições aos alvéolos pulmonares onde ocorre a passagem do oxigênio para o sangue e a saída do gás carbônico do sangue para os alvéolos pulmonares, havendo em conseqüência a transformação do sangue venoso em arterial (*hematose*).

Os alvéolos pulmonares são minúsculas cavidades onde o ar e o sangue são separados por uma fina lâmina, uma membrana, que tem a capacidade de se deixar atravessar pelo oxigênio e gás carbônico. Os alvéolos são aproximadamente 400 milhões e a soma da superfície de todos eles é estimada em 100 metros quadrados.

O sangue é constituído de plasma (líquido) e células (hemácias, leucócitos e plaquetas). As hemácias são as células vermelhas e são assim chamadas porque possuem um pigmento desta cor, a hemoglobina. O sangue tem a cor vermelha porque em cada milímetro cúbico existem cerca de cinco milhões de hemácias. O oxigênio sai do alvéolo e entra no sangue combinando-se com a hemoglobina da hemácia, formando um composto instável denominado de oxihemoglobina. O oxigênio assim transportado chega às células, onde penetra na sua intimidade para constituir o elemento vitalizador. Ao mesmo tempo que o oxigênio penetra na célula, o gás carbônico (CO_2) sai da mesma, passando para o sangue, ocupando o lugar do oxigênio junto à hemoglobina da hemácia, formando um composto chamado de carbo-hemoglobina, conduzindo de volta aos alvéolos pulmonares, onde é libertado no processo da hematose.

Pelo que expomos, dispomos de duas respirações: uma pulmonar, que se processa nos pulmões mediante a hematose e outra tecidual, no interior das células.

Todo acidente que possa perturbar esse mecanismo respiratório põe em risco a oxigenação dos tecidos e a vitalidade do organismo. A respiração pulmonar se faz pelos movimentos respiratórios que são dois: o que realiza a entrada de ar, chamado de *inspiração* e o de saída do ar denominado de *expiração*. A inspiração é um movimento ativo, em que entram em função o diafragma (músculo que separa o tórax do abdômem), os músculos intercostais, as costelas e alguns músculos abdominais. O movimento de expiração em que o ar é expulso dos pulmões, é passivo e tem um tempo mais longo de duração do que o inspiratório, na proporção de 10 para 16. Na mulher, os movimentos respiratórios são mais acionados pelas costelas e músculos intercostais, acrescidos do diafragma e por isso são mais percebidos nos movimentos que o tórax faz, ao passo que no homem entram mais em evidência os músculos do abdômen, sendo mais movimentada a parede abdominal do que o tórax. Por esta razão diz-se que na mulher a respiração é torácica e no homem é abdominal. Em média, o homem adulto respira de 16 a 20 vezes por minuto (inspiração e expiração contados como um movimento). A mulher tem um maior número de movimentos, cerca de 18 a 20 respirações por minuto. As crianças respiram cerca de 20 a 25 vezes por minuto e nos lactentes (em fase de amamentação) a respiração chega de 30 a 40 vezes por minuto. Estes parâmetros constituem o que chamamos de *normopnéia*.

A *taquipnéia* é o aumento do número de movimentos respiratórios e a *bradipnéia* é a diminuição do número de movimentos respiratórios. São inúmeros os fatores que podem influenciar na respiração, dentre os fatores fisiológicos citamos exercícios, emoções, banho frio (aceleram), banho quente (diminuem), sono, sexo e idade. Dentre os fatores patológicos citamos pneumonia, difteria, doenças nervosas, doenças cardíacas, afecções cerebrais, aumento da tensão intracraniana, coma diabético, urêmico e drogas deprimentes. Dá-se o nome de *apnéia* à falta de respiração pulmonar, que se for prolongada chamamos de parada respiratória. Se os movimentos respiratórios são forçados e feitos com dificuldade, há o que denominamos de *dispnéia*, dificuldade de respirar, como o quadro existente nas situações de asma ou bronquite.

Os movimentos respiratórios são comandados por centros localizados no cérebro, são ritmados e têm uma determinada amplitude, isto é, entra nos pulmões uma mesma quantidade de ar de cada vez. Há ocasiões em que a amplitude dos movimentos respiratórios aumenta, tornando-se profunda, e outras vezes diminui, tornando-se superficial. Na *ortopnéia* a falta de ar é mais acentuada na posição deitada que na sentada. O paciente sentado e apoiado com travesseiros, sente-se plenamente confortável, tornando-se, porém, dispnéico quando se recosta. A respiração de *cheyne stokes* é um tipo de respiração periódica, com o ritmo respiratório desigual. No início os movimentos são pequenos e lentos, aumentando, porém, gradualmente, em profundidade e freqüência, até um grau máximo, para logo regredir novamente e cessar por fim, por algum tempo. As fases de taquipnéia e apnéia duram na média 30 segundos. A respiração pode apresentar *estertores*, sons irregulares e nesse caso é chamada de respiração *estertorosa*.

O socorrista, ao examinar a vítima quanto à sua respiração, deve não só contar os movimentos respiratórios por minuto, mas também verificar se a respiração é profunda ou superficial e se está regular ou irregular em seu ritmo. Na determinação destes dados, temos que levar em consideração se a vítima está ou não consciente, pois no consciente devemos obter os dados respiratórios sem que a vítima perceba, pois os movimentos respiratórios podem ser modificados pela vontade do indivíduo e se obter, desta maneira, dados incorretos.

Verificação de pulso radial e respiração.

Na técnica de verificação da respiração, pode-se contar a respiração com o paciente sentado ou deitado, porém sem que este o perceba. Sugerimos que, ao contar o pulso, o socorrista olhe para o tórax ou para o abdômen da vítima, contando o número de elevações e abaixamentos, movimentos respiratórios, durante um minuto.

PRESSÃO ARTERIAL (PA) OU TENSÃO ARTERIAL (TA)

Definição

É a medida do esforço que o sangue faz para vencer a resistência dada pelas artérias ao fluxo sangüíneo, ou em palavras mais simples, a medida do esforço que o sangue faz para penetrar nas artérias durante os movimentos cardíacos.

A pressão ou tensão arterial é a resultante de dois fatores principais: a quantidade de sangue que o coração descarrega no sistema arterial na unidade de tempo (volume minuto) e a resistência oposta ao fluxo sangüíneo em sua passagem, através das artérias para os capilares e veias (resistência periférica). O volume minuto é a quantidade de sangue que o coração movimenta em um minuto, sendo produto da quantidade que é expulsa em cada sístole (descarga sistólica) pelo número de sístoles que se verificam em um minuto (freqüência cardíaca). A descarga sistólica depende de dois fatores: da quantidade de sangue que chega ao coração pelas veias (afluxo venoso) e da capacidade do coração de se contrair eficazmente. Qualquer condição que afete a capacidade contrátil do coração, impedirá que este envie para as artérias, com força necessária, todo o sangue trazido pelas veias.

O fluxo venoso é também de importância capital. Uma hemorragia ou uma dilatação de vasos generalizada, condições que diminuem o afluxo venoso para o coração, provocam uma diminuição da carga sistólica, e, por conseqüência, queda da tensão arterial. Uma transfusão de sangue, ao contrário, aumenta o afluxo de sangue venoso, provocando um aumento da descarga sistólica e da tensão arterial. O coração pode aumentar sua descarga sistólica respondendo a um afluxo venoso maior. Este provoca uma dilatação do coração durante a diástole e dentro de certos limites, quanto maior for a dilatação de suas fibras, mais intensa será a contração do músculo cardíaco. Esta propriedade é conhecida com o nome de Lei Cardíaca de Starling e explica como o coração, que normalmente lança de 60 a 70 centímetros cúbicos ou mililitros de sangue em cada sístole, possa chegar a expulsar até 150 ou mais centímetros cúbicos durante um exercício intenso.

As variações da descarga sistólica e da freqüência determinam as alterações do volume minuto. Em condições de repouso, o volume minuto do coração é de 4 a 5 litros. Durante um exercício moderado, condição que provoca um aumento da descarga sistólica e da freqüência cardíaca, o volume é de 10 a 20 litros e, quando os exercícios são intensos, podemos chegar a 36 litros.

A resistência periférica que os vasos oferecem ao fluxo sangüíneo depende quase que exclusivamente do calibre destes. Uma pequena redução do calibre pode determinar aumentos da resistência e por conseqüência, da pressão ou tensão arterial. No sistema vascular são as arteríolas, cujas paredes estão providas de músculos circulares, o fator mais importante na conservação da tensão arterial e uma das causas de sua variação.

Fatores que modificam a pressão arterial

Qualquer perturbação patológica no aparelho circulatório causa uma alteração da pressão ou tensão arterial. Na esclerose, em que ocorre o endurecimento das paredes dos vasos sangüíneos, temos um aumento persistente da tensão arterial sistólica. Certas drogas, as toxinas de algumas bactérias, os produtos das enfermidades renais e a uremia da gravidez anormal, contraem os vasos sangüíneos, elevando a tensão arterial. A tensão intracraniana devida a uma hipertensão, pode causar uma ruptura dos vasos, já que no crânio há menor espaço para a sua expansão do que em qualquer outra parte do corpo. Na nefrite aguda, a elevação da tensão sangüínea apresenta grandes variações, podendo vir acompanhada de cefalalgia intensa, náuseas e vômitos, sonolência e confusão mental. A tensão pode ser baixa durante a convalescença das enfermidades de origem bacteriana, como ocorre na tuberculose e na uremia, pois estes estados debilitam a ação do coração e diminuem o tônus muscular dos vasos sangüíneos. A pressão arterial diminui ainda nos casos de choques, hemorragias e outras situações mais específicas.

A pressão arterial se modifica ainda, por uma série de condições fisiológicas, como, por exemplo, a idade, o sexo, o exercício físico, as emoções, a digestão e a posição do corpo.

Os valores considerados normais para um adulto em repouso são:

110, 120 e 130 mmHg (milímetros de mercúrio) para a Pressão Arterial Máxima ou Sistólica e de 60, 70 e 80 mmHg (milímetros de mercúrio) para a Pressão Arterial Mínima ou Diastólica. A tensão máxima ou sistólica é uma sobrecarga passageira e intermitente, representada em cada sístole ventricular, pela massa sangüínea que o coração lança nas artérias. A tensão arterial mínima ou diastólica representa a carga real permanente nas artérias, exercida sobre as paredes arteriais a todo instante, durante a diástole ventricular.

Notas: Tensão Diferencial – ou pressão do pulso, corresponde à diferença entre os valores da tensão máxima e mínima.

Coeficiente de Tensão – é obtido dividindo-se a tensão diferencial pela tensão sistólica, onde o normal varia de 0,3 a 0,4.

Variações da pressão arterial

Hipertensão

É a pressão arterial elevada, em que a pressão sistólica ou máxima ultrapassa os 150 mmHg e a diastólica os 90 mmHg.

Hipotensão
É a pressão arterial baixa, em que os valores da pressão sistólica geralmente estão abaixo de 100 mmHg.

Tensão convergente
Ocorre quando a tensão máxima e a mínima se aproximam. Ex.: 120 por 100 mmHg.

Tensão divergente
Ocorre quando a tensão máxima e a mínima se distanciam. Ex.: 120 por 40 mmHg.

Registro da pressão ou tensão arterial

Geralmente a anotação da pressão ou tensão arterial é feita do seguinte modo: PA = 120/70 mmHg ou PA = 120 x 70 mmHg. Alguns profissionais, para simplificação, preferem retirar o *zero*, ficando assim escrito: PA = 12/7 mmHg ou PA = 12x7 mmHg.

Na verificação da pressão arterial, necessitamos de dois equipamentos básicos, o *estetoscópio* e o *tensiômetro* ou *esfigmomanômetro*.

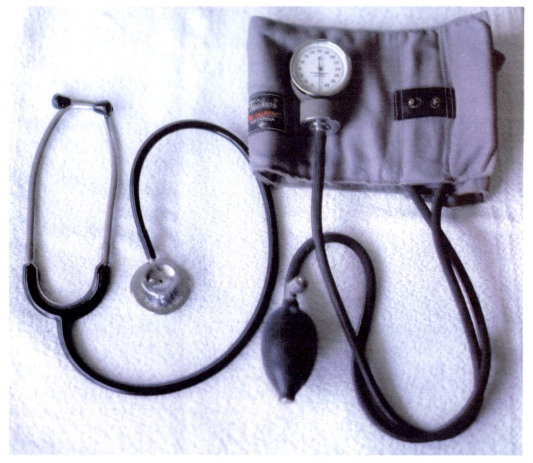

Estetoscópio e esfigmomanômetro.

O estetoscópio possui duas extremidades recobertas com uma película de borracha ou plástico, chamadas de olivas e na extremidade oposta um diafragma de plástico ou inox, recoberto com uma película, capaz de captar os sons e dirigi-los aos nossos ouvidos.

O tensiômetro ou esfigmomanômetro é um aparelho formado por um manguito de lona inflável e utilizado para prender a corrente sangüínea; um manômetro para registro da pressão arterial e de uma pêra com válvula destinada à insuflação e controle de ar no manguito.

Na técnica de verificação da pressão arterial, o paciente permanece em repouso, geralmente deitado ou sentado, com o braço direito ou esquerdo estendido, onde colocamos o manguito sobre o braço, a quatro centímetros de altura da prega do cotovelo. A seguir procuramos registrar o pulso na artéria braquial, fechando a válvula e insuflando a pêra de borracha até que o manômetro registre 200 mmHg ou mais. Neste momento, colocamos as olivas do estetoscópio em nosso ouvido, e o diafragma do estetoscópio sobre a artéria braquial, abrindo a válvula vagarosamente, procurando ouvir o *som de korotkof*, que indica ao seu início, a pressão arterial máxima ou sistólica, e ao seu fim, a pressão arterial mínima ou diastólica. Este movimento deve ser repetido, para maior segurança, na medida da pressão ou tensão arterial.

Em alguns pacientes, devido a determinadas patologias, o *som de korotkof* permanece até o zero, onde passamos a registrar a pressão mínima no momento que ocorre a mudança de ritmo do som.

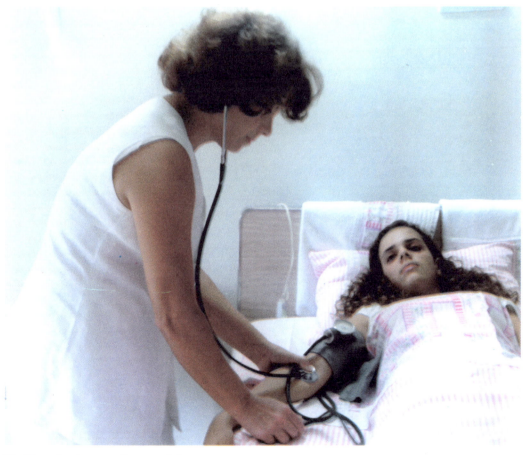

Verificação de pressão arterial.

CAPÍTULO 3

TRAUMATISMOS

DEFINIÇÃO

TRAUMA é a ação de um agente físico sobre o nosso corpo, em que o objeto traumático pode dar origem a uma série de lesões diferentes e com diferentes complexidades, provocando escoriações, contusões, feridas, fraturas, entorses e luxações.

ESCORIAÇÕES

São lesões onde a pele é lesada superficialmente, provocando pequenos arranhões ou abrasões, geralmente sem gravidade, mas que se infectam com facilidade quando não devidamente tratadas, cabendo aos socorristas, conhecerem a abordagem deste tipo de problemática, pois são as mais freqüentes no lar, na escola, no trabalho e no lazer, já que é comum as pessoas sofrerem tombos, escorregões e escoriações.

Nas escoriações, a maioria das pessoas leigas apenas coloca antissépticos sobre a lesão e o que pode se notar depois de alguns dias é a presença de inflamações.

Necessitamos entender que nas escoriações, nosso primeiro procedimento deve ser a contenção da pequena perda sangüínea que ocorre logo a seguir ao trauma, pois vasos capilares são danificados e sangram ligeiramente, entre os arranhões ou abrasões. Esta hemostasia (processo de interrupção da saída de sangue) deve ser feita por simples compressão: usando um tecido limpo, como um lenço, camisa ou qualquer peça de vestuário, apertamos sobre o ferimento pelo tempo de cinco minutos, suficiente para que haja a coagulação do sangue, bloqueando a perda sangüínea capilar. A seguir, é de suma importância que os arranhões ou abrasões sejam lavados com água corrente e sabão, pois deste modo é que conseguiremos retirar corpos estranhos, como barro, poeira, graxa, lama etc., contendo inúmeras bactérias capazes de desenvolver infecção no local. Se pudermos dispor de soro fisiológico hospitalar teremos mais segurança no procedimento de limpeza, mas, em caso contrário, devemos apenas lavar os abrasões com água corrente e sabão de qualquer tipo, lembrando que, na maioria das vezes, a água utilizada é clorada nos reservatórios de tratamento de água que abastece a região. Esta limpeza deve ser feita de modo delicado, para que provoque o mínimo de dor, mas não pode deixar de ser feita, embora ocorra um ardume no local lesionado, quando em contato com a água.

45

Após a limpeza copiosa dos arranhões, devemos secá-los com a gaze ou tecido limpo, podendo utilizar o que dispormos no momento, como toalha, lenço, camisa etc. Somente após a secagem do ferimento é que devemos utilizar o produto antisséptico, que deve ser aplicado sobre todo o abrasão de modo a impedir a formação microbiana sobre o local, evitando-se a infecção dos arranhões. Esta limpeza, secagem e aplicação de antisséptico deve ser repetida diariamente, até a cura dos mesmos.

CONTUSÕES

Ocorrem quando, em função de um trauma, a pele não é lesada, isto é, rompida, mas, causando no local, o aparecimento de um hematoma, edema (inchação) e dor. Dizemos que a contusão é simples, quando a pele no local da pancada não altera a sua coloração, mas se o trauma for mais violento, de modo que no local ocorram rompimentos de vasos capilares subepiteliais, com o aparecimento de mancha roxa, a chamamos de contusão propriamente dita. Na contusão poderá haver o aparecimento de equimose e de hematomas. Na equimose, teremos dor local e o aparecimento de mancha arroxeada produzida pelo rompimento de capilares, com pequena cerca sangüínea. No hematoma ocorre o rompimento de um maior número de vasos capilares, tendo por conseqüência, além da mancha cianosada, a presença de um acúmulo de sangue maior, provocando um edema (acúmulo de líquidos).

Na maioria dos casos, os leigos no socorrismo, nada fazem, contando com a reabsorção fisiológica do sangue acumulado nas equimoses e hematomas; todavia, em muitas ocasiões, este derramamento sangüíneo não é totalmente absorvido, formando-se abscessos e complicações indesejáveis que poderiam ser evitados tratando-se imediatamente as contusões.

Nestes casos, o socorro é extremamente simples, bastando-se aplicar sobre o local traumatizado uma bolsa ou saco plástico com cubos de gelo, devidamente envoltos com um pano, pois o saco plástico com gelo queima a pele se não o colocarmos com a proteção do tecido. O gelo tem a propriedade de aliviar a dor, agindo sobre as terminações nervosas e ainda interromper a perda sanguínea, pois age diretamente nos capilares provocando uma vasoconstrição. Depois de algum tempo com esta aplicação fria, veremos o alívio da dor e neste momento interrompemos a aplicação de gelo, fazendo agora o oposto, ou seja, a aplicação de calor sobre o local traumatizado, colocando-se compressas embebidas em água quente, que depois de torcidas, serão colocadas sobre o local atingido, fazendo com que diminua o edema com conseqüente reabsorção do sangue derramado no tecido subcutâneo.

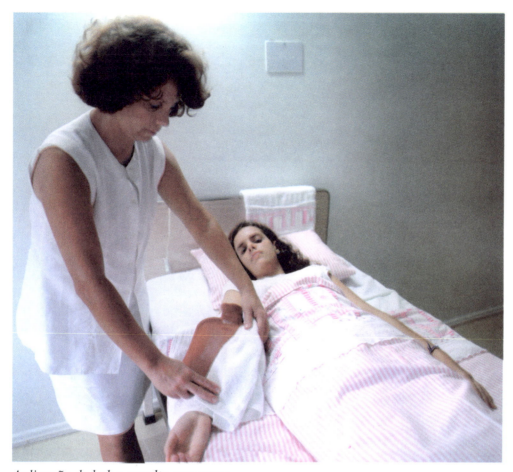
Aplicação de bolsa envolta com pano.

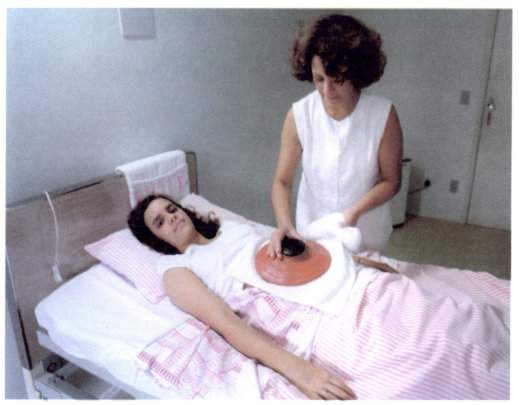
Aplicação de compressas.

FERIDAS

As feridas ocorrem quando, mediante um trauma, a pele é rompida, havendo dor, lesão e hemorragia. Uma ferida é composta, de modo esquemático, por bordos ou lábios, paredes e um fundo.

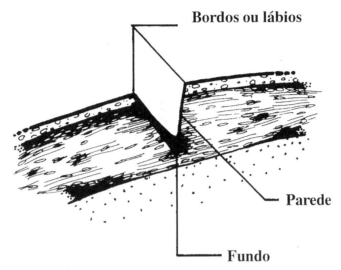

Desenho esquemático de uma ferida.

Quanto à época em que ocorreu o ferimento, as feridas podem ser classificadas em agudas ou crônicas. As agudas são aquelas que se instalaram recentemente, há pouco formadas e as crônicas são os ferimentos antigos, de difícil cicatrização, geralmente produzidas por deficiências na circulação, diabetes ou mau trato do ferimento, com infecções seguidas, sendo denominadas de úlceras varicosas ou úlceras de pele.

As feridas, de um modo geral, são de difícil cura, quando ocorrem infecções por falta de cuidados, presença de corpos estranhos, falta de vitalidade de seus bordos ou de suas paredes e devido a certas doenças ou subnutrição.

Podemos também classificar as feridas de acordo com o agente traumático, ou, agente causador do ferimento, denominando-as de:

a) Feridas incisas – ocasionadas por objetos com superfície cortante como faca, navalha, gilete, caco de vidro e outros materiais. Nestas feridas, os bordos, paredes e fundo são regulares, de fácil limpeza, permitindo a sutura com facilidade.

b) Feridas contusas – produzidas por objetos que não cortam, geralmente roliços e sem arestas, como pedaços de madeira, pedras etc. Nestes ferimentos, os bordos são irregulares e quase sempre esmagados. As paredes e o fundo não são lisos, de limpeza difícil, devido à irregularidade das paredes e do fundo, com retenção de corpos estranhos e grande propensão para se infectarem.

c) Feridas punctiformes – também chamadas de punctórias, são aquelas causadas por objetos de ponta, como pregos, tachinhas, espinhos etc. Embora pequenas e por isso muitas vezes deixadas sem tratamento, tornam-se graves. É importantíssimo que estes ferimentos sejam devidamente lavados após o trauma e utilizado antisséptico sobre os mesmos.

d) Feridas lacerativas – ocorrem quando há o desprendimento ou perda parcial do tecido como nos escalpes de couro cabeludo. Convém lembrar que neste tipo de ferimento, após o socorro imediato, por ocasião do transporte ao hospital, a parte arrancada deve ser lavada e se possível conduzida devidamente embalada em saco plástico com água gelada e cubos de gelo, pois com o avanço da microcirurgia, provavelmente o cirurgião terá chance de realizar o implante do tecido arrancado.

As feridas ainda podem ser divididas de acordo com o caminho percorrido pelo objeto traumático no corpo da vítima, neste caso podemos dividi-las em transfixantes e penetrantes.

a) Feridas transfixantes são aquelas em que o agente causador do ferimento atravessa o corpo, produzindo duas lesões, sendo uma de entrada e outra de saída do agente traumático. Quando se trata de um ferimento por arma de fogo, o orifício de entrada do projétil é sempre menor que o de saída. A extensão do ferimento de saída depende da espécie de projétil e da raia do cano da arma.

b) Feridas penetrantes são aquelas em que o agente causador do ferimento penetra ou se aloja em uma cavidade ou tecido do corpo, podendo ser no crânio, no tórax, no abdômen ou em um ou mais membros do corpo.

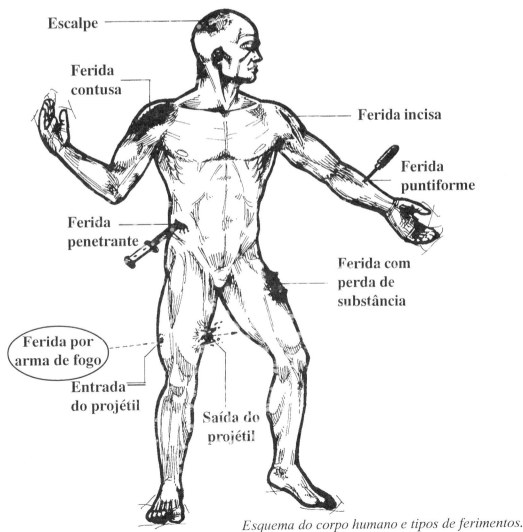

Esquema do corpo humano e tipos de ferimentos.

Os ferimentos ainda podem ser classificados em limpos e sujos ou contaminados. Os ferimentos limpos são sempre recentes, sem exposição a corpos estranhos, como barro, lama etc. Quando não são suturados ou tratados nas primeiras oito horas, são considerados contaminados, mesmo que não tenham em evidência processos inflamatórios. Os ferimentos sujos ou contaminados, pelo seu próprio nome, são os que apresentam corpos estranhos, geralmente em processo inflamatório, resultante de contaminação e até evoluindo para processos infecciosos com supuração, como nos abscessos.

O SOCORRO PARA FERIMENTOS

É fundamental que conheçamos o socorro para os diferentes ferimentos, pois quase sempre estamos distantes de um Pronto Socorro, sendo de vital importância que pratiquemos o socorro de um acidentado com ferimentos, para posterior transporte ao hospital.

Sempre que for possível, devemos realizar a lavagem das mãos com água e sabão de qualquer tipo, pois em nossa pele existem milhões de microrganismos capazes de desencadear processos inflamatórios no decorrer de uma contaminação. Mas em se tratando de um primeiro socorro na rua, onde é difícil encontrarmos local para lavar as mãos, devemos priorizar o atendimento, deixando a questão da contaminação para ser resolvida quando no atendimento hospitalar, sendo mais importante a hemostasia e o primeiro cuidado ao ferimento.

Devemos iniciar nossos procedimentos de socorro verificando o tipo e o local do ferimento e de imediato realizando a hemostasia (interrupção da hemorragia), pois sempre que ocorra o rompimento da pele, haverá o rompimento de vasos capilares, veias e até poderá ocorrer o rompimento de artérias, de acordo com a profundidade do corte.

Na maioria das vezes, em ferimentos mais superficiais, uma simples peça do vestuário, durante cinco minutos, resolve bem o problema da perda sanguínea, cabendo ao socorrista, após a hemostasia, realizar a limpeza sistemática do ferimento com água e sabão, seguida do enxágüe abundante do ferimento, secagem com tecido limpo e aplicação do antisséptico, que quando não disponível (iodo, álcool iodado, álcool) poderá ser substituído por sacarose (açúcar de cana) refinado ou cristal, pois atualmente sabemos das vantagens do uso do açúcar nos ferimentos, capaz de inibir a presença de germes e acabar com processos inflamatórios e purulentos. A seguir, devemos realizar a aplicação de uma bandagem ou atadura improvisada com uma peça do vestuário, cobrindo totalmente a lesão.

Em ferimentos mais graves, com amputação de membros ou de parte destes, devemos realizar a compressão ou o garrote, segundo os conhecimentos de hemostasias, utilizando-se um pedaço de couro, cinto, borracha ou corda, mantendo essa prática por quinze minutos lavando o ferimento conforme descrito anteriormente, desinfetando, cobrindo-o e removendo a vítima para o hospital. Dever-se-á abrir o garrote ou torniquete a cada quinze minutos com o intuito de evitarmos a gangrena por isquemia de tecidos.

OBSERVAÇÕES IMPORTANTES EM ALGUNS FERIMENTOS

a) Ferimento com corpo estranho fixado

Caso o objeto causador do ferimento fique fixado no corpo da vítima, não deve ser retirado. Fazer o socorro como anteriormente descrito, mas mantendo o objeto no local, pois o mesmo veda artérias e veias e sua retirada provocaria uma hemorragia que pode ser incontrolável. O corpo estranho deverá ser retirado no hospital, mediante anestesia e pronto para uma cirurgia imediata.

b) Ferimento no tórax

Em caso de ferimento no tórax, após os procedimentos já descritos, devemos cobrir, para que não penetre ar na cavidade torácica, atrapalhando a expansão pulmonar e provocando uma parada respiratória.

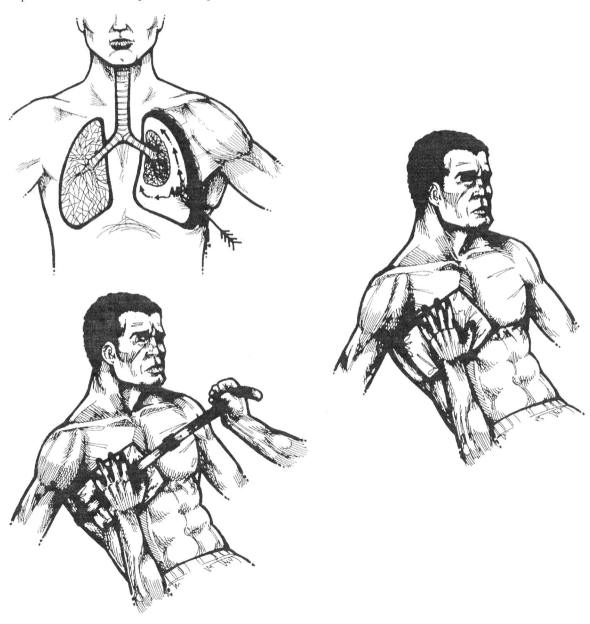

c) Ferimento no abdômen com evisceração

No caso de ferimento penetrante no abdômen com saída de vísceras (evisceração) pelo ferimento, não se deve tentar recolocá-las na cavidade. Devemos sim, com todo o cuidado, cobri-las com panos úmidos em água quente e realizando o transporte com a máxima brevidade até o hospital.

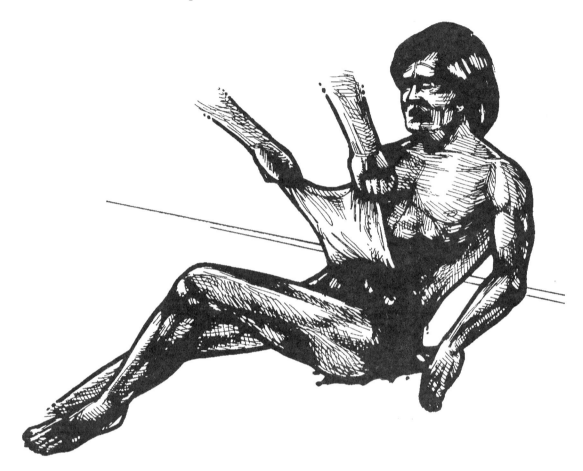

OBSERVAÇÕES FINAIS

Antissépticos – são produtos que inibem a proliferação microbiana. A solução antisséptica ideal é aquela que atua com eficiência contra os germes da pele, tem ação rápida e com baixa toxidade. Em função destes requisitos aconselhamos o álcool iodado a 1% como a solução ideal ou a solução pronta de PVPI (polivinil-pirrolidona iodo) a 1% ou, para os alérgicos ao iodo, o uso de clorohexedine. Lembramos ainda do uso da sacarose ou açúcar, simples, barato e sem contra-indicações, podendo também ser utilizado com pessoas diabéticas.

Pomadas – no socorrismo, um leigo não deverá fazer uso de pomadas para ferimentos, pois muitas possuem contra-indicações, sendo tarefa exclusiva do médico.

Suturas e imunização contra o tétano – são tarefas específicas do hospital, cabendo ao socorrista apenas a realização da hemostasia, limpeza do ferimento, aplicação do antisséptico e da bandagem, com remoção posterior ao hospital.

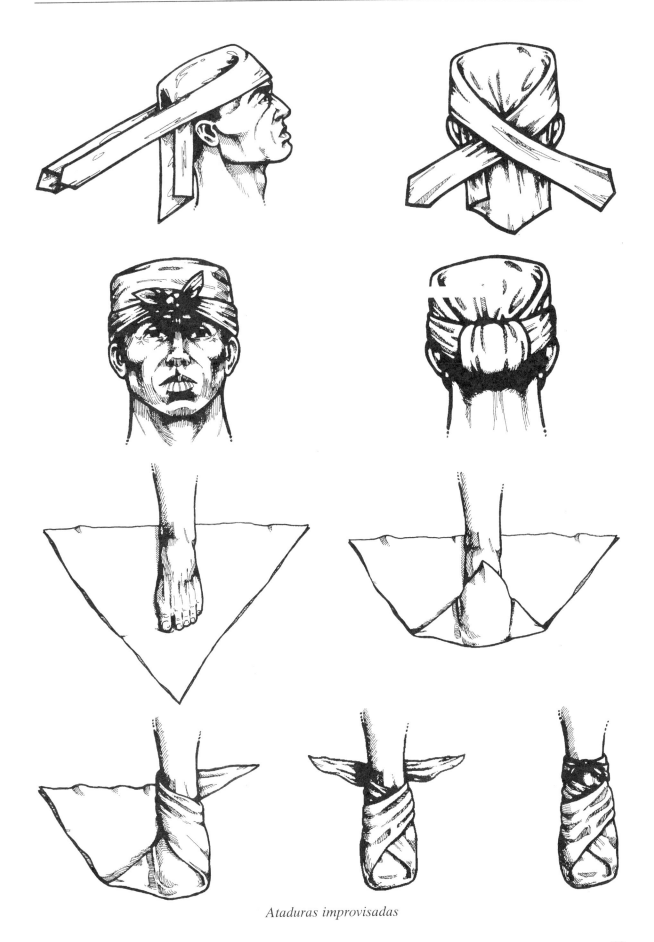

Ataduras improvisadas

Manual de Enfermagem

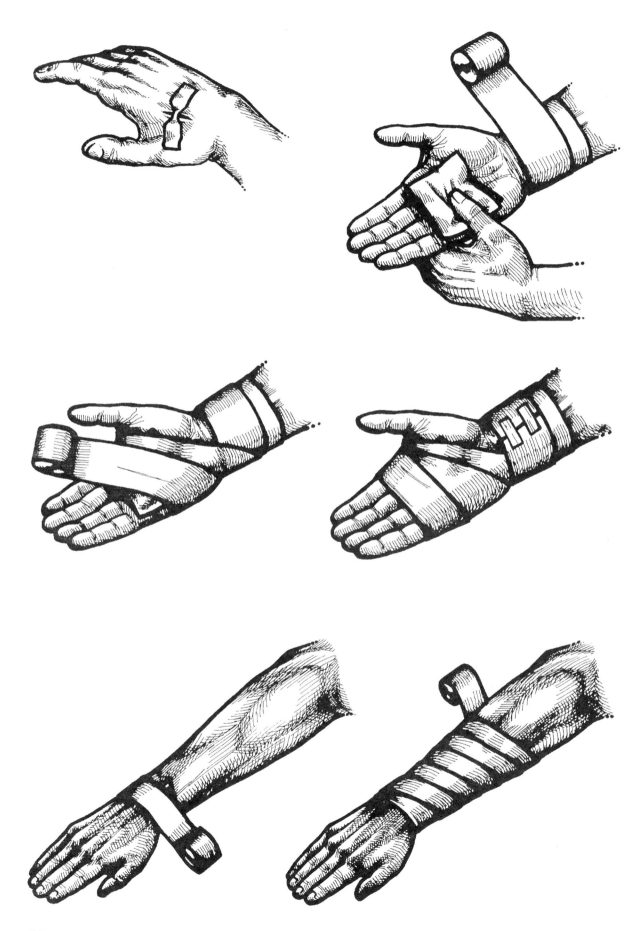

FRATURAS

Definição

Fratura é a quebradura ou rachadura de um ou mais ossos. Para afirmarmos que ocorreu uma fratura devemos estar atentos para os sinais característicos de fratura que são a dor, a impotência funcional e o edema local. A dor é constante e aumenta com a movimentação do osso fraturado. Situa-se no exato local da fratura, determinando-se pela dor o exato ponto de fratura. Junto com a dor temos a existência de impotência funcional, pois mesmo que a vítima queira, não consegue movimentar o membro fraturado. Junto com estes sinais, existem ainda outros, como deformação, desvio de eixo e edema com equimose tardia.

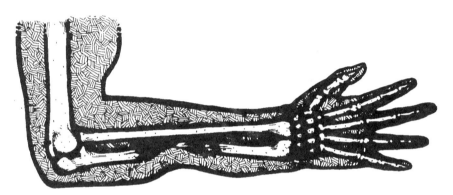

Esquema de uma fratura em antebraço.

De acordo com a origem, podemos dividir as fraturas em traumáticas e patológicas. As traumáticas são provocadas por um trauma físico e as patológicas por uma doença predisponente, sem a ocorrência de trauma. Nas fraturas patológicas ocorre a diminuição da resistência óssea devido a inúmeras patologias e os ossos se quebram espontaneamente.

As fraturas traumáticas podem ser divididas em diretas e indiretas. Direta quando se dá no local onde atuou o agente traumático e indireta quando o osso se quebra em outro local que não o atingido pelo trauma.

Com relação ao traço de fratura, podemos dividi-las em *diafisárias* quando localizadas na diáfise ou corpo do osso e *epifisárias* quando situadas nas epífises ou extremidades dos ossos. As diafisárias também podem ser denominadas de não-articulares e as epifisárias de articulares, sendo intra-articulares se o traço de fratura atinge até o interior da articulação e justa-articulares se o traço não atinge o interior da articulação.

Quanto ao número de traços de fratura podemos dividi-las em *simples* ou única, quando há um traço de fratura; *dupla*, quando existem dois traços de fratura; e *tripla*, quando existem três traços de fratura. A vítima com várias fraturas é denominada de *politraumatizado*.

As fraturas ainda podem ser classificadas em cobertas e expostas. Chamamos de coberta quando, após o trauma, não ocorre a saída do osso e a pele mantém-se íntegra. Na exposta, ocorre a quebradura do osso, rompimento de partes musculares e pele, com saída de parte do osso fraturado.

No socorro aos fraturados, o socorrista deve-se ater à imobilização e ao transporte da vítima, pois cabe ao médico ortopedista a redução e os procedimentos técnicos cabíveis em cada situação.

A imobilização do membro fraturado é feita incluindo todo o membro e não só o foco de fratura. Esta imobilização deve ser feita com movimentos suaves, utilizando-se todo o material que for disponível no local, tais como galhos, papelão, revistas, peças de roupas etc. Quando nada houver por perto para a imobilização, podemos ainda assim utilizar o próprio corpo da vítima, imobilizando, por exemplo, uma perna fraturada, prendendo-a na perna sã e assim por diante. A capacidade do socorrista está na razão direta com que consegue improvisar nas diversas situações de socorro, pois quase sempre não encontra por perto os materiais que seriam necessários ao socorro, situação totalmente diferente daquela realizada no Pronto Socorro, onde se dispõe de todo um aparato medicamentoso e de materiais diversos.

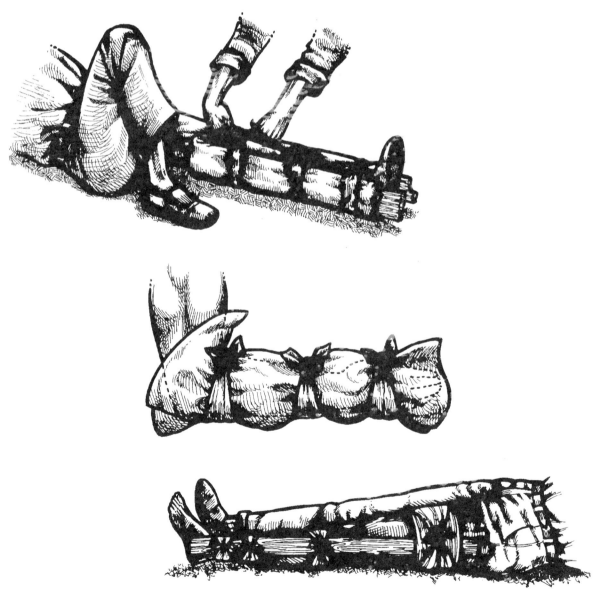

Esquema de imobilização de um membro fraturado.

Nas fraturas de coluna, a vítima deve ser transportada em decúbito ventral (abdômen para baixo) sobre uma tábua, para que o peso do corpo sobre a coluna não agrave a situação. Caso o transporte seja feito em decúbito dorsal (ventre para cima) deve-se colocar cochins ou travesseiros ao nível das curvaturas normais da coluna.

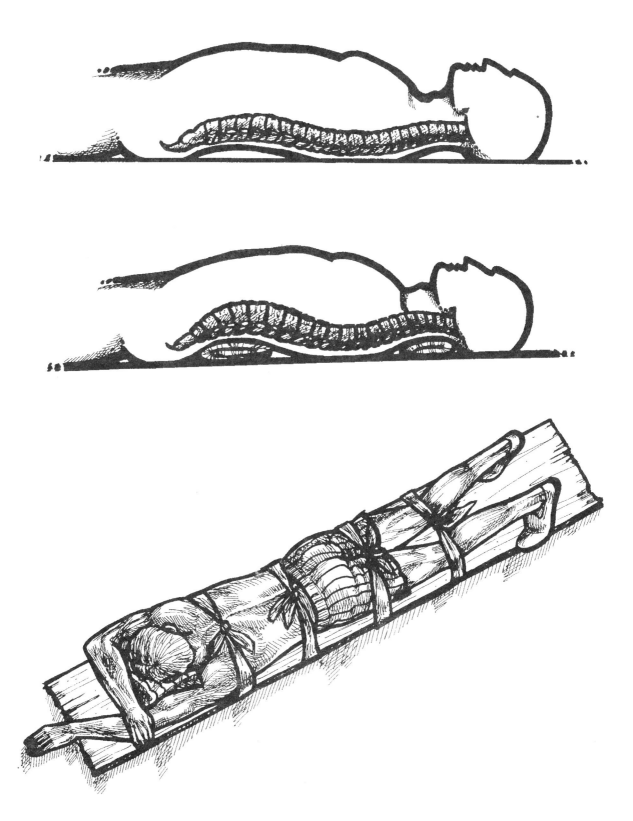

O socorrista deve ter em mente que é seu dever praticar o socorro imobilizando o membro fraturado sem querer reduzir ou colocar o osso quebrado no seu lugar, mesmo que haja desvio de eixo imobilizar desta forma. No caso de fraturas externas, devemos praticar a hemostasia, limpeza do ferimento, aplicação do antisséptico, aplicação das bandagens e em seguida realizarmos a imobilização do membro fraturado e o transporte da vítima ao hospital.

ENTORSE

A entorse ocorre nas articulações, quando existe o afastamento momentâneo, provocado por trauma, das superfícies articulares, provocando dor no local e edema (acúmulo de líquidos). Terminada a causa da entorse, os ossos retornam ao local de origem, mantendo o funcionamento da articulação. A entorse pode ocorrer em qualquer articulação, sendo mais comum na articulação do punho, do joelho e do pé.

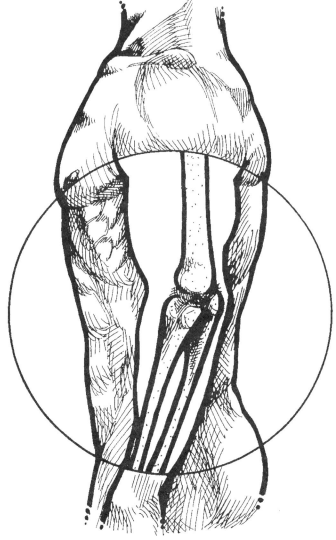

Esquema de uma entorse.

O socorrista, diante de um quadro de entorse, deve imobilizar a articulação afetada, não permitindo que a vítima utilize a referida articulação, utilizando ainda compressas ou bolsa de gelo, seguidas de aplicação de compressas quentes nos dias consecutivos.

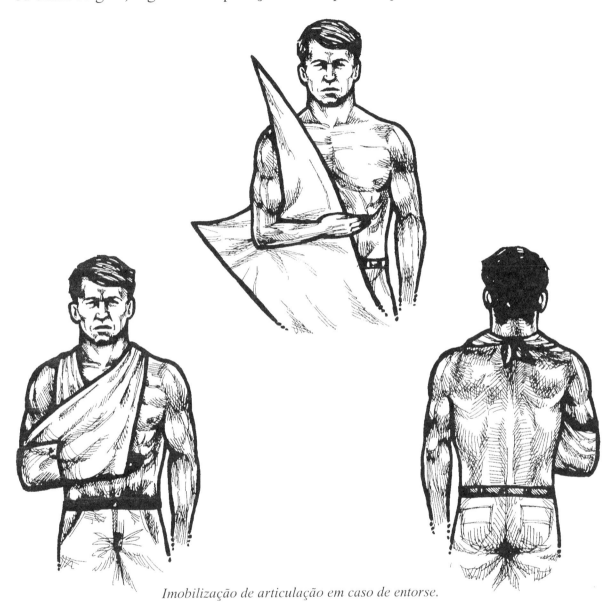

Imobilização de articulação em caso de entorse.

LUXAÇÃO

A luxação ocorre quando as superfícies articulares deixam de se tocar de forma definitiva em função de um trauma, não retornando ao local de origem. Ocorre dor, edema e impotência funcional do membro afetado pela entorse. As articulações que mais sofrem luxações são as do ombro, do cotovelo, da clavícula e a da mandíbula. As luxações podem ser completas e incompletas. Nas completas ocorre a separação total das superfícies articulares e nas incompletas apenas parte destas superfícies se separam, sendo também chamadas de subluxações.

No socorro à vítima de luxação, o socorrista deve se restringir à imobilização da articulação luxada ou subluxada, deixando a redução para o médico ortopedista. Esta imobilização, como nos casos anteriores, deve ser feita usando-se qualquer material disponível ou o próprio corpo da vítima.

CAPÍTULO 4

HEMORRAGIAS

DEFINIÇÃO

Chamamos de *hemorragia* a perda de sangue de um vaso sangüíneo. As hemorragias podem ser *arteriais* e *venosas*. As *arteriais* resultam de ruptura de uma artéria e nessas hemorragias o sangue é de cor vermelho vivo, rico em oxigênio e espirra do vaso em jatos intermitentes. As hemorragias *venosas* são provocadas devido ao rompimento de veias e neste tipo de hemorragia o sangue é de cor vermelho escuro, rico em gás carbônico. As hemorragias arteriais são mais graves que as venosas, pois para o mesmo tempo de sangramento ocorre mais perda sanguínea, porque o sangue corre nas artérias com mais pressão que nas veias.

TIPOS DE HEMORRAGIA

As hemorragias também podem ser classificadas em *internas* e *externas*. Na hemorragia interna o sangue sai dos vasos ficando coletado em uma das cavidades do corpo, isto é, não se exterioriza, indo para o crânio, tórax ou abdômen.

É importantíssimo que o socorrista possa identificar uma hemorragia interna, pois pouco podemos fazer pela vítima, mas o simples fato de identificarmos que o acidentado apresenta uma hemorragia interna e o transportamos com brevidade para um hospital em boas condições e prevenindo o estado de choque, já estaremos contribuindo para o seu salvamento. Os sintomas de hemorragia interna são:

a) Descoramento da pele e mucosas da vítima;

b) Suores abundantes;

c) Pulso e respiração acelerados;

d) Temperatura baixa (hipotermia).

Estes são sinais de anemia aguda, do chamado choque hemorrágico e que se apresentam quando a vítima perde cerca de 20% de seu sangue, cerca de 1 litro em um adulto normal. A vítima de hemorragia interna, ao apresentar os sintomas descritos, se torna aos poucos agitada e mais tarde com confusão mental, para em seguida, se não for atendida, entrar em estado de coma, evoluindo para a morte. Nas hemorragias internas cranianas, estes sinais não aparecem, pois a cavidade não comporta um litro de sangue. A massa cefálica com a compressão causada pelo sangue derramado deixa de funcionar e a vítima perde a consciência.

Nos casos que suspeitamos de hemorragia interna, já identificados os primeiros sinais, devemos deitar a vítima com a cabeça baixa e os pés elevados prevenindo o estado de choque e facilitando a drenagem do sangue para o coração, procurando aquecê-la com o que pudermos dispor, como roupas, jornais ou mesmo tapetes do automóvel, caso o acidente seja automobilístico, procurando removê-la deste modo ao hospital mais próximo, com rapidez.

Posição nos casos de hemorragia interna.

Na hemorragia externa o sangue se exterioriza por meio dos ferimentos ou pelos orifícios do corpo, como boca, narinas, ouvidos, ânus etc., recebendo diversos nomes de acordo com a sua origem.

HEMORRAGIAS EXTERNAS

OTORRAGIA: O sangue sai pelo meato acústico externo após ruptura do tímpano, ferimentos no conduto ou em situações de fraturas dos ossos da base do crânio.

EPISTAXE ou Rinorragia: o sangue sai pela narina em situações de fraturas dos ossos do nariz e base do crânio, nos tumores nasais, por fenômenos alérgicos e ainda em outras patologias como na hipertensão arterial. A saída de sangue pela boca recebe denominações diferentes, segundo a sua origem, como estomatorragia, hematêmese e hemoptise.

ESTOMATORRAGIA: é o sangramento pela boca originado na própria cavidade bucal, devido a ferimentos na gengiva, mucosa bucal ou extração de um dente.

HEMATÊMESE: é o sangramento pela boca oriundo do aparelho digestivo, por ruptura de vasos sanguíneos no estômago ou esôfago; úlceras gástricas, varizes esofagianas, tumores e traumas de parede gástrica podem provocar este tipo de hemorragia. O sangramento é escuro, de cor marrom, semelhante a café, vindo muitas vezes misturado com restos alimentares.

HEMOPTISE: é o sangramento pela boca de cor rósea ou vermelho rutilante, muitas vezes com espuma ou bolhas de ar proveniente do aparelho respiratório, sinal de tuberculose pulmonar ou ferimentos no interior dos pulmões.

MELENA: é a saída do sangue pelo orifício anal proveniente de lesões como úlceras intestinais, câncer de intestino ou difteria. O sangue mistura-se com as fezes e se apresenta na cor preta, com odor fétido.

ENTERORRAGIA: é a saída de sangue pelo orifício anal proveniente de lesões próximas ao ânus, como hemorróidas e tumores retais. Neste caso o sangue é de cor vermelha.

HEMATÚRIA: é a saída de sangue pela urina através do meato uretral externo. A vítima urina sangue junto com a urina, podendo ser macroscópica ou microscópica, de acordo com o volume de sangue perdido. Ocorre devido a traumas de bexiga, afecções do aparelho urinário, inflamações, cálculos de tumores.

METRORRAGIA: é a perda de sangue pela vagina e vulva causada por um traumatismo.

MENORRAGIA: é a perda de sangue pela vagina e vulva causada por uma doença, distúrbios hormonais ou por outras causas não patológicas.

COMO REALIZAR A HEMOSTASIA?

À parada da hemorragia chamamos de *hemostasia* e deve ser realizada de acordo com o tipo de hemorragia que estamos socorrendo.

No caso das hemorragias internas, pouco podemos fazer, como já dissemos anteriormente, mas o fato da identificação precoce deste tipo de hemorragia, através dos sinais já descritos, correto posicionamento e remoção rápida da vítima, já contribuem de modo significativo para o salvamento.

Nas hemorragias externas precisamos aprender a aplicação de três técnicas fundamentais e que resolvem qualquer tipo de hemorragia, são elas: a *compressão*, o *garrote* e o *torniquete*.

Na *compressão* aplicamos sobre o ferimento um pano limpo e apertamos o mesmo com a palma de nossas mãos por cinco minutos, tempo suficiente para a coagulação sangüínea. Este tipo de compressão sobre o ferimento chamamos de *compressão direta*. Quando existem sinais de fratura juntamente com o ferimento sangrante, podemos fazer a compressão antes do ferimento, fazendo a *compressão indireta*.

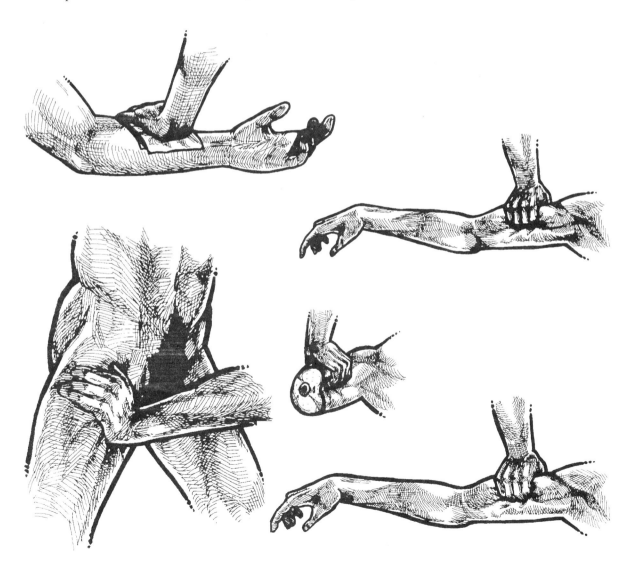

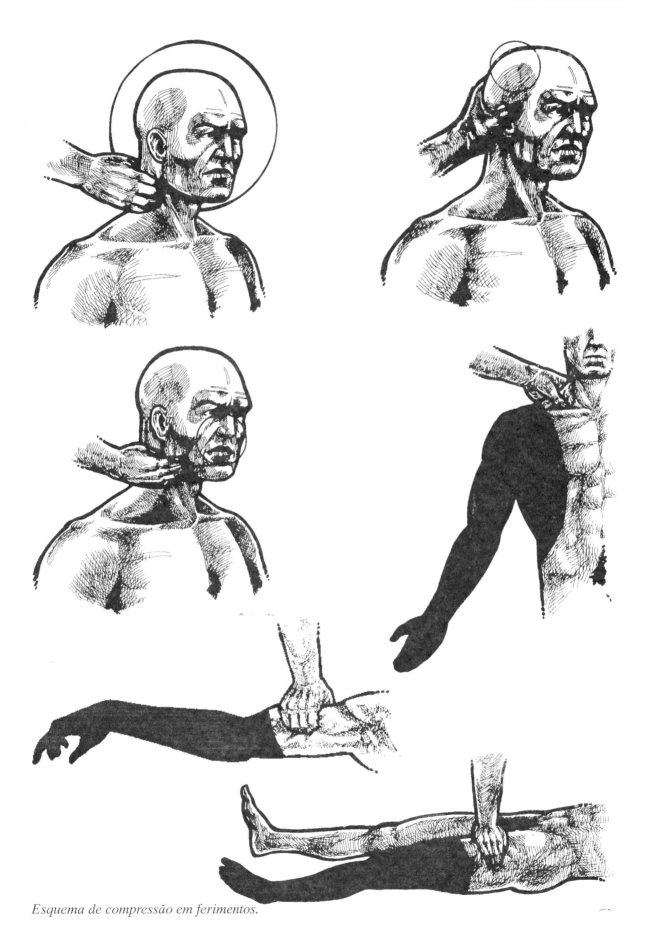

Esquema de compressão em ferimentos.

Quase todos os tipos de hemorragias externas cessam desta maneira, mas ainda podemos substituir a compressão manual por uma atadura bem apertada, chamada de atadura compressiva, que deve ser afrouxada tão logo se obtenha a parada do sangramento.

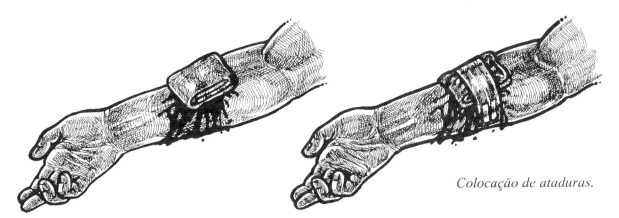

Colocação de ataduras.

A compressão também pode ser realizada à distância, comprimindo os vasos arteriais superficiais nas regiões de articulação.

Nas hemorragias graves, provocadas por amputações e esmagamentos de membros, devemos realizar as técnicas do garrote e do torniquete. Estas técnicas são para uso exclusivo diante de casos de hemorragias maciças, pois necessitam ser feitas com cautela e precisão, principalmente no que se refere ao tempo de garroteamento ou de aplicação do torniquete.

No garrote, utilizamos uma tira de pano, borracha, corda ou cinto enrolado entre o ferimento que sangra e o coração e o mais próximo possível da ferida, apertando o nó até que tenhamos a hemostasia. No torniquete, ao invés de darmos o nó, aplicamos um pedaço de madeira, lápis ou caneta sobre o mesmo, torcendo como o fecho de uma torneira, de modo a interrompermos a hemorragia.

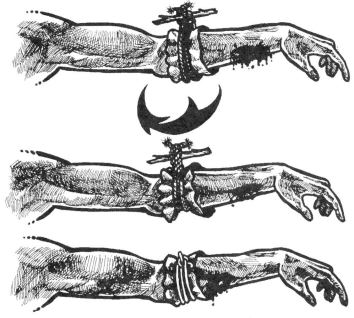

Colocação de garrotes e torniquetes.

O garrote ou o torniquete devem ser afrouxados a cada 15 minutos, dado o perigo de gangrena pela isquemia da parte do membro garroteado. É necessário sempre anotar o tempo de garroteamento: após 15 minutos, devemos afrouxar o garrote ou torniquete, de modo a existir uma pequena hemorragia controlada, apertando o mesmo a seguir, mantendo o garroteamento por mais 15 minutos, repetindo esta técnica até a chegada no hospital. No caso de amputações, não há necessidade de soltarmos o garrote ou o torniquete, lembrando sempre de levar o membro amputado para o hospital, pois em muitas ocasiões será tentado o implante.

CAPÍTULO 5

QUEIMADURAS

DEFINIÇÃO

São lesões ou ferimentos provocados pela ação do calor sobre a pele. De acordo com o tipo de fonte de calor, as queimaduras podem ser classificadas em químicas, elétricas, biológicas, térmicas ou por irradiações.

As químicas são as ocasionadas por substâncias que têm ação cáustica ou corrosiva, como os ácidos, os álcalis e derivados do petróleo (gasolina, querosene, diesel etc.). Os cáusticos ou corrosivos destroem as células que formam a pele. As elétricas são provocadas por um fenômeno denominado *joule*: quando a corrente elétrica encontra um obstáculo à sua passagem, transforma-se em energia térmica produzindo calor e dando origem à queimadura. As queimaduras biológicas são produzidas por animais e plantas.

As queimaduras propriamente ditas são as de origem térmica, produzidas quando as chamas entram em contato com a pele ou a mesma entra em contato com líquidos ferventes ou sólidos incandescentes. As queimaduras produzidas por irradiação são as produzidas pelo poder radioativo de alguns elementos, também denominadas de radiodermites, ou pelo sol, heliodermites.

No estudo das queimaduras temos que levar em consideração dois fatores: o *grau de queimadura* e a *extensão da queimadura*.

GRAU DA QUEIMADURA

Grau de queimadura é a profundidade com que a pele foi atingida e dispomos de várias classificações de acordo com diversos autores, mas atualmente a mais utilizada é a do americano *Boyer*, que divide as queimaduras em três graus (1º, 2º e 3º graus).

Na queimadura de primeiro grau a pele encontra-se avermelhada, eritematosa, sendo dado como exemplo as queimaduras de praia, em que a vítima se apresenta com a pele avermelhada e dolorida. No segundo grau, além da vermelhidão, notamos a presença de bolhas ou flictenas. E nas queimaduras de terceiro grau verificamos que a pele é destruída.

As pessoas leigas costumam dar muita importância ao grau da queimadura, mas ressaltamos que o mais relevante não é o grau, mas sim a extensão da queimadura. O grau da queimadura é importante para o médico, pois geralmente queimaduras de primeiro e segundo graus cicatrizam mais depressa com os curativos consecutivos diários ou em dias alternados, enquanto que queimaduras mais profundas, atingindo o terceiro grau, muitas vezes, necessitam de enxertia (cirurgia plástica).

EXTENSÃO DA QUEIMADURA

Extensão da queimadura significa a percentagem da área corporal atingida e usualmente sabemos que queimaduras com mais de 15% da área corporal são queimaduras graves e que colocam as vítimas em risco de vida. Segundo a extensão, dividimos os queimados em *grandes queimados* e *portadores de queimaduras*. Os portadores de queimaduras são os que queimam menos de 15% de área corporal e os grandes queimados queimam mais de 15% de área corporal.

Para avaliarmos de modo simples e identificarmos de imediato a extensão da queimadura, podemos usar uma regra simples, também chamada de Regra de Berkov, em que damos a nota nove (9) a diversas partes do corpo, onde a cabeça vale 9% de área corporal, a região posterior do tronco (costas e nádegas) 2x9%, a região anterior do tronco (tórax e abdômen) 2x9%, os membros superiores 9% e os inferiores 2x9% cada. Os 1% restantes seriam para o pescoço e órgãos genitais. Em crianças, cerca de 10% da área corporal queimada já é o bastante para considerarmos como grande queimado.

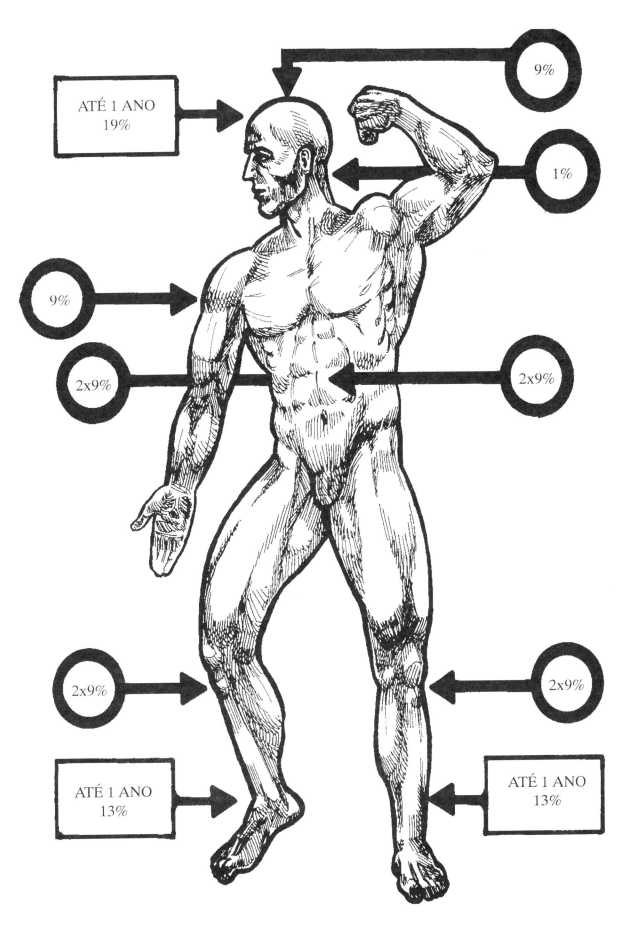

SOCORRO PARA QUEIMADURAS

A queimadura deve ser tratada como uma ferida, devemos retirar as vestes queimadas e sujas do local da lesão, lavando a área queimada com água e sabão, realizando a limpeza do ferimento. Após a secagem do ferimento com gaze ou um pano limpo, devemos nos lembrar que a dor da queimadura é provocada pela ação do ar sobre a área queimada e melhora quando cobrimos a área queimada com uma pomada apropriada para queimaduras, sendo que existem várias marcas no comércio.

É importante ministrar um analgésico de via oral, desde que a vítima esteja consciente, seguido da imediata hidratação do paciente durante o trajeto até ao hospital. Esta hidratação oral deverá ser feita com o uso de sais de reidratação oral fornecido nas unidades sanitárias, dissolvendo um envelope para um litro de água filtrada. Na falta dos sais de reidratação oral, podemos utilizar o soro caseiro: para um copo de água, acrescentamos um punhado de açúcar e uma pitada de sal de cozinha.

CAPÍTULO 6

MALES SÚBITOS

DEFINIÇÃO

Males súbitos são situações em que, como o nome indica, de maneira súbita, a vítima apresenta uma disfunção orgânica dando origem a uma série de quadros como lipotimia, desmaios, convulsões, insolações e intermações, que requerem um atendimento imediato.

VERTIGENS

São males súbitos em que a vítima vê tudo rodando em torno de si, perdendo o equilíbrio e, por conseqüência, sujeita a quedas. Às vezes também apresenta palidez, suor intenso e náuseas. Os chamados enjôos durante as viagens são vertigens. Na vertigem, apesar da indisposição, não ocorre a perda de consciência.

SOCORRO PARA VERTIGENS

Nesta situação, devemos de imediato sentar a vítima ou deitá-la no chão, desapertar as roupas do corpo para maior conforto e, se possível, conduzi-la para um ambiente escuro e fresco, solicitando que a mesma permaneça de olhos fechados por algum tempo, cerca de 5 a 10 minutos, até que cesse o quadro de vertigem.

DESMAIO

O desmaio pode ocorrer quando a vítima encontra-se em local desconfortável e, geralmente, em jejum prolongado. Neste caso inicia-se um processo em que ocorrem náuseas, dor de cabeça (cefaléia), palidez, suor frio, escurecimento da visão com perda dos sentidos temporariamente. Quando a vítima não chega a perder os sentidos damos o nome de *lipotimia*.

É necessário lembrar que existem duas situações bem distintas quanto aos desmaios, numa delas o desmaio é verdadeiro e ligado à desnutrição. Mas existem também situações em que o desmaio é de ordem psíquica, geralmente ligado a um desequilíbrio emocional e neste caso toda a abordagem de socorro muda em função desta situação.

SOCORRO NOS CASOS DE DESMAIOS

No caso de lipotimia, devemos retirar a vítima do ambiente desconfortável em que se encontra, deitá-la em decúbito dorsal, sem travesseiro, desapertar suas vestes e esperar a sua recuperação. No caso de desmaio iminente, coloque-a sentada e inclinada para a frente, faça pressão na nuca para baixo e peça à vítima que force a cabeça para cima, pois com esta manobra aceleramos o bombeamento do sangue para o encéfalo, melhorando a irrigação sangüínea e oxigenação. A seguir, devemos providenciar alimento, geralmente líquidos quentes e açucarados no sentido de combater a hipoglicemia.

INSOLAÇÃO E INTERMAÇÃO

A insolação é a exposição demasiada ao sol, enquanto que a intermação é a exposição demasiada a um ambiente extremamente quente, como fornos, cozinhas e outros mais. Os sinais de insolação e de intermação são iguais: a vítima apresenta pele seca, avermelhada, quente, dor de cabeça (cefaléia) e pulsação rápida, mal-estar geral, às vezes acompanhado de náuseas e vômitos, e nos casos mais graves pode ocorrer confusão mental e perda dos sentidos.

SOCORRO PARA INSOLAÇÃO E INTERMAÇÃO

Conduza a vítima para um lugar mais fresco, de preferência arejado, bem ventilado e à sombra, retire parte de suas roupas, faça o esfriamento do corpo através de um banho a princípio morno, chegando ao frio, deixando a vítima no chuveiro o máximo de tempo possível até que acuse melhora dos sintomas. Quando não houver condições do uso do chuveiro, podemos colocar compressas de água gelada sobre sua cabeça e passar pano ou toalha úmida com água fria sobre o corpo, transportando-a a seguir até ao hospital para ser realizada a hidratação.

COMA

O estado de coma é uma situação grave, em que a vítima se apresenta inconsciente, sem reflexos e produzida por situações variadas, como traumatismos crânio-encefálicos, envenenamentos, acidentes com eletricidade e outras causas.

SOCORRO PARA O COMA

Nos estados de coma, pouco o socorrista poderá fazer, pois são situações que requerem um atendimento médico especializado, mas com o simples fato de identificarmos o estado de coma, mantendo a vítima deitada em decúbito lateral (deitada de lado), mantendo a cabeça esticada para trás e a língua livre, facilitando a respiração, estaremos prestando um bom atendimento, bastando que a seguir façamos o encaminhamento ao hospital mais próximo, mantendo sempre esta posição e cuidados no trajeto.

CONVULSÕES

As convulsões são quadros em que a vítima perde os sentidos e de modo repentino cai, iniciando um processo em que se debate no chão, com contrações e estiramentos musculares desordenados, que geralmente assustam aqueles que presenciam esta situação, principalmente quando são leigos. Várias são as causas para as convulsões, dentre elas destacamos os envenenamentos, acidentes elétricos, febre e epilepsia. Durante as crises convulsivas ocorre salivação e, às vezes, eliminação de urina e fezes.

SOCORRO PARA CRISES CONVULSIVAS

É necessário entendermos que existem duas origens principais destas crises, sendo necessário a identificação imediata por parte do socorrista. Temos as crises convulsivas com febre e as crises convulsivas sem febre. No caso das crises convulsivas com febre, necessitamos de imediato abaixar a temperatura corporal da vítima, mediante aplicações frias, uso de gelo em sacolas sobre a cabeça e axilas, banho com compressas frias e banho com compressas embebidas em álcool. No caso das crises convulsivas sem febre, geralmente ligadas à epilepsia, devemos saber que esta doença não é contagiosa e que não existe risco em lidar com este paciente. Devemos desapertar suas roupas e afastar objetos próximos, como cadeiras e pernas de mesa, de modo que a vítima não se machuque. Não tente conter a vítima, deixe-a se debater livremente, não dê nada para cheirar ou beber, limpe sua salivação se for excessiva e proteja a língua da vítima colocando algo entre os dentes, como um lenço enrolado, uma colher etc., de modo que não morda a língua ou os lábios. A crise convulsiva cessa depois de alguns minutos, então o socorrista deverá deixar a vítima dormir e, ao despertar, procurar dar-lhe atenção, encaminhando-a ao pronto socorro.

CAPÍTULO 7

ENVENENAMENTOS

DEFINIÇÃO

Veneno é toda substância que, atuando química ou biologicamente, lesa a integridade corporal ou a saúde do indivíduo, com risco de morte. Os venenos se classificam em biológicos, orgânicos e inorgânicos. Os venenos biológicos são oriundos de seres vivos e por ingestão ou inoculação vão produzir fenômenos tóxicos, por vezes letais, podendo ser de origem vegetal e animal. Os venenos de origem animal são como os produzidos pelo escorpião, cobras peçonhentas etc. Os venenos de origem vegetal são produzidos por certas plantas e cogumelos. Os venenos orgânicos são substâncias químicas da série dos hidrocarbonetos, como os derivados do petróleo. Os venenos inorgânicos são substâncias químicas da série inorgânica, como os metais e metalóides.

SOCORRO PARA ENVENENAMENTOS

Na maioria dos casos de envenenamentos, às vezes acidentais e outras vezes suicidas, a via mais utilizada é a via oral, onde o veneno é absorvido pela mucosa do aparelho digestivo, desde a boca até o reto. O organismo humano se defende eliminando o tóxico de imediato com náuseas e vômitos, sendo este o principal estímulo no socorro para envenenamentos. Cabe ao socorrista provocar o vômito de imediato, através de manobras simples, como colocar o dedo até o interior da faringe ou pena de ave, colher, qualquer instrumento que provoque o vômito, pois deste modo estaremos colocando para fora do corpo uma parte do veneno ingerido, bastando a seguir tentar neutralizar o efeito do veneno já absorvido, ministrando produtos antiácidos, como o leite ou qualquer medicamento antiácido disponível. Nas intoxicações por cáusticos, o vômito é contra-indicado, pois poderá provocar um agravamento nas lesões. O socorrista se limitará à administração de antiácidos e transporte imediato ao hospital.

75

ENVENENAMENTOS POR PICADAS DE ANIMAIS PEÇONHENTOS

Animais peçonhentos são aqueles que produzem peçonha (veneno), substância que, quando inoculada, produz uma série de efeitos tóxicos, podendo chegar à morte. Dentre estes destacamos os escorpiões, cobras e algumas aranhas.

SOCORRO PARA ENVENENAMENTOS POR PICADAS DE ANIMAIS

Quando não for possível a identificação do animal, se peçonhento ou não, devemos sempre tratar a vítima como se peçonhento e, neste caso, rapidamente, devemos deitar a vítima, procurando restringir o veneno à área atingida, fazendo o garroteamento do membro afetado, seguido de leve sangria, através de um pequeno corte com lâmina, canivete ou uma série de furos, de modo que haja uma sangria no local, com a saída da peçonha. A seguir, dentro do possível, devemos manter o membro picado dentro de um balde com água gelada, ou realizarmos a aplicação fria de gelo em sacolas sobre o local da picada do animal, pois o frio estabiliza o avanço do veneno, transportando em seguida a vítima para o hospital mais próximo, para que receba o soro antiofídico.

CAPÍTULO 8

RESPIRAÇÃO ARTIFICIAL E MASSAGEM CARDÍACA EXTERNA

INTRODUÇÃO

A recuperação cárdiorrespiratória foi uma preocupação constante com a evolução dos séculos. Diversos autores, em épocas diferentes, tentaram de várias maneiras esta recuperação. Mas, somente com a Segunda Guerra Mundial, esta preocupação tornou-se mais evidente, pois temia-se que o exército aliado fosse alvo de gases mortíferos e no sentido da prestação de primeiros socorros, o exército aliado, juntamente com a Cruz Vermelha Internacional, intensificaram esforços no sentido de sanar esta falha, pois até a ocasião, desconhecia-se um método perfeito para a manobra da ressuscitação cárdiorrespiratória. Estudos realizados em 1935, pela Universidade de Illinois, nos Estados Unidos, revelaram que o melhor processo de respiração artificial era o método boca a boca, ou Método de Elizeu.

RESPIRAÇÃO BOCA A BOCA OU MÉTODO DE ELIZEU

A ausência de movimentos respiratórios e a pele arroxeada (cianosada) denunciam a parada de respiração. Para verificarmos se uma vítima respira, devemos olhar para o tórax ou para o abdômen. A respiração artificial deve ser praticada o mais rápido possível, de modo que a ausência da oxigenação dos tecidos cerebrais não provoque a destruição das células nervosas.

A vítima deve ser colocada deitada, em decúbito dorsal (abdômen para cima), com os membros superiores estendidos junto ao corpo.

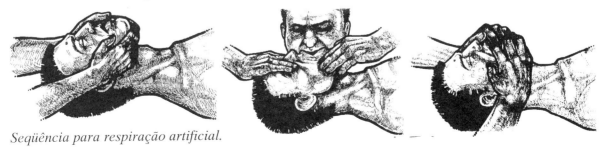

Seqüência para respiração artificial.

Ajoelhe-se ao lado da cabeça da vítima e verifique se existe a presença de corpos estranhos em sua boca, tais como sangue, alimento ou vômitos. Caso encontre algo, limpe a boca imediatamente com a ajuda de um lenço, papel ou com seus dedos. Suspenda o pescoço pela nuca, com uma das mãos e com a outra, incline a cabeça da vítima para trás, o máximo possível, pois esta manobra recoloca a língua em seu devido lugar, garantindo o acesso perfeito às vias aéreas inferiores. Feche as narinas com o indicador e o polegar da mão que está fletindo a cabeça, de modo que o ar não saia pelas narinas, como demonstrado na seqüência dos desenhos.

Respire profundamente e coloque sua boca, bem aberta, sobre a boca da vítima e sopre com força, de modo que o tórax fique cheio e volumoso com o ar introduzido. A seguir, afaste sua boca da boca da vítima, de modo que a mesma expire o ar. Continue esta manobra até que a vítima venha a respirar normalmente. Sopre ritmadamente de 15 a 20 vezes por minuto.

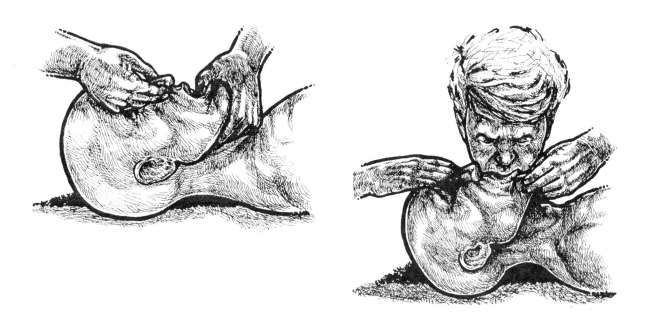

Se a vítima for uma criança, englobe com sua boca, a boca e o nariz da criança, depois de realizada a flexão da cabeça para trás e a limpeza da cavidade oral, conforme descrito anteriormente.

Durante a respiração artificial, o ar que insuflamos enche os pulmões, mas também vai para o estômago. Quando percebermos que o abdômen da vítima está dilatado, devemos comprimir o epigástrio com uma das mãos e com a outra virar de lado a cabeça da vítima até que todo o ar seja expelido.

Durante a respiração artificial devemos verificar o pulso da vítima. Para isso, basta colocarmos os dedos indicador, médio e anular sobre o trajeto da carótida no pescoço. Se não sentirmos os batimentos e as pupilas ficarem dilatadas e imóveis, é sinal de que o coração também parou de funcionar, então devemos iniciar imediatamente a massagem cardíaca externa.

MASSAGEM CARDÍACA EXTERNA

O coração é uma bomba que impulsiona o sangue para dentro dos diversos vasos, localizando-se no centro do tórax, ligeiramente para a esquerda, entre os pulmões, tendo à frente o osso esterno e atrás a coluna vertebral.

A massagem cardíaca externa consiste em se abaixar o esterno, cerca de 3 a 5 centímetros de encontro à coluna, de modo que com esta manobra, contínua e ritmada, o coração seja comprimido entre estas duas estruturas ósseas.

A técnica consiste em se colocar a vítima deitada em uma superfície dura, com o abdômen para cima (decúbito dorsal) determinando-se a metade inferior do esterno.

No local correto, colocamos as duas palmas das mãos, uma sobre a outra, comprimindo cerca de 3 a 5 cm o esterno de encontro ao solo. Lembramos que são as palmas das mãos que realizam a massagem cardíaca e que os dedos das mãos não devem tocar o tórax da vítima, pois o que desejamos é o abaixamento do esterno e não das costelas.

Quando estamos socorrendo uma criança recém-nascida ou com alguns meses, usamos aplicar a massagem cardíaca com apenas dois dedos e quando socorremos uma criança com mais idade, utilizamos apenas uma das mãos, de modo que não haja fraturas torácicas.

Devemos comprimir e descomprimir o esterno, cerca de 60 ou 70 vezes por minuto, ao mesmo tempo que realizamos a respiração boca a boca, pois havendo a parada cardíaca, também teremos a parada respiratória, daí a necessidade das manobras serem conjuntas. Consideramos como o suficiente, uma respiração boca a boca para cinco massagens cardíacas, mantendo-se as manobras até a ressuscitação completa ou, quando em caso negativo, o óbito da vítima. O ideal é buscarmos ajuda de outro socorrista, de modo que, enquanto um realiza a respiração boca a boca, o outro executa a massagem cardíaca. Como estas manobras são cansativas, sugerimos a troca de posições com o passar do tempo, mantendo sempre o mesmo ritmo. Manter as manobras até que a vítima retorne a si ou até a chegada do médico. Nada disso acontecendo, somente parar os movimentos quando começarem a surgir os sinais de morte iminente, com ausência completa dos sinais vitais, cianose, dilatação total das pupilas (midríase) e início da rigidez cadavérica.

CAPÍTULO 9

TRANSPORTE DE ACIDENTADOS

Somente após realizarmos o atendimento de primeiro socorro propriamente dito, após contermos as hemorragias, imobilizarmos as fraturas, termos prevenido o choque e realizado as manobras de ressuscitação cárdiorrespiratória, é que iremos pensar no transporte de acidentados, que deverá ser feito de modo mais seguro possível, pois muitas vezes a vítima vê sua situação agravada pelo transporte mal realizado. Nestas situações, além da força física, necessitamos de conhecimentos práticos sobre as diversas maneiras de transportarmos os feridos, com plena consciência do que estamos realizando.

No transporte de vítimas, temos que considerar se as mesmas estão conscientes ou não. No caso de estarem lúcidas, muito facilitarão o trabalho do socorrista. Quando inconscientes, devemos tomar medidas como manter a ventilação, limpar vômitos, tomando todos os cuidados para o não agravamento da situação do acidentado. Às vezes, necessitamos da improvisação de uma padiola ou maca, pois este instrumento facilita em muito o transporte, tornando-o seguro e confortável. Pode ser construída com dois galhos de árvore, tiras de madeira, lençóis, colchas ou duas calças ou casacos amarrados.

No caso de vítimas conscientes, podemos utilizar o transporte de apoio, em que o socorrista agarra a vítima pelo punho e passa seu membro superior sobre o pescoço, então a vítima passa a andar apoiada no socorrista, como uma muleta. Esta técnica é utilizada quando a vítima apresenta ferimentos leves, tendo condições de andar amparada pelo socorrista.

No transporte de bombeiro, o socorrista mantém a vítima em decúbito ventral (de bruços), ajoelha-se com um dos joelhos junto à cabeça da vítima e com ambas as mãos sob as axilas do acidentado o levanta para a posição de pé, quando passa uma das mãos pela cintura do acidentado e, com a outra, toma o punho da vítima colocando o braço em torno do pescoço, dobrando-se sobre os seus joelhos e fazendo com que a vítima fique sobre os seus ombros. Nesse transporte, ainda temos a vantagem de o socorrista ficar com um braço livre para outras necessidades.

Quando não dispomos de força física e o acidentado está inconsciente, devemos improvisar o transporte de arrasto com um lençol, colcha, cobertor ou, ainda, utilizando o tapete do automóvel ou caminhão.

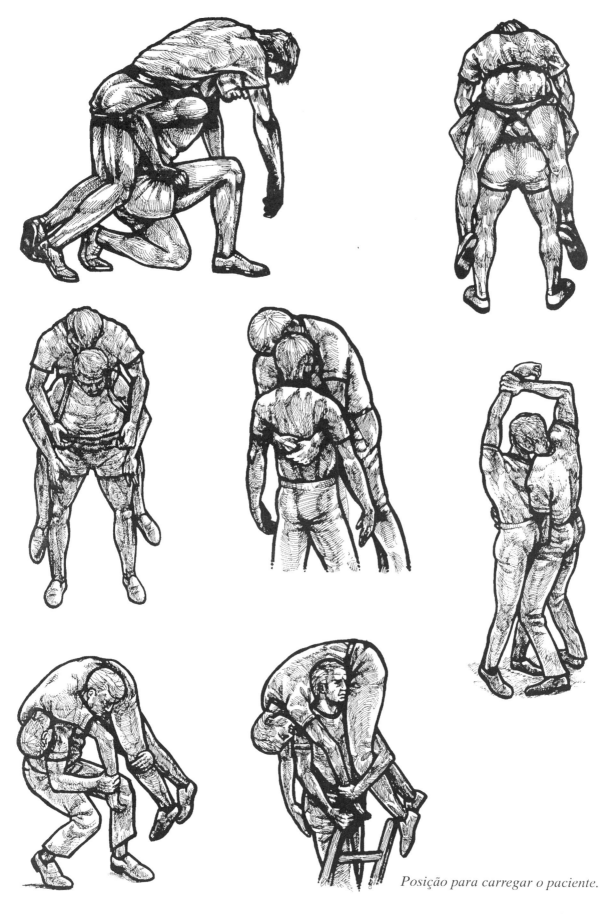
Posição para carregar o paciente.

Quando podemos ter a ajuda de outro socorrista, o transporte é facilitado, podemos utilizar o transporte de cadeirinha ou, ainda, o transporte pelas extremidades, desde que não haja fraturas nos membros inferiores.

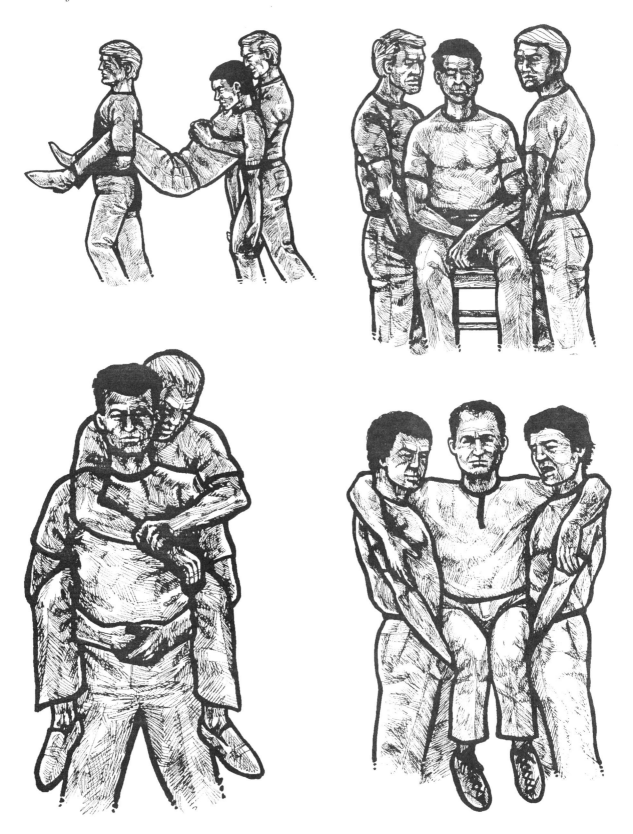

Se houver a presença de três socorristas, a tarefa se torna mais fácil e mais segura: os socorristas ajoelham-se com o apoio em um só joelho, devidamente enfileirados em paralelo ao lado da vítima, levantando a mesma com os braços até os joelhos. Num segundo movimento, erguem-na todos ao mesmo tempo e transportam a vítima para o local desejado.

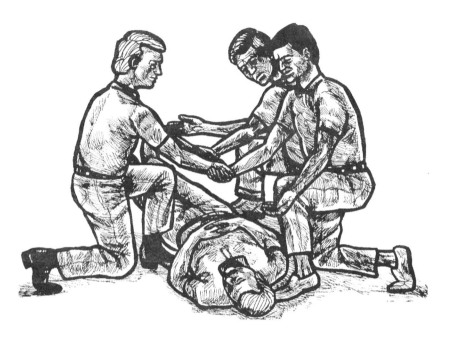

PARTE 2

FUNDAMENTOS DE ENFERMAGEM

JURAMENTO DE FLORENCE NIGHTINGALE

Solenemente, em presença de Deus e desta assembléia, prometo viver uma vida honesta, praticando com fidelidade minha profissão. Abster-me-ei de tudo quanto for prejudicial ou impróprio e não administrarei nem tomarei por minha iniciativa, medicamentos nocivos.

Procurarei auxiliar os médicos em seus trabalhos, com proficiência e lealdade, dedicando-me ao bem-estar de todos os doentes aos meus cuidados.

Farei tudo o que estiver ao meu alcance para manter elevados os ideais da minha profissão, guardando fielmente o segredo profissional, durante toda minha vida.

A ENFERMAGEM

Em geral não há grande ruído em torno do *Dia da Enfermagem*, e compreende-se: esta profissão é feita de silêncio e discrição. Já no século XVIII, o regimento de um hospital de província, em Portugal, recomendava que a enfermeira fosse "branda, pacífica, alegre, discreta". Quem trabalha assim não desperta atenção pública, e só pode contar com a gratidão daqueles a quem ajudou a salvar a vida, gratidão, aliás, nem sempre manifestada. Entre milhões de pessoas, os enfermeiros diluem-se no mar de doenças e aflições, e quem pode identificá-los? São realmente uma gota de água.

Penso, em particular, na enfermeira, figura símbolo da profissão. Talvez porque o ofício já constitui, de saída, testemunho de abnegação e renúncia à vida prazerosa, pois seu alvo é a dedicação ao sofrimento alheio, o Estado, que atraiu as mulheres para uma carreira tão penosa e as diplomou, se mostre tão descuidado em assegurar-lhes uma existência tranqüila. Exigir de alguém que faça curso universitário e altamente especializado, para atirá-lo depois no meio de toda sorte de doenças, muitas delas contagiosas, e não dar-lhes condições de vida compensadora desse sacrifício é revelar grande insensibilidade e desconhecimento dos valores humanos. E se isto é assim com referência às enfermeiras oficiais, que dizer do que se passa com as que trabalham para instituições privadas? Levantamento efetuado por uma organização sanitária federal não deixa margem a dúvidas: o trabalho da enfermeira, altamente qualificado e reclamando superiores qualidades morais, é um dos mais irrisoriamente remunerados neste país de desníveis.

Contudo, as moças continuam atraídas pela tarefa ingrata, que dá aplicação a secretas reservas de amor. Desde 1890, quando se fundou a Escola de Enfermagem Alfredo Pinto, passando por 1917, ano da fundação da Escola da Cruz Vermelha e 1923 (Escola Ana Nery), o número de estabelecimentos deste tipo instalados no Brasil ainda não corresponde às necessidades de uma população carente, que tem na falta de hospitais bem aparelhados um grave motivo de inquietação. Mas esta é outra história. Carente é também, no sentido de realização profissional e social, no quadro da vida brasileira tão cheia de contradições e injustiças, a nossa enfermeira. Insisto em lembrar que ela merece muito mais do que lhe dão, não só no tocante a salários como na consideração e reconhecimento públicos. Não se trata de profissão qualquer, mas de uma que exige mais do que o comum para o seu bom desempenho.

Doçura, modéstia, limpeza de alma, desistência de oportunidades brilhantes em outras formas de realização, interesse profundo pelo próximo, sobretudo pelo que há de doloroso e mesmo de repugnante no próximo, são virtudes que se devem esperar da enfermeira, mas não será justo dispensar-lhe também uma atenção especial e, garantindo-lhe a saúde e o bem-estar, permitir que ela cuide cada vez melhor do bem-estar e da saúde dos outros? Não se trata de converter uma carreira de natural desprendimento em fonte generosa de renda, mas de assegurar às suas ocupantes a média de decoro e tranqüilidade sem os quais não podemos alçar-nos do nosso egoísmo vegetativo a uma concepção elevada do mundo. E é o que pretende, afinal, nossa amiga, a enfermeira: o direito de se consagrar, em paz, à vida de todos.

Se o dia não é festivo, dá ensejo a que se coloque mais uma vez o problema da situação material e moral dessas trabalhadoras especializadas em servir ao próximo, menos por obrigação do que por impulso irresistível da fraternidade.

Estas palavras, com ligeiras alterações formais, foram publicadas por mim no *Correio da Manhã,* em 13 de maio de 1954. Trinta anos depois, terá melhorado, em prestígio e segurança econômica, a situação da enfermeira no Brasil? Pelo que ouço, não. Ela continua lutando por um lugar ao sol, já agora com maior consciência de seus direitos e da dívida social para com a profissão que escolheu. Mal se ouve, entretanto, a sua voz. A categoria, basicamente feminina, é esquecida em justas reivindicações. A remuneração da enfermeira nos hospitais públicos, segundo me informaram, não vai além de três salários mínimos. Nem há, praticamente, acesso em carreira, dado o que se gastou em esforço e estudo para a boa formação profissional, e a responsabilidade das funções, é ridículo, em um país de eterna inflação. Da baixa remuneração decorre, psicologicamente, menor apreço por trabalhadoras qualificadas em diploma, não na realidade. Fico pensativo: será que o Brasil, nestes últimos trinta anos, quando uma nova geração já amadureceu, não mudou nada, no tocante ao respeito devido aos que dão duro em atividades fundamentais?

CARLOS DRUMMOND DE ANDRADE
Conselho Regional de Enfermagem
do Rio de Janeiro – COREN – RJ

CAPÍTULO 1

FUNDAMENTOS DE ENFERMAGEM

INTRODUÇÃO

Nesta segunda parte do livro, temos acesso aos fundamentos de enfermagem, ou seja, aos conhecimentos básicos das principais técnicas de enfermagem que são desenvolvidas pelos seus profissionais de todos os níveis, no sentido de prestarem cuidados diretos aos pacientes. Chamamos a atenção para o fato de não existirem técnicas universais, as mesmas variam de escola para escola e, ainda, de uma instituição para outra.

DEFINIÇÃO DE ENFERMAGEM

Segundo a Dra. Elvira de Felice Souza, no seu livro "Novo Manual de Enfermagem", muitas são as definições de enfermagem, mas a que mais enuncia os atributos e as qualidades próprias e exclusivas da profissão é a descrita pela irmã Olívia, da Universidade Católica dos Estados Unidos da América, que diz:

"Enfermagem, no seu sentido lato, é uma arte e uma ciência, que visa o paciente como um todo – corpo, mente e espírito; promove sua saúde espiritual, mental e física, pelo ensino e pelo exemplo: acentua a educação sanitária e a preservação da saúde, bem como o cuidado ao doente; envolve o cuidado com o ambiente do paciente social e espiritual, tanto quanto físico e dá assistência sanitária à família e à comunidade, bem como ao indivíduo".

Desta definição tiramos uma série de conclusões, como: a enfermagem é uma *arte*, porque depende de um certo dom artístico que nasce conosco. Uma destreza manual, um jeito especial de ser, de execução das técnicas, que difere de modo especial de um profissional para outro. Podemos provar este fato com a simples observação de dois profissionais executando uma punção venosa em dois pacientes com condições venosas semelhantes. Se os profissionais estudaram na mesma escola e receberam os mesmos ensinamentos, deveriam executar a técnica com a mesma destreza, mas isso na prática não acontece. Observaremos que, enquanto um dos profissionais facilmente executa a punção venosa, o outro tende a encontrar dificuldades, dependendo de mais tempo, mais prática, para conseguir o perfeito domínio das técnicas.

A enfermagem é uma *ciência*, porque atualmente temos Faculdades, Escolas, Cursos para Auxiliares etc., uma série de livros escritos sobre o tema dando a consistência de uma ciência. A enfermagem é, sobretudo, um *ideal*, pois depende de um certo dom que nasce conosco, o dom de se doar ao próximo, que nem sempre podemos aprender. Podemos estudar, praticar, dominar as técnicas fundamentais, mas sem o ideal, a caridade, a determinação de ajuda ao nosso semelhante, dificilmente seremos bons profissionais.

A enfermagem neste aspecto é uma profissão sublime, pois é um meio de vida que nos permite a caridade diária, princípio fundamental de uma vida Cristã.

RELAÇÃO DA ENFERMAGEM COM AS DEMAIS CIÊNCIAS

A enfermagem está relacionada diretamente com as Ciências Médicas, a Psicologia, a Ética, o Direito, a Sociologia e a Religião, pois segue os princípios e ensinamentos destas ciências.

RESUMO DA HISTÓRIA DA ENFERMAGEM

Podemos dividir a enfermagem em três fases distintas:

FASE PRIMITIVA: anterior a Florence Nightingale, em que a enfermagem era exercida por leigos, que usavam e abusavam dos mais condenáveis meios de assistência, pondo em risco a vida dos pacientes.

FASE EVOLUTIVA: época de Florence Nightingale (1854 – 1907),graças ao trabalho dessa personalidade extraordinária, tivemos o início da enfermagem como profissão, introduzindo a assistência direta orientada com técnicas e fundando no Hospital Saint Thomas, na Inglaterra, a primeira Escola de Enfermagem, de onde, posteriormente, a profissão foi difundida pelo mundo afora.

FASE DE APRIMORAMENTO: representa o privilégio de nossos dias, com uma profissão regulamentada, organizada e em constante evolução.

CONDIÇÕES PARA A BOA EXECUÇÃO DA ENFERMAGEM

O bom profissional de enfermagem deve trabalhar observando sempre a segurança, o conforto e a economia, produzindo cuidados eficientes e específicos para cada paciente.

O HOSPITAL

Segundo a definição da Organização Mundial de Saúde, o hospital é uma organização de caráter médico e social, cuja função consiste em assegurar assistência médica completa, curativa e preventiva à população e cujos serviços externos se irradiam até a célula familiar. É um centro de medicina e de pesquisa biossocial.

Atualmente, os hospitais são divididos em gerais e especializados. Os gerais são aqueles que atendem a todas as clínicas básicas, como as clínicas médica, cirúrgica, obstétrica e pediátrica; e os especiais, como o próprio nome indica, são aqueles que atendem somente a especialidades, como os hospitais psiquiátricos, os geriátricos, os pediátricos etc.

O hospital hoje é visto como uma empresa, que deve ser administrada da melhor forma possível, pois envolve particularidades bem distintas, com uma multiplicidade de serviços, tais como lavanderia, cozinha, manutenção, enfermarias, central de esterilização e outros, altamente complexos e daí a origem de muitas dificuldades administrativas e financeiras por que passam alguns hospitais, pois se esta administração não for realmente científica, certamente muitas falhas ocorrerão, produzindo prejuízos consideráveis, tanto financeiros, como nos serviços prestados à população.

Dentre as suas diversas funções, cabe ao hospital dar assistência geral visando a recuperação dos pacientes, colaborar com os programas de saúde, participar na formação de profissionais e promover pesquisas.

Quanto à razão social, podemos considerar os hospitais como públicos, privados lucrativos (particulares) e privados não lucrativos (filantrópicos).Os departamentos existentes nos hospitais dependem da capacidade do hospital, da cli-entela, das especialidades médicas e dos diversos serviços oferecidos à comunidade.

Quanto ao número de leitos, classificamos os hospitais como de pequeno porte, com o máximo de cinqüenta leitos; de médio porte, com até cem leitos; de grande porte, com mais de cem leitos; e especiais, com mais de quinhentos leitos.

EQUIPE DE SAÚDE

É a equipe formada por todos os profissionais que trabalham em função do paciente. Dela fazem parte o médico, o enfermeiro, o farmacêutico, o odontólogo, a assistente social, a nutricionista, enfim, todos os profissionais que, em conjunto, cada qual com suas habilidades próprias e conhecimentos específicos, desenvolverão todos os esforços na busca da cura ou do controle das enfermidades.

EQUIPE DE ENFERMAGEM

É o conjunto de todos os profissionais que, hierarquicamente interligados, desenvolvem a assistência aos pacientes, cada qual com funções definidas e um nível de atenção e responsabilidade distintos. Dessa equipe faz parte, segundo o Conselho Federal de Enfermagem, o enfermeiro, o técnico de enfermagem e o auxiliar de enfermagem. Segundo esta ótica, o enfermeiro é o profissional com formação universitária, possuindo diploma específico, com habilidades na assistência direta, na administração de serviços e hospitais e ainda no ensino dos conhecimentos em enfermagem. O técnico de enfermagem é o profissional com 2º grau completo, que freqüentou uma Escola de Técnicos de Enfermagem, com certificado que o qualifica para a assistência direta aos pacientes e supervisão de unidades. O auxiliar de enfermagem, geralmente freqüenta um Curso ou Escola de Auxiliares de Enfermagem, com 1º grau, possuindo um certificado que o habilita para a execução de assistência direta aos pacientes.

O PACIENTE

O paciente pode ser definido, de modo simples, como todo indivíduo submetido a um tratamento ou observação, enquanto que doente é aquele portador de uma doença.

Segundo a Dra. Elvira de Felice Souza, em seu livro "Novo Manual de Enfermagem", o contato do enfermeiro com o doente marca seu contato real com a enfermagem. Para a enfermagem é mais importante o doente que as doenças. Verificamos que o ser humano quando sadio desenvolve uma gama de reações frente a determinados problemas e situações, de acordo com sua educação, cultura, religiosidade e experiências de vida. Imaginemos, então, quando este ser humano, que já é difícil de se lidar quando sadio, fica doente; vem à tona uma série de reações como a revolta, a agressividade, a impaciência, cabendo a nós, profissionais de enfermagem, administrar todos estes sentimentos, de cada paciente, procurando não só buscar o alívio dos sintomas, pela administração de medicamentos e cuidados de enfermagem, mas sobretudo a aceitação daquela situação, que em muitas ocasiões não é transitória.

CAPÍTULO 2

ASPECTOS LEGAIS DA PROFISSÃO

O PRONTUÁRIO

É o conjunto de anotações sobre o paciente, quer sejam médicas, de enfermagem etc. É o relato minucioso da vida hospitalar do paciente, com seu diagnóstico, sua evolução diária, seus exames e tratamentos a que foi submetido durante a estada no hospital. O prontuário tem valor legal e por esta razão todas as informações devem ser registradas com o máximo de clareza e fidelidade, pois em caso de um eventual processo, toda a defesa e acusação será baseada nos relatos do prontuário do paciente. Ele é útil ao paciente, ao médico, ao hospital, na defesa legal, para pesquisas científicas e para a saúde pública.

No prontuário são registradas anotações diversas, sendo fundamental a anotação de qualquer sintoma anormal ou modificação nas condições do paciente, as condições mentais, todos os medicamentos e materiais utilizados, assim como todos os tratamentos realizados. Considero preponderante, que não sejam esquecidas as anotações de todas as intercorrências com o paciente, tais como erros, omissões e outras, pois, infelizmente, a ética nem sempre é respeitada com fidelidade e somente com a ajuda do prontuário do paciente teremos o relato histórico dos acontecimentos. Jamais deve ser rasgado, rabiscado ou rasurado, cabendo à administração do hospital zelar pela sua preservação; após a alta do paciente, deve ser encaminhado para o arquivo para a guarda, respeitando os princípios técnicos do arquivamento científico.

PROTEÇÃO DOS PACIENTES NO HOSPITAL

Sabemos dos riscos a que os pacientes estão sujeitos face a internações, riscos que variam de acordo com o nível de consciência e estado de cada paciente, mas lembramos aqui do dever do profissional de enfermagem quanto ao zelo da integridade física do mesmo, no hospital. Os acidentes das mais diversas formas, são passíveis de ocorrência, pois um profissional descuidado, mesmo que sem intenção, poderá provocar os danos mais diversos, através de ocorrências como quedas, queimaduras etc. Neste sentido, resguardamos aqui uma lembrança aos profissionais de enfermagem quanto a algumas medidas fundamentais de proteção que devem ser tomadas, tais como: proteger sempre

95

as camas com grades em pacientes acamados; no transporte de macas e cadeiras-de-rodas fazê-lo com o máximo de cuidado, dando o devido apoio ao paciente; manter sempre as aparelhagens firmes em seus lugares e fora do trânsito de pacientes; evitar limpeza de pisos em horários de grande movimento; verificação periódica do funcionamento dos diversos equipamentos e, sobretudo, manter a manutenção das aparelhagens e equipamentos de emergência, que devem sempre estar prontos para o uso.

CRIMES DOLOSO E CULPOSO

Segundo o Artigo nº 15 do Código Penal, crime doloso é quando o agente provoca o resultado ou assume o risco de produzi-lo e crime culposo ocorre quando o agente deu causa ao resultado por imprudência, negligência ou imperícia.

O profissional de enfermagem que por imperícia, imprudência ou negligência, provocar a morte de um paciente ou danos corporais, estará incurso na lei do crime culposo, sujeitando-se a processo e condenação. Cabe aqui explicar que *imprudência* é fazer o que não se deve, como, por exemplo, antecipar o horário de certos medicamentos; *negligência* é o descuido, como, por exemplo, deixar de administrar um medicamento; e *imperícia* é a incompetência para a função, como, por exemplo, administrar um medicamento erradamente. O profissional de enfermagem deve ser prudente, cuidadoso e conhecedor de sua profissão.

DEVERES E DIREITOS

O trabalho do profissional de enfermagem é de grande importância, pois faz parte integrante de uma equipe que trabalha para o bem da comunidade, cooperando com boa parcela para que as demais atividades ocorram em condições seguras e favoráveis. Todos nós estamos sujeitos às normas éticas e às normas de serviço ou regimento interno das instituições, que variam de uma para outra, para que o desempenho do trabalho seja cada vez melhor e haja respeito mútuo na equipe multiprofissional.

Citamos aqui que são deveres para com os nossos semelhantes o respeito no trabalho, ao nome e individualidade do colega; estar sempre pronto para a ajuda que for necessária; jamais pedir favores que prejudiquem o colega e sempre respeitar a sua área de serviço. Quanto aos superiores, devemos manter sempre o respeito, a cooperação e a sinceridade, colocando para os mesmos toda a realidade de certas situações e conflitos que eventualmente ocorram ou possam ocorrer dentro da instituição. Lembramos que existem ainda deveres para com a instituição, seja pública ou privada, onde devemos ter um trabalho disciplinado, com economia de tempo e material, seguindo sempre as normas disciplinares e zelando pelo bom nome da empresa. Quanto aos deveres para consigo próprio, aqui registramos o zelo por sua saúde, com o uso dos equipamentos de proteção individual (EPI) e a manutenção da ordem e da higiene em sua aparência pessoal. Nosso trabalho é essencial para a instituição hospitalar e nossa apresentação

Parte 2 – Fundamentos de Enfermagem

diz muito para os pacientes, contribuindo para o bem-estar e a segurança no atendimento que vai ser prestado.

Cada funcionário tem obrigação de procurar saber seus deveres e obrigações dentro do hospital, pois se temos direitos, também temos nossas obrigações ou deveres. Cabe ao funcionário de enfermagem comparecer ao serviço no horário correto, obedecer e aceitar as ordens da sua chefia e somente com a sua autorização dirigir-se ao diretor ou aos chefes de outros serviços para a resolução de problemas; executar e desenvolver seu trabalho de acordo com os métodos e rotinas estabelecidas; fazer uso do uniforme corretamente; responder pelo material que lhe foi entregue e comunicar sempre, previamente, à chefia do serviço, o motivo do não comparecimento ao trabalho.

O profissional de enfermagem não deve desperdiçar ou desviar materiais ou documentos da instituição, fazer comentários sobre doentes em refeitórios ou locais públicos, manter conversas ou atitudes pouco respeitosas, permanecer no hospital fora de seu horário de trabalho e, ainda, alterar por conta própria a rotina de trabalho preestabelecida pela instituição.

Quanto aos nossos direitos, todos estão contidos na Consolidação das Leis Trabalhistas (CLT), incluindo, dentre outros, segurança no trabalho, assistência médica, salário compatível com a função, férias remuneradas, FGTS etc., que devem ser defendidos fervorosamente através do trabalho de nossos sindicatos na área de enfermagem e sempre denunciados ao órgão regional do trabalho, quando não respeitados pelos empregadores.

Lembramos ainda, neste capítulo, dos Direitos dos Pacientes:

1) Toda pessoa tem o direito à saúde e à correspondente educação sanitária para poder participar ativamente da preservação da mesma.
2) De saber como, quando e onde receber cuidados de emergência.
3) Ao atendimento sem qualquer restrição de ordem social, econômica, cultural, religiosa, social e outras.
4) À vida e à integridade física, psíquica e cultural.
5) À proteção contra o hipertecnicismo que viola seus direitos e sua dignidade como pessoa.
6) À liberdade religiosa e à assistência espiritual.
7) De recusar o atendimento que tira sua dignidade ou seus direitos como pessoa.
8) De ser considerado como sujeito do processo de atendimento a que será submetido.
9) De conhecer seus direitos a partir do início do tratamento.
10) De saber se será submetido a experiências, pesquisas ou práticas que afetem o seu tratamento ou sua dignidade e de recusar submeter-se às mesmas.
11) De ser informado a respeito do processo terapêutico a que será submetido, bem como de seus riscos e probabilidade de sucesso.
12) De solicitar a mudança do médico, quando julgar oportuno, ou de discutir seu caso com o especialista.
13) À assistência médica durante o tempo necessário e até o limite das possibilidades técnicas e humanas do hospital.
14) De solicitar e de receber informações relativas ao diagnóstico, ao tratamento e aos resultados de exames e outras práticas efetuadas durante a sua internação.

15) De conhecer as pessoas responsáveis pelo seu tratamento e manter relacionamento com as mesmas.

16) A ter seu prontuário devidamente preenchido, atualizando e mantido em sigilo.

17) A rejeitar, até os limites legais, o tratamento que lhe é oferecido e a receber informações relativas às conseqüências de sua decisão.

18) Ao sigilo profissional relativo à sua enfermidade por parte de toda a equipe de cuidados.

19) A ser informado do estado ou da gravidade de sua enfermidade.

20) De ser atendido em instituições com serviços adequados.

21) De conhecer as normas do hospital relativas à sua internação.

22) De receber explicações relativas aos componentes da fatura, independente da fonte de pagamento.

23) De receber familiares ou outras pessoas estranhas à equipe de cuidados.

24) De deixar o hospital independente de sua condição física ou situação financeira, como contrariando o julgamento médico, embora, no caso, deva assinar o pedido de alta a pedido.

25) De recusar sua transferência para outro hospital ou médico até obter todas as informações necessárias para uma aceitação consciente da mesma.

Fonte: "O Mundo da Saúde" – III Trimestre – 1981.

CAPÍTULO 3

TERMINOLOGIA TÉCNICA EM SAÚDE

É comum, em nosso dia-a-dia hospitalar, o emprego de termos técnicos condizentes com situações específicas, cabendo aos profissionais de enfermagem o uso dos mesmos, assim como toda a equipe de saúde. Como seria impossível, neste livro, colocarmos todos os termos médicos empregados, selecionamos um grupo mínimo para o conhecimento dos leitores, informando que os mesmos aparecem em ordem alfabética e que os termos não constantes desta relação poderão ser reconhecidos através de consulta em um dicionário de termos médicos.

Admissão – Entrada do paciente no hospital.

Afecção – Processo mórbido considerado em suas manifestações atuais, com abstração de sua causa primordial.

Agente etiológico – Fator cuja presença ou ausência é indispensável ao início ou manutenção de um processo mórbido.

Agente Infeccioso – Organismo capaz de produzir infecção ou doença infecciosa.

Água desinfetada – Água isenta de microrganismos patogênicos.

Água destilada – Água formada pela condensação do vapor de água.

Água esterilizada – Água isenta de microrganismos vivos.

Água poluída – Água à qual foram adicionadas substâncias que modificaram suas características e a tornaram imprópria para o consumo e para as formas de vida que ela normalmente abriga.

Água potável – Água que atende aos padrões de potabilidade.

Água pura – Água isenta de substâncias estranhas ou organismos vivos.

Alergia – Reação de hipersensibilidade resultante de resposta imunológica a determinadas substâncias e agentes químicos ou físicos.

Alojamento conjunto – Modalidade de acomodação do recém-nascido normal em berço contíguo ao leito da mãe.

Alta – Ato médico que determina o encerramento da modalidade de assistência que vinha sendo prestada ao doente até o momento, por cura, melhora, inalteração, a pedido ou transferência.

Ambulatório – Local onde se presta assistência a clientes, em regime de não internação.

Antibiótico – Medicamento elaborado à base de substâncias produzidas por seres vivos, ou de substâncias sintéticas, capazes de destruir ou inibir, completa ou parcialmente, populações de microrganismos.

Apnéia – Parada respiratória.

Assepsia – Processo pelo qual se consegue impedir a penetração de germes patogênicos em local que não os contenha.

Assistência de enfermagem – Modalidade de atuação realizada pela equipe de enfermagem na promoção e proteção da saúde e na recuperação e reabilitação de doentes.

Assistência hospitalar – Modalidade de atuação realizada pelo pessoal de saúde a clientes no hospital.

Assistência sanitária – Modalidade de atuação realizada pela equipe de saúde junto à população e reabilitação de doentes.

Atendimento elementar – Conjunto de ações previamente padronizadas, prestadas à população, por elemento da equipe de saúde de nível médio ou elementar, sob supervisão.

Berço de maternidade – Cama destinada ao recém-nascido sadio, nascido no hospital.

Berço infantil – Também chamado de leito infantil, como tal computado na lotação do hospital, destina-se a recém-nascidos doentes, prematuros, crianças doentes e recém-nascidos admitidos para tratamentos.

Bradicardia – Diminuição do número de batimentos cardíacos.

Bradipnéia – Diminuição do número de respirações por minuto.

Cefaléia – Dor de cabeça. O mesmo que cefalalgia.

Complicação – Manifestação patológica ocorrida durante uma doença, sem se constituir em seus sinais e sintomas característicos, e que seja conseqüência da mesma.

Comunicante – Qualquer pessoa ou animal que esteve em contato com pessoa ou animal infectado ou com ambiente contaminado, de modo a ter tido oportunidade de contrair a doença.

Contágio – Transmissão do agente infeccioso de um doente ou portador para outro indivíduo.

Contaminação – Transferência do agente infeccioso para um organismo, objeto ou substância.

Desinfecção – Destruição de agentes infecciosos situados fora do organismo, mediante a aplicação direta de meios físicos ou químicos.

Desinfecção concorrente – Desinfecção que se faz imediatamente após a expulsão de matérias infecciosas do corpo do indivíduo infectado, ou logo após terem sido com elas contaminados objetos de uso, antes que qualquer pessoa entre em contato com tais matérias ou objetos.

Desinfecção terminal – Desinfecção que se faz quando se submetem roupas, objetos de uso pessoal e o meio ambiente do indivíduo infectado, após haver sido extinta a fonte de infecção, por morte, remoção do doente ou suspensão das medidas de isolamento.

Desinfestação – Eliminação ou destruição de metazoários, especialmente artrópodes e roedores, da superfície corporal do hospedeiro, de suas roupas ou meio ambiente, por qualquer processo físico ou químico.

Dispnéia – Dificuldade para respirar.

Distensão abdominal – Distensão do abdômen por causas diversas.

Distensão vesical – Distensão da bexiga por acúmulo de urina. Retensão urinária.

Doença — Alteração ou desvio do estado de equilíbrio de um indivíduo com o meio.

Doença de veiculação hídrica — Doença cujo agente infeccioso é transmitido utilizando a água como veículo de transmissão.

Doença infecciosa — Doença resultante de uma infecção.

Doença trasmissível — Doença causada por agente infeccioso, contraída diretamente de um indivíduo infestado ou indiretamente através de um hospedeiro intermediário.

Ecologia — Ciência que estuda as relações entre os seres vivos e o meio ambiente em que vivem, bem como suas recíprocas influências.

Endemia — Ocorrência habitual de uma doença ou de um agente infeccioso em determinada área geográfica.

Enterorragia — Evacuação de sangue, cor vermelha, de origem intestinal baixa.

Epidemia — Aumento brusco significativo e transitório da ocorrência de uma determinada doença na população. Quando a área geográfica é restrita e o número de pessoas atingidas é pequeno, costuma-se usar o termo surto.

Epidemiologia — Estudo da distribuição dos eventos relacionados com a saúde e de seus fatores determinantes, numa comunidade.

Epistaxe — Sangramento pelo nariz, rinorragia.

Estabelecimento de saúde — Nome genérico dado a qualquer local destinado a prestação de assistência sanitária à população em regime de internação e/ou não internação, qualquer que seja o seu nível de complexidade.

Esterilização — Destruição ou eliminação total de todos os microrganismos na forma vegetativa ou esporulada.

Estomatorragia — Sangramento de origem bucal.

Fawler — Posição do paciente em que a cabeceira da cama está elevada.

Fonte de infecção — Pessoa, animal, objeto ou substância da qual um agente infeccioso passa diretamente a um hospedeiro.

Fumigação — Uso de substâncias gasosas, que permite a destruição de artrópodes e roedores.

Hematêmese — Vômito de sangue, cor marrom, por sangramento no esôfago ou estômago.

Hematúria — Urina com sangue. Urina cor vermelha.

Hemoptise — Escarro com sangue.

Hipertermia — Temperatura elevada.

Hipertensão — Pressão arterial elevada.

Hipotermia — Temperatura baixa.

Hipotensão — Pressão arterial baixa.

Hospedeiro — Homem ou animal que ofereça, em condições naturais, alojamento a um agente infeccioso.

Hospital — Estabelecimento de saúde destinado a prestar assistência sanitária em regime de internação, a uma determinada clientela, ou de não internação, no caso de ambulatórios ou outros serviços.

Hospital regional – Hospital que presta assistência sanitária à população de uma região de saúde.

Hospital secundário – Hospital geral ou especializado, destinado a prestar assistência a clientes nas especialidades médicas básicas.

Hospital terciário – Hospital especializado ou com especialidades destinado a prestar assistência a clientes em outras especialidades médicas além das básicas.

Imunidade – Resistência de um hospedeiro contra determinado agente etiológico, associada à presença de anticorpos ou células de ação específica. O termo imunidade compreende também os mecanismos pelos quais o organismo não reconhece como próprios não só microrganismos, mas também outros agentes ou substâncias, inativando-as ou rejeitando-as.

Imunização – Processo de tornar imune.

Infecção – Penetração e desenvolvimento ou multiplicação de um agente infeccioso no organismo do homem ou de outro animal.

Infestação – Alojamento, desenvolvimento e reprodução de artrópodes na superfície do corpo de pessoas ou suas vestes e em animais, especialmente artrópodes e roedores.

Inflamação – Reação local do organismo a um agente físico, químico ou biológico, que tende a destruí-lo e limitar sua difusão.

Internação – Admissão de um paciente para ocupar um leito hospitalar, por um período igual ou maior que 24 horas.

Isolamento – Segregação de pessoas ou animais infectados, durante o período de transmissibilidade da doença, em lugar e condições que evitem a transmissão do agente infeccioso aos susceptíveis.

Melena – Evacuação de sangue, cor preta, de origem intestinal.

Menorragia – Sangramento pela vagina de causa fisiológica ou hormonal.

Metrorragia – Sangramento pela vagina de causa patológica ou traumática.

Nascido morto ou natimorto – Óbito do produto da concepção que tenha alcançado 28 semanas completas ou mais de gestação, ocorrido antes da expulsão ou da extração completa do corpo materno.

Nascido vivo – Produto da concepção que, depois da expulsão ou da extração completa do corpo materno, respira ou dá qualquer outro sinal de vida.

Óbito hospitalar – Óbito que se verifica no hospital, após o registro do doente.

Oligúria – Diminuição do volume urinário.

Ortopnéia – Respiração normal.

Otorragia – Sangramento pelo ouvido.

Paciente – Toda pessoa que sendo admitida no hospital é submetida a um tratamento ou observação.

Pandemia – Epidemia de grandes proporções que atinge grande número de pessoas em uma vasta área geográfica (vários continentes).

Pasteurização – Desinfecção de alimentos pelo aquecimento a 60 graus Celsius durante trinta minutos, sendo depois a temperatura baixada imediatamente para 2 a 5 graus Celsius.

Patogenicidade – Capacidade que um agente infeccioso tem de produzir doença num hospedeiro susceptível.

Pirexia – Febre alta, além de 39 graus Celsius.

Poliúria – Aumento do volume urinário.

Portador – Pessoa ou animal infectado que abriga agente infeccioso de uma doença sem apresentar os sintomas da mesma e que pode constituir fonte de infecção.

Posto de saúde – Unidade de saúde destinada a prestar assistência sanitária, de forma programada, a uma população determinada.

Profilaxia – Conjunto de medidas para prevenir ou atenuar as doenças, bem como suas complicações e conseqüências.

Pronto socorro – Estabelecimento de saúde destinado a prestar assistência a doentes, com ou sem risco de vida, cujos agravos à saúde necessitam de atendimento imediato.

Prontuário – Documento constituído de formulários padronizados destinado ao registro de assistência prestada ao cliente.

Quarentena – Situação ou estado de restrição de pessoas ou animais que tenham sido expostos a contato com doenças transmissíveis, por prazo determinado por autoridade competente, com a finalidade de evitar e/ou restringir o contágio a outrem.

Quimioprofilaxia – Emprego de uma substância química para prevenir uma doença ou ainda sua evolução.

Quimioterapia – Emprego de substância química para curar uma doença clinicamente manifestada ou limitar sua evolução.

Resistência – Conjunto de mecanismos orgânicos, que servem para defesa contra a invasão ou multiplicação de agentes infecciosos ou contra os efeitos nocivos de seus produtos tóxicos.

Rodenticida – Substância química utilizada para a destruição de roedores que, geralmente, atua por ingestão.

Saída hospitalar – Saída do doente do hospital. Alta hospitalar.

Saneamento – Conjunto de medidas sobre o meio ambiente, a fim de controlar os fatores que exercem efeitos prejudiciais à saúde.

Susceptível – Ser vivo, animal ou vegetal, que não possui suficiente resistência contra determinado agente patogênico e que por essa razão pode contrair a doença, caso ocorra o contato com esse agente.

Suspeito – Pessoa ou animal cuja história clínica sugira estar acometido de uma determinada doença, antes da confirmação de seu diagnóstico.

Taquicardia – Aumento dos batimentos cardíacos.

Taquipnéia – Aumento do número de respirações por minuto.

Transmissão de agentes infecciosos – Transferência de agente etiológico de um hospedeiro para outro, através de qualquer mecanismo, de forma direta ou indireta.

Tuberculina – Produto do bacilo de Koch, que contém tuberculoproteína. Nome dado também à seringa para aplicação do teste alérgico.

Vacina – Agente imunogênico capaz de produzir imunidade, quando introduzido no organismo.

Vigilância Epidemiológica – Acompanhamento contínuo e sistematizado da ocorrência de determinada doença e de seus fatores condicionantes, com o objetivo de orientar a utilização de medidas de controle pertinentes.

Vigilância Sanitária – Conjunto de medidas que visam a elaborar, controlar a aplicação e fiscalizar o cumprimento de normas e padrões de interesse sanitário relativos a portos, aeroportos, fronteiras, medicamentos, cosméticos, alimentos, saneantes e bens, respeitada a legislação pertinente.

Virulência – Capacidade de um agente etiológico animado de produzir doença de maior ou menor gravidade.

Zoonose – Infecção ou doença infecciosa transmissível em condições naturais, entre animais vertebrados e o homem.

CAPÍTULO 4

UNIDADE DO PACIENTE

Denominamos de unidade do paciente a área ocupada pelo mesmo no hospital, compreendendo o seu leito, uma mesa de cabeceira e uma cadeira. Nessa unidade, o paciente permanece durante todo o período de sua internação, merecendo de nossa parte uma atenção toda especial, pois a falta de uma correta higienização, o emprego de leitos, colchões, travesseiros e roupas de cama limpas e confortáveis provocam situações desagradáveis de desconforto e riscos que poderiam ter sido evitados.

A cama padrão hospitalar deve ser metálica ou de ferro esmaltado, com 1 metro de largura por 2,20 de comprimento. A altura do chão até o enxergão (fundo da cama) variando de 70 a 80 cm, provida de rodas para facilitar a movimentação. O colchão deve ser de espuma encapada com napa ou outra cobertura que possibilite a sua higienização. Os travesseiros devem ser de espuma e em número suficiente, no mínimo quatro para cada leito hospitalar, pois alguns pacientes têm preferência pelo uso de dois ou mais travesseiros e, ainda, pelo fato de que alguns pacientes acamados necessitam de auxílio nas mudanças de decúbito, sendo escorados por travesseiros.

A mesa de cabeceira deve ser metálica ou de ferro, havendo espaço suficiente para a colocação de utensílios usados com o paciente, como garrafas, pratos, copos e outros. Na sua parte inferior deverá haver espaço suficiente para a guarda de revistas ou embrulhos recebidos de familiares. Chamamos a atenção para o fato de que as roupas e bolsas de clientes devem ser guardadas em armário de roupas existentes nas enfermarias.

LIMPEZA DA UNIDADE DO PACIENTE

Sempre que ocorrer a morte ou alta do paciente, esta unidade deverá sofrer uma higienização: a cama, o colchão, cadeira e a mesa de cabeceira devem ser lavados com água e sabão, não sendo necessário o uso de desinfetantes, resguardando este emprego de germicidas para as unidades de pacientes portadores de doenças infecto-contagiosas. Após a lavagem com água e sabão, as peças da unidade são secas com um pano limpo e devidamente arrumadas, recebendo as roupas de cama higienizadas provenientes da lavanderia hospitalar. Lembramos aqui, o fato de que estas roupas são lavadas e desinfetadas na lavanderia hospitalar, mas sem a necessidade de serem esterilizadas, pois a nossa pele normalmente é colonizada por milhares de germes.

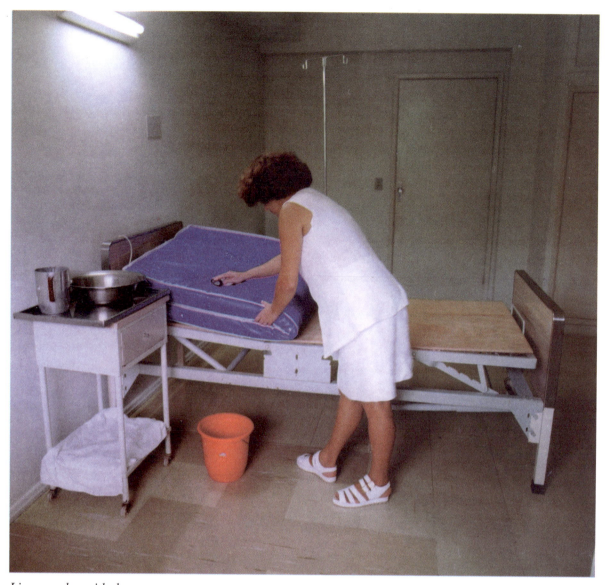
Limpeza da unidade.

ROUPAS DE CAMA UTILIZADAS NOS HOSPITAIS

De um modo geral, utilizamos na arrumação do leito hospitalar: lençóis, colchas, cobertores, fronhas, toalhas e plásticos protetores, também chamados de oleados ou impermeáveis, variando a quantidade de cada peça de roupa, de acordo com o tipo de leito a ser arrumado.

CAMA FECHADA

É a arrumação do leito hospitalar realizada quando não temos paciente ocupando o mesmo. A unidade é preparada para o recebimento do cliente. Nela verificamos que a roupa de cima da cama permanece esticada e o travesseiro é colocado em pé, próximo à cabeceira do leito.

TÉCNICA DE ARRUMAÇÃO DA CAMA FECHADA

Trazer a roupa de cama já descrita e colocá-la sobre a metade do colchão. Colocar as toalhas no porta-toalhas ou na cabeceira da cama. Enfronhar o travesseiro colocando-o sobre a cadeira. Dobrar a cama. Dobrar a roupa de cama e colocá-la no espaldar da cadeira, na seguinte ordem: colcha ou cobertor (se necessário), lençol de cima ou lençol protetor do paciente, lençol móvel ou traçado ou atravessado, impermeável ou oleado e o lençol de baixo ou lençol protetor do colchão. Pegar o último lençol colocado sobre a cadeira, lençol protetor do colchão, estendendo-o sobre o colchão, abrindo uma parte, deixando a outra em leque e pender, fazendo o canto do leito conforme o esquema de fotos anteriores. Colocar o impermeável no meio da cama, abrindo uma parte e deixando a outra enrolada. Colocar o lençol móvel em cima do impermeável, abrindo uma parte e prendendo-o junto com o impermeável, ficando a parte restante em leque. Retirar o lençol seguinte da cadeira e estendê-lo sobre a cama, abrindo uma parte e prendendo nos pés, fazendo o canto, permanecendo a parte restante em leque. Colocar a colcha ou o cobertor (a escolher). Abrindo uma parte, prendendo nos pés e fazendo o canto em diagonal, ficando a parte restante em leque. Colocar o travesseiro já enfronhado, sobre a parte já arrumada do leito. Passar para o outro lado da cama, com o objetivo do término do serviço. Esticar o lençol de baixo ou lençol protetor do colchão, prendendo os cantos. Esticar e prender o impermeável e o lençol móvel ou traçado. Puxar e esticar o lençol de cima ou lençol protetor do paciente, fazendo o canto nos pés. Não fazer a dobra do lençol protetor do paciente. Prender a colcha ou cobertor, fazendo o canto em diagonal, nos pés. Colocar o travesseiro em pé, de encontro à cabeceira da cama. Colocar a cadeira no lugar, observar o alinhamento da unidade. Colocar embaixo da mesinha de cabeceira, a comadre e o patinho devidamente lavados e prontos para o uso quando necessário.

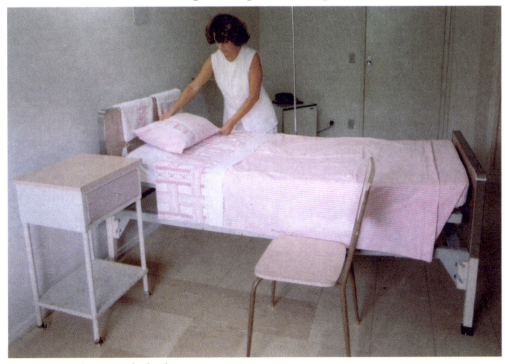

Arrumação da cama fechada.

CAMA ABERTA

É o tipo de arrumação realizada quando temos um paciente ocupando o leito. Nesta arrumação o lençol protetor do paciente fica dobrado sobre a colcha ou cobertor e o travesseiro deitado em posição de uso.

ARRUMAÇÃO DA CAMA ABERTA

Fazer a cama de modo idêntico à cama fechada, conforme a técnica anterior, diferenciando somente a dobra do lençol de cima sobre a colcha e o travesseiro que permanece deitado no final da arrumação. Descer a roupa de cama em leque até cerca de 20 cm de distância dos pés da cama.

CAMA DE OPERADO

Como o nome indica, é uma arrumação especial, destinada a pacientes que virão do centro cirúrgico. Nesta arrumação, colocamos dois oleados, dois lençóis móveis, havendo a necessidade do lençol protetor do paciente, da colcha e do cobertor, pois geralmente o paciente cirúrgico queixa-se de frio no pós-operatório, ao chegar da sala de recuperação pós-anestésica.

A arrumação da cama de operado difere das anteriormente descritas, quando as peças de roupas de cima (lençol protetor do paciente, colcha e cobertor) per-manecem soltas e dobradas em forma de rolo até metade da cama, colocando o travesseiro em pé encostado na cabeceira do leito.

Arrumação de cama do operado.

CAPÍTULO 5

MOBILIZAÇÃO DO PACIENTE

MUDANÇA DE DECÚBITO

A maioria de nossos clientes são deambulantes e não necessitam de auxílio da enfermagem nesta necessidade básica, mas, eventualmente, encontraremos pacientes acamados, por razões diversas, que dependem totalmente ou parcialmente da ajuda dos profissionais de enfermagem. Estes pacientes acamados ficam sujeitos a uma série de comprometimentos que, em conjunto, pioram o seu quadro, caso não sejam realizadas as mudanças de decúbito ou mudanças de posições no leito hospitalar. Em outro capítulo, voltaremos a abordar os pacientes acamados, tratando do conforto físico necessário a estes pacientes.

As posições do paciente no leito são decúbito dorsal, decúbito lateral direito, decúbito lateral esquerdo, decúbito ventral, posição de Fawler e posição de Trendelenburg.

O decúbito dorsal é a situação em que o paciente se encontra com o dorso (costas) apoiado no colchão. No decúbito lateral, seja direito ou esquerdo, o paciente encontra-se de lado sobre o colchão. No decúbito ventral, como o nome indica, colocamos o paciente de ventre (barriga) para o colchão.

A posição de Fawler é aquela em que, utilizando as manivelas da cama, acionamos a cabeceira, de modo que fique suspensa, assim como os pés que ficam flexionados, evitando que o nosso cliente escorregue pelo colchão. A posição de Fawler é utilizada para pacientes dispnéicos, cardíacos, ou quando desejamos prestar algum cuidado especial, como o auxílio durante as refeições.

A posição de Trendelenburg é aquela em que, utilizando as manivelas, mantemos a cabeceira do leito do paciente baixa e os pés suspensos, de modo a facilitar a circulação de retorno. É utilizada em pacientes com edemas de membros inferiores, picados de cobra nos membros inferiores e outras situações especiais.

Para colocarmos o paciente em decúbito lateral direito, devemos dobrar a colcha e o lençol até a cintura do cliente, para facilidade dos movimentos, a seguir dobramos o braço direito lateralmente à cabeça do paciente e o braço esquerdo sobre o tórax. Nos posicionamos do lado direito da cama. Flexionamos as pernas do paciente em conjunto e, observando a postura correta de nossa coluna vertebral, segurando nas pernas e ombro do paciente, viramos o mesmo em direção ao nosso corpo, conforme a seqüência de fotos,

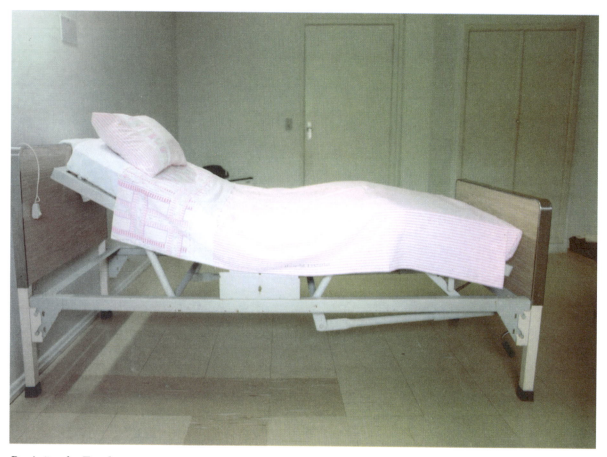

Posição de Fawler

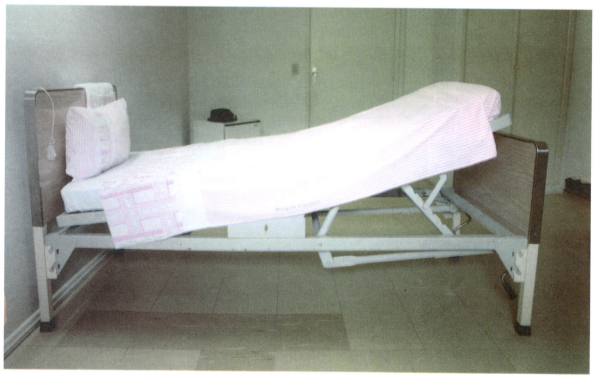

Posição de Trendelenburg

colocando-o em decúbito lateral direito, havendo ainda, num passo seguinte, a necessidade de, segurando-o pelas axilas, trazer o corpo do paciente até o meio da cama, repartindo este movimento na altura dos quadris, de modo que seu corpo, já em decúbito lateral direito, fique corretamente posicionado no centro do leito. Como medida de conforto, devemos colocar um travesseiro entre suas pernas flexionadas, um travesseiro amparando suas costas e o último travesseiro amparando o braço esquerdo, de modo que não fique sobre o flanco esquerdo.

Para posicionarmos o paciente em decúbito lateral esquerdo, partindo da posição de decúbito dorsal, repetimos a mesma técnica anterior, mas mantendo nossa posição do lado esquerdo da cama e dobrando o braço esquerdo do paciente ao lado da cabeça e o braço direito sobre o tórax.

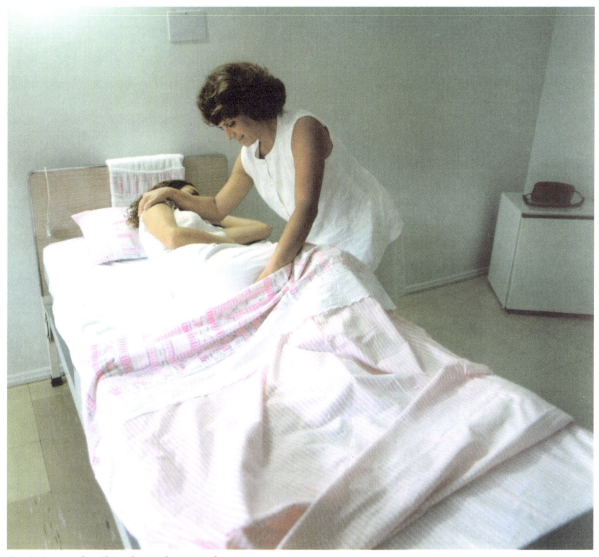

Posição em decúbito lateral esquerdo.

Para o posicionamento do paciente em decúbito ventral, necessitamos, primeiramente colocá-lo em decúbito lateral, seja direito ou esquerdo, para em seguida, segurando-o pelas axilas, movimentar o seu tronco, de modo que termine o giro, em decúbito ventral sobre o leito. A seguir, segurando pelos quadris, movimentamos a parte inferior do corpo do paciente, de modo que fique centralizado no leito, com os braços esticados para a frente e a cabeça para um dos lados, direito ou esquerdo. Para maior conforto, devemos colocar um travesseiro sobre os pés, facilitando a drenagem de circulação de retorno.

Para retornarmos à posição inicial (decúbito dorsal) fazemos todo o trabalho inverso, ou seja, primeiramente colocaremos o paciente em decúbito lateral, seja direito ou esquerdo, para em seguida centralizarmos seu corpo em decúbito dorsal.

ARRUMAÇÃO DA CAMA COM O PACIENTE ACAMADO

Para trocarmos a roupa de cama com o paciente acamado, necessitamos trazer a roupa a ser trocada e colocá-la sobre a cadeira da unidade do paciente. A seguir, pegamos o primeiro lençol e colocamos sobre o corpo do cliente, retirando o lençol sujo, com o devido cuidado de não expor o corpo do paciente. Com este lençol sujo, improvisamos um saco de roupa, amarrando o mesmo nos pés da cama. Por debaixo do lençol retiramos a roupa do doente, seja pijama ou camisola, com a roupa íntima, colocando-a no saco de roupa improvisado com o lençol sujo. A seguir, viramos o paciente para a posição de decúbito lateral, seja direito ou esquerdo, mantendo-o nesta posição. Soltamos a roupa de cama, peça por peça, enrolando a mesma até o corpo do paciente, sempre em decúbito lateral. Colocamos a roupa limpa, conforme a técnica já descrita para a cama aberta, dobrando as peças de roupas até o corpo do paciente. A esta altura, estaremos com a roupa trocada em uma das metades do leito, necessitando a mudança de decúbito para o outro extremo do leito, para que possamos colocar o paciente sobre as roupas limpas e termos condições para a retirada das roupas sujas, peça por peça, colocando-as no saco de roupa improvisado. Por último, colocamos o paciente em decúbito dorsal, tendo o cuidado de esticarmos sempre as peças de roupas, fixando-as sobre o colchão.

Este saco de roupa suja improvisado deve ser neste momento retirado e colocado no humper (saco próprio para o recebimento de roupa suja) na área de expurgo (material contaminado).

AUXÍLIO NA DEAMBULAÇÃO

Em várias ocasiões necessitamos auxiliar aos pacientes na deambulação e, neste momento, necessitamos do emprego da técnica adequada, de modo que o paciente sinta-se seguro e que não tenhamos um posicionamento errôneo, provocando-nos dores lombares e outras complicações posturais.

O primeiro passo será sentarmos o paciente no leito e, para isso, necessitamos de apoiar com nossos braços o pescoço e as pernas do paciente, movimentando-os para baixo, procurando sentar nosso cliente na cama, com os membros inferiores fletidos e pendentes. Com o auxílio de uma escadinha metálica, firmamos os pés do paciente sobre a mesma e agora, de frente para o paciente e firmando-o pelos braços e axilas, ajudamos ao mesmo a descer os degraus, colocando-o em pé no chão, tendo já calçado seus chinelos.

A seguir, nos posicionamos lateralmente ao cliente, mantendo-o seguro pelas axilas, com seu corpo em posição de abraço, firmando-o em nosso ombro, seja direito ou esquerdo, possibilitando dessa forma sua deambulação de modo seguro e sem o risco de quedas eventuais.

Para retornar ao leito, realizamos os mesmos movimentos em sentido inver-so, ou seja, encostamos o paciente no leito, mudamos nossa posição para a frente do mesmo. Colocamos seus pés sobre a escadinha e, firmando-o pelas axilas, ajudamos ao mesmo a subir os degraus até o leito, sentando-o sobre o mesmo. A seguir, segu-rando-o pelas costas e pernas, deitamos o corpo do cliente sobre a cama, procurando deixá-lo de modo confortável.

TRANSPORTE DO PACIENTE DA CAMA PARA A CADEIRA DE RODAS

Em muitas ocasiões necessitaremos transportar o paciente para o banheiro, para outras enfermarias e serviços e, nesses momentos, necessitaremos do auxílio da cadeira de rodas.

Nesta técnica, temos duas situações bem distintas, dependendo da situação do paciente, se ajuda ou não durante este transporte.

Caso o mesmo tenha condições de ajuda imediata, bastará que coloquemos a cadeira de rodas, com o sistema de freio preso e rodas travadas, em paralelo com o leito hospitalar, e sentando o paciente na cama, conforme já descrito em técnica anterior, firmando-o pelas axilas, deixamos que o mesmo desça os degraus que dão acesso ao leito e sente na cadeira, onde imediatamente fixamos os seus pés sobre as sapatas da cadeira de rodas e soltando o freio da cadeira a colocamos em movimento.

No caso do paciente que não tem condições físicas para uma ajuda, necessitamos do apoio de outro colega. Colocando a cadeira devidamente travada em paralelo com a cama, um dos profissionais deverá segurar o paciente pelas axilas, enquanto que o outro segura-o pelas juntas do joelho e, num movimento único e suave, o transporta para a cadeira de rodas, tendo o devido cuidado de evitar choques do corpo do paciente com a cadeira.

No retorno ao leito, um dos profissionais de enfermagem segura nas axilas do paciente, por detrás da cadeira, enquanto que o outro firma as pernas, segurando o cliente pelas juntas do joelho e recolocando-o em seu leito.

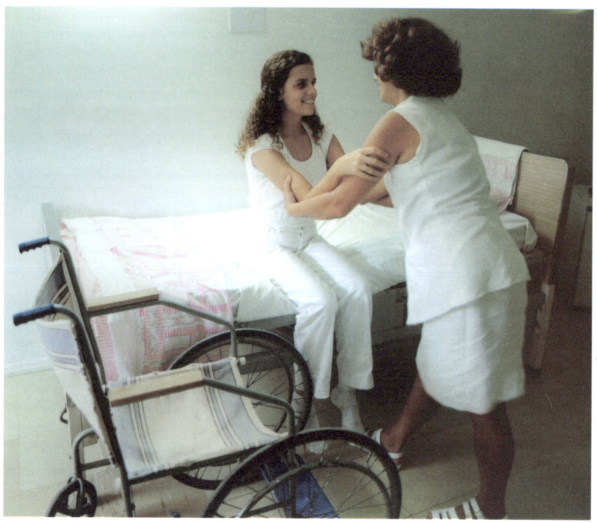
Transporte para a cadeira de rodas.

TRANSPORTE DO PACIENTE DA CAMA PARA A MACA

Quando necessitamos transportar pacientes mais graves ou sem condições físicas, momentâneas ou não, utilizamos as macas para o transporte dos mesmos entre os diversos serviços hospitalares.

Neste caso, necessitaremos de quatro profissionais de enfermagem, que após encostarem a maca na cama do cliente, se posicionarão de modo que o primeiro fique por detrás da cabeceira do paciente, firmando a cabeça do mesmo, o segundo nos pés, atrás dos pés da cama, firmando os membros inferiores do cliente. O terceiro, ao lado da cama, enrola o lençol protetor do colchão até aproximar-se do corpo do paciente, segurando este lençol na altura dos quadris, enquanto que o último profissional de enfermagem, posicionando-se atrás da maca, segura também no lençol, na altura dos quadris, e juntos, num só movimento, passam o paciente com o apoio do lençol, para a maca.

Outro posicionamento também utilizado, é aquele em que os profissionais se posicionam dois a dois, de cada lado da cama e da maca e, juntos, segurando no lençol protetor do colchão, transportam o paciente para a maca.

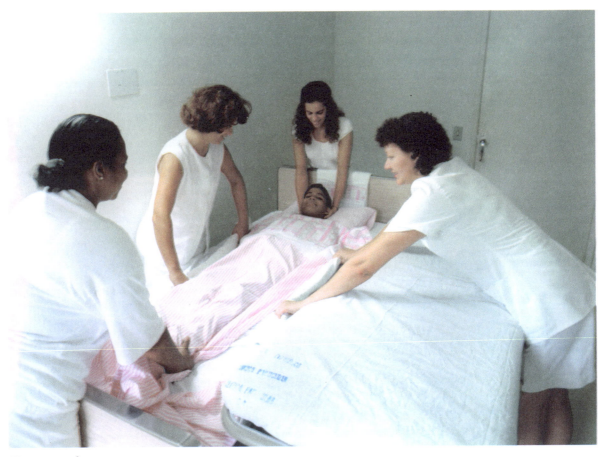

Tranporte da cama para a maca.

No transporte em maca pelos corredores do hospital, devemos nos lembrar de fazê-lo do modo mais suave possível, evitando trancos em cada esquina, respeitando o declive do terreno e sobretudo, mantendo as grades laterais da maca sempre elevadas, no sentido de evitarmos quedas desastrosas.

TRANSPORTE DE PACIENTES EM AMBULÂNCIA

Por vezes temos que fazer a remoção de pacientes em ambulâncias, nos casos de socorro ou de transferências entre hospitais e, neste momento, cuidados especiais devem ser prestados aos clientes durante este tipo de transporte, evitando a piora do seu quadro e a manutenção de toda a assistência até o seu destino final.

Lembramos que o paciente deve ser transportado numa posição confortável, havendo a necessidade do uso do colchonete que acompanha a maca da ambulância e que o mesmo deverá estar preso à mesma com cintos de segurança, pois os solavancos ou curvas no transporte poderão provocar quedas da maca.

Para um transporte de um município para outro, devemos recordar que, muitas vezes, o clima varia de uma cidade para outra, havendo a necessidade da presença de cobertores e lençóis sobressalentes.

Colocar sempre os medicamentos de urgência, além daqueles que o paciente usa de rotina e que serão mantidos durante o transporte. Lembrar sempre da necessidade do oxigênio, o qual deve ser checado antes do transporte. Por último, lembramos que cabe ao profissional de enfermagem a verificação do pulso, da temperatura, da respiração e da pressão arterial do paciente a cada trinta minutos, mantendo seus sinais vitais estabilizados e os soros, sondas e drenos em perfeito funcionamento, garantindo, pela qualidade do atendimento de enfermagem, a segurança deste tipo de transporte.

CAPÍTULO 6

CONFORTO FÍSICO DE PACIENTES

O profissional de enfermagem deve aprender a pensar no paciente como pessoa cujo conforto está em suas mãos. Neste sentido procure imaginar uma pessoa sadia sentada por várias horas, assistindo aulas ou noutra atividade qualquer. Repare que constantemente, seja homem ou mulher, cruzamos as pernas, modificamos nossa posição na cadeira, em suma, embora sentados estamos sempre nos mexendo, pois nosso corpo sofre com a sensação incômoda da longa permanência na mesma posição. Imagine, agora, a situação de um paciente acamado, vítima de um acidente vascular cerebral, hemiplégico, ou a situação de um paciente que sofreu um traumatismo medular grave, com paraplegia e outros agravos. Estes pacientes não conseguem realizar as mudanças de posições no leito, como nós fazemos naturalmente, resultando daí dores pela posição contínua no leito, estase venosa e desconforto geral.

Estes pacientes, além do sofrimento pelo desconforto da posição contínua, ficam ainda sujeitos a outras complicações como as úlceras de decúbito ou escaras e a pneumonia hospitalar.

A longa permanência no leito, associada ao suor do corpo que embebe o lençol protetor do colchão, a escarificação gradual da pele pelo lençol embaixo do paciente e ainda a estase venosa em determinados pontos do nosso corpo, farão com que apareçam pequenas escoriações, que gradativamente vão sendo ampliadas de tal modo a se constituírem em grandes ferimentos capazes de destruir o subcutâneo e a camada muscular. Além desse grave problema, pela estase prolongada no leito e falta de mudanças de posicionamento e retirada da cama, temos uma tendência ao acúmulo de secreções nos pulmões, havendo uma dificuldade fisiológica na drenagem destas secreções quando são expelidas pela tosse e expectoração. Dessa realidade surgem os casos de pneumonias hospitalares graves, principalmente quando, associados a este quadro, verificamos a presença de uma série de procedimentos invasivos, como entubações, traqueostomias e outros mais.

Como dissemos, precisamos pensar no conforto físico de nossos pacientes, sendo nossa esta responsabilidade de prevenirmos as complicações do cliente acamado.

Na busca dessa prevenção de complicações, cabe ao profissional de enfermagem usar de todos os meios possíveis, para a prevenção dessas intercorrências indesejáveis, sendo importante, em primeiro lugar, a mudança freqüente de posição no leito hospitalar, no máximo a cada duas horas, fielmente seguidas e, dentro do possível, com sistemática retirada do paciente do leito para uma cadeira de rodas ou poltrona, sempre acolchoada por travesseiros e cobertores. Para dificultar a corrosão da pele pelo atrito constante com a roupa de cama, recomendamos o uso diário de pomadas ou cremes protetores, sempre emolientes, que lubrificam, hidratam e protegem a pele, existindo várias marcas comerciais, todas de igual valor, devendo ser aplicadas duas a três vezes ao dia.

Na prevenção da pneumonia hospitalar, provocada pelo acúmulo de secreções, associada à estase no leito, recomendamos que, durante várias vezes ao dia, cerca de cinco a seis vezes, seja feita a *tapotagem*, técnica em que aplicamos uma série de tapas nas costas do paciente, com as mãos em concha, durante um minuto, seguida de exercícios respiratórios, quando o paciente poderá soprar bixigas de aniversário, esvaziando-as em seguida, ou usar aparelhos à venda no comércio, sempre com o intuito de forçar o paciente aos exercícios de inspiração e expiração prolongados.

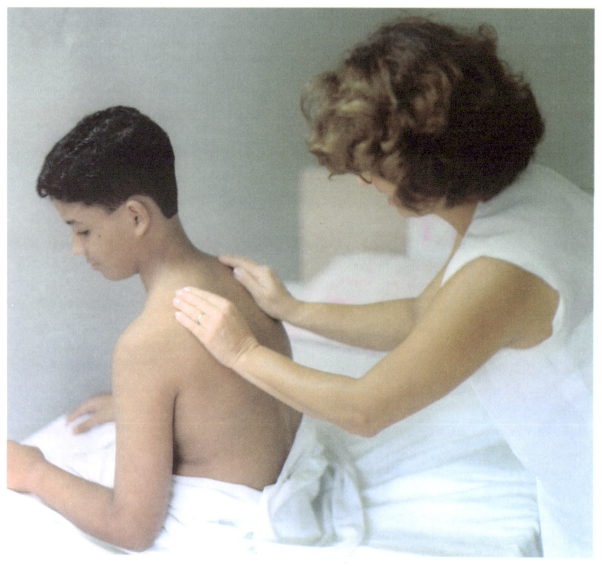

Técnica de conforto do paciente.

APLICAÇÕES QUENTES E FRIAS

Desde a antiguidade, o calor e o frio são usados como coadjuvantes em diversos tratamentos e situações. O calor e o frio, quando corretamente empregados, muito nos auxiliam através das suas várias propriedades.

As aplicações frias agem sobre as terminações nervosas periféricas produzindo analgesia, daí seu emprego em dores pós-trauma. Também têm a propriedade de produzir vasoconstrição e por isso são empregadas para a interrupção de hemorragias, auxiliando sobremaneira na hemostasia em diversas situações de socorrismo e em intensivismo.

O frio também tem ação antitérmica, pois quando aplicado em regiões mais vascularizadas, baixam a temperatura do corpo pelo esfriamento gradual.

Dentre as aplicações frias mais comuns, estão a bolsa de gelo, as compressas geladas, as compressas com álcool+éter, os banhos com álcool e os banhos frios.

As bolsas de borracha com gelo são comumente empregadas nos hospitais, onde não existe nenhuma dificuldade técnica para pegar alguns cubos de gelo, acondicioná-los dentro da bolsa de borracha, que em seguida é fechada, envolta em um pano qualquer (lençol, toalhas) para evitar a queimadura pelo frio, e colocada sobre a região a ser tratada. Em casos de socorrismo, podemos improvisar as bolsas de borracha, com sacos plásticos contendo gelo e amarrados com barbante.

Os banhos de álcool, as compressas geladas ou compressas com a mistura álcool+éter somente devem ser utilizadas com prescrição médica, pois reduzem bruscamente a temperatura corporal, sendo muito utilizadas em centro de tratamento intensivo, para o abaixamento da temperatura corporal, durante pirexias de origem neurológica. Já os banhos mornos e depois frios são utilizados comumente pelos leigos, como um recurso importante para o abaixamento de temperatura corporal durante as hipertermias graves.

No corpo humano, o calor tem como principal ação provocar a vasodilatação no local em que é aplicado, tendo como conseqüência a maior irrigação sangüínea. Normalmente é utilizado nos hospitais para facilitar as punções venosas, provocando a dilatação das veias, facilitando a visualização das mesmas, e ainda para facilitar a reabsorção de líquidos extravasados, como soros e sangue.

O calor pode ser usado sob a forma úmida e seca. No caso do calor úmido, coloca-se uma compressa entre a pele do doente e uma fonte de calor como uma bolsa de água quente, ou coloca-se uma compressa umedecida com água quente diretamente sobre a pele. Neste caso o calor se propaga por condutibilidade, pois entre a pele e a fonte de calor úmido forma-se uma camada de vapor aquecido, que penetra mais facilmente nos tecidos.

Já o calor seco se transmite ao organismo por meio de radiações, sendo porém reduzido o seu efeito, devido à perda causada pelo espaço existente entre a pele e a fonte de calor.

O grau e a extensão desse efeito variará de acordo com a fonte de calor, a intensidade e a duração da aplicação.

No preparo de aplicações quentes, como as compressas quentes, devem ser depositadas em uma bacia com água quente, próxima ao leito do paciente, sempre com o cuidado de não haver derramamentos que poderão provocar queimaduras, sendo estas compressas retiradas da água, torcidas e aplicadas diretamente sobre o local a ser tratado, trocando-se constantemente durante cinco a dez minutos. No caso da bolsa de água quente, colocamos a água quente em um jarro e desta a passamos para a bolsa, geralmente enchendo-a até a metade. A seguir, deitamos esta bolsa sobre uma superfície firme, como numa mesa ou no mármore da pia do posto de enfermagem, segurando-a com o gargalo para cima, passando nossa mão sobre a superfície da bolsa, procurando retirar o ar do interior da mesma, até que a água chegue na altura do gargalo, sendo neste momento fechada a bolsa e testada a sua temperatura. Se a aplicação quente for seca, bastará enrolar esta bolsa em uma toalha e aplicarmos a mesma diretamente sobre o local a ser tratado. Se a aplicação quente for úmida, devemos enrolar a bolsa em uma toalha molhada e torcida, sendo então colocada sobre o local a ser tratado.

AUXÍLIO NA ALIMENTAÇÃO DE PACIENTES

A alimentação é fator importante na recuperação do paciente, que, geralmente, em função de sua doença, tem o apetite e os hábitos alimentares afetados. Nem sempre é fácil para o paciente adaptar-se ao tipo de dieta que lhe é prescrita no hospital, sendo responsabilidade do profissional de enfermagem atendê-lo no horário das refeições, observando o seu apetite e estimulando-o à aceitação dos alimentos.

Em contrapartida, justamente neste momento, que tanto o paciente necessita da alimentação, vê-se privado de muitos alimentos que aprecia e ainda em função de alguns descasos hospitalares, é obrigado a fazer suas refeições sobre mesas de cabeceiras, profundamente desconfortáveis, pela falta de mesas de refeições ajustadas aos leitos. Em nosso modo de ver caberia aos hospitais possuírem pequenos refeitórios para pacientes, que funcionariam junto às enfermarias, mas essa realidade está longe de ser atendida e nossos pacientes, além de se alimentarem em condições que deixam a desejar, muitas vezes as realizam diante de quadros que tiram o apetite, como ao lado de comadres com fezes, papagaios cheios de urina e fétidos, dentre outros.

Cabe à enfermagem entender que é pela alimentação balanceada que os nossos pacientes recuperarão uma boa parte da energia que necessitam para o processo de cura de suas enfermidades, devendo nossos profissionais zelar pelo ambiente propício durante o horário de refeições. Recomendamos que, sempre que for possível, os pacientes já devam estar higienizados, com curativos e outros tratamentos já executados, que os leitos estejam arrumados, com as mesas de cabeceira e de alimentação devidamente desocupadas e limpas, pois estes fatores são tão importantes quanto o tipo de dieta a ser servida.

As refeições servidas nos hospitais, na sua maioria, são o desjejum, a colação, o almoço, o lanche, o jantar e a ceia, sempre precedidas diariamente pela visita da nutricionista, à qual caberá a indicação da dieta a ser servida em cada caso. As copeiras levam a alimentação, de acordo com a rotina de cada hospital, em carros térmicos, bandejas e pratos, servindo aos pacientes, cabendo aos profissionais de enfermagem o auxílio para aqueles que não têm condição de alimentar-se sem ajuda. Nesse momento, pesa a paciência, o profissionalismo do funcionário de enfermagem, valorizando sobremaneira este importante momento, o da alimentação de nossos clientes.

Os que necessitam de ajuda devem ser identificados pela enfermagem, colocados em posição de Fawler, protegido o tórax com guardanapos e, com paciência, serem auxiliados durante as refeições.

Após o horário da alimentação, é tarefa da enfermagem a anotação da aceitação da mesma, em cada prontuário, registrando de modo fidedigno a quantidade e o tipo de alimento aceito ou não pelo paciente.

As principais dietas servidas em hospitais são:

1. Dieta zero:

Como o nome indica, o paciente não recebe nada, sendo usada em pacientes graves, em observação, em pós-operatórios e outras situações em que a ingestão de alimentos tornar-se-ia prejudicial.

2. Dieta líquida:

É aquela em que o cliente ingere apenas líquidos, como água, chá, mate, leite etc.

3. Dieta pastosa:

Os alimentos líquidos e pastosos são liberados, tais como mingau, sopinhas liquidificadas, sorvetes, cremes, gelatinas e outros.

4. Dieta leve ou branda:

Os alimentos são selecionados e preparados de modo que tenham uma fácil digestão. Não são usados condimentos, geralmente com pouco sal e balanceados pela nutricionista.

5. Dieta normal ou livre:

Nesta dieta, utilizada pela maioria dos pacientes, recebem de tudo, de acordo com o cardápio do dia, indicado pela nutricionista.

6. Dietas especiais:

Neste item, encontramos dietas, como o nome diz, especiais, em que se restringe um ou mais tipos de alimentos ou princípios, como, por exemplo, dieta assódica (sem sal), hipossódica (pouco sal), além de outras.

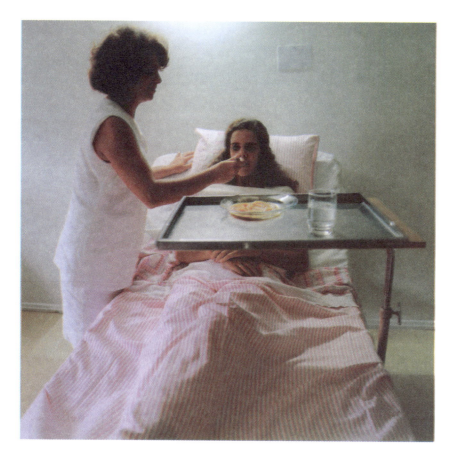
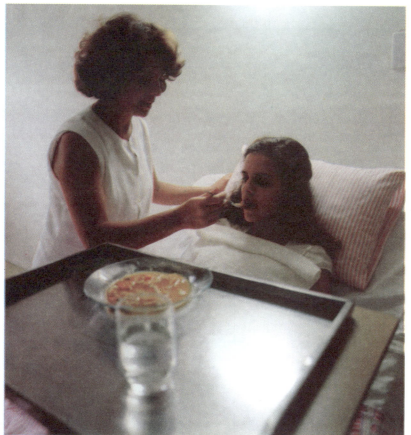

Técnica de auxílio na alimentação do paciente.

CAPÍTULO 7

ATENDIMENTO BÁSICO

ADMISSÃO DO PACIENTE

Admissão é a entrada do paciente no hospital, a sua internação hospitalar. O nosso cliente procura o hospital, por diversos motivos: por vontade própria, face a sinais e sintomas de doenças.

Ao recebermos um paciente devemos dar-lhe a maior atenção possível, pois como já o dissemos, este é o primeiro contato do cliente com a enfermagem e a impressão causada no mesmo é a que fica, sendo muitas vezes esta a causa de diversos problemas posteriores de relacionamento entre o paciente e o serviço de enfermagem, pois da maneira que ele é recebido na enfermaria depende o seu ajustamento ao meio hospitalar, fator indispensável para a recuperação da saúde. O profissional de enfermagem deve receber o paciente com toda a educação e cortesia, levá-lo até o seu leito, que deverá sempre já estar higienizado e arrumado, orientar o acompanhante e o paciente quanto ao horário de visitas e os regulamentos do hospital, mostrar a localização dos banheiros, apresentá-lo aos pacientes vizinhos, colocar-lhe uma pulseira de identificação, colocar uma placa de identificação em seu leito, com o nome do paciente e a data da internação.

A seguir, o médico plantonista deve ser chamado, ou dependendo da rotina de cada instituição, se o paciente já foi visto pelo médico no ambulatório ou no setor de internações, providenciar a administração dos medicamentos prescritos. Com a administração dos medicamentos e alívio da dor, principalmente, passamos à verificação dos sinais vitais, já descrita a técnica na parte 1 deste livro, Primeiros Socorros, Capítulo 2, onde após esta verificação, fazemos a anotação dos mesmos no prontuário hospitalar. Durante a verificação dos sinais vitais (Temperatura, Pulso, Respiração e Pressão Arterial) procuramos conversar com o paciente, indagando sobre uma série de dados de interesse geral, tais como: a proveniência, o acompanhamento, tipo de tratamento já realizado, outras internações hospitalares, época do início da doença, sintomas, funções fisiológicas (urina, fezes), cabendo ainda ao profissional da enfermagem a observação de sinais, o estado de higiene, o estado psíquico e a valorização de todas as informações que o paciente puder relatar. Estas informações e observações devem ser transcritas no prontuário, sempre com o uso de termos técnicos, chamando a atenção sobre os principais dados.

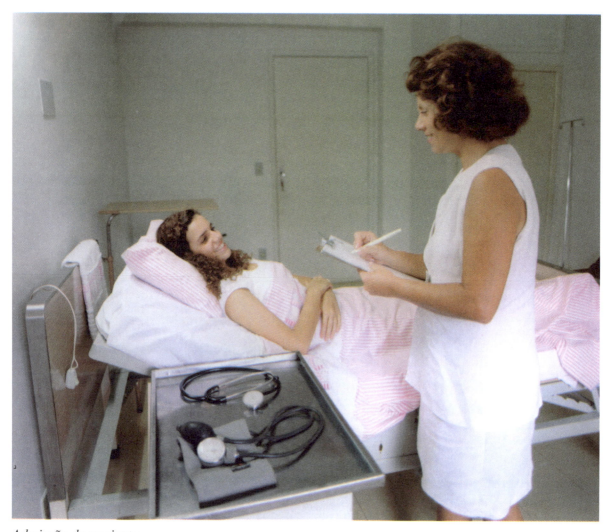
Admissão do paciente.

ALTA HOSPITALAR

Alta significa a saída do paciente do hospital. O nosso cliente poderá receber alta de diversas maneiras: curado, melhorado, para transferência, a seu próprio pedido, a pedido de familiares e por indisciplina.

A alta curada seria a mais desejada, pois representa a cura da enfermidade que deu origem à internação; a alta melhorada é aquela, como o próprio nome diz, em que o paciente teve uma melhora do seu quadro, de modo que possa continuar seu tratamento em domicílio, com acompanhamento ambulatorial. A alta por transferência ocorre quando a instituição não dispõe dos recursos necessários para o tratamento do cliente, sendo necessário a transferência para outra instituição com maior poder de resolutividade. A alta a pedido do paciente ou a pedido de familiares, geralmente ocorre em situações de descontentamento, do paciente ou da família, com os profissionais envolvidos no tratamento. A alta por indisciplina é passível de ocorrência em situações extremas, em que o paciente apresenta recusa sistemática de tratamentos, com atitudes agressivas, desde que em boas condições mentais e psíquicas.

Parte 2 – Fundamentos de Enfermagem

A mesma atenção que demos ao cliente na internação, deve ser dada no momento da alta, pois desta alta bem feita depende toda a orientação dos procedimentos a serem seguidos em domicílio, tais como os curativos, data de retorno ao ambulatório, uso dos medicamentos etc.

Nesta ocasião devemos devolver ao paciente todos os pertences particulares, ajudá-lo a vestir-se quando o mesmo não tenha condições de fazê-lo, anotar a alta no prontuário e no censo diário do hospital, devolver à farmácia as sobras de medicamentos, dar todas as orientações necessárias sobre o uso dos medicamentos fornecendo a receia médica, encaminhamentos prescritos para o ambulatório, sala de curativos e outros necessários.

Após a saída do paciente, providenciar a higienização da unidade do paciente e sua arrumação, lavando os utensílios utilizados e guardando-os em seus devidos lugares.

PREPARO DO CORPO APÓS A MORTE

Na assistência ao paciente em agonia, os objetivos que a enfermagem teria em vista sofrem certas alterações, neste momento difícil, cabe aos profissionais de enfermagem o preparo do cliente para a morte, dando assistência física, psíquica e espiritual ao nosso cliente, incluindo o apoio aos familiares.

A morte pode ocorrer devido à velhice, com o desgaste gradual de nossos tecidos, por suicídio, homicídio, traumatismos diversos e, ainda, por doenças incuráveis, mas a sua aproximação normalmente revela um despreparo da maioria das pessoas que atendemos, sendo inúmeras delas demasiadamente traumáticas. A falta de espiritualidade, o demasiado apego à vida material, o não entendimento da natureza humana e seus limites, além de outras questões, geram todo um quadro de total descontrole diante da morte. Sua aproximação se revela por vários sinais físicos, tais como pulso rápido e filiforme, relaxamento dos músculos, sudorese (suor abundante), sede, palidez cutânea, desaparecimento gradual dos reflexos com perda dos sentidos, parada cárdio-respiratória e queda da mandíbula.

Diante do quadro da morte, devemos constatar o óbito, verificando a ausência dos sinais vitais, confirmando a presença de midríase (dilatação completa das pupilas) indicando morte cerebral e, a seguir, chamamos o médico plantonista para a confirmação do óbito e liberação do corpo para o devido preparo para encaminhamento ao necrotério. Cabe ao médico a constatação de óbito, seguida da anotação correspondente no prontuário e do atestado de óbito fornecido pela administração hospitalar. Cabe ao profissional de enfermagem, o registro do óbito na parte de observação de enfermagem do prontuário hospitalar e no registro de censo diário do hospital.

No preparo do corpo, após a confirmação do óbito e conseqüente liberação do mesmo pelo médico, devemos cercar a cama com biombos, caso o paciente esteja em uma enfermaria, retirar soros, sondas, drenos, aparelhos de gesso, cânulas e outros equipamentos ou aparelhos, providenciando o devido curativo nos locais dos procedimentos anteriores. Limpar o corpo e manchas de sangue, secreções, fezes, vômitos e urina, fazendo o tamponamento de cavidades do nariz, boca, ouvidos, ânus e vagina, pois em muitas ocasiões ocorrem perdas sangüíneas e secreções. Este tamponamento é realizado com o profissional de enfermagem tendo suas mãos enluvadas, que com o auxílio de uma pinça anatômica coloca pedaços de algodão no interior das cavidades, realizando a obliteração das mesmas.

Para identificação do corpo recomenda-se a aplicação de uma etiqueta de esparadrapo sobre o tórax, tendo o relato de seu nome, idade, enfermaria, hora do óbito e as iniciais do profissional que fez o preparo do corpo, dados que também serão colocados em uma etiqueta de papel colocada sobre o lençol que envolve o corpo.

Colocada a etiqueta de esparadrapo sobre o tórax, vestimos o corpo com as roupas trazidas pelos familiares, ou de acordo com a rotina de cada instituição, tendo o cuidado de, após a colocação das roupas, amarrar com tiras de ataduras, o queixo, mãos e pés. O ato destas amarras tem as seguintes razões: o queixo tende a cair, permanecendo com a boca aberta, sendo necessário a sua fixação com ataduras até a rigidez cadavérica. As mãos amarradas se devem a uma tradição religiosa, não tendo nenhuma razão técnica. Os pés são amarrados para que fiquem juntos e não abertos, situação que prejudicaria a disposição do corpo no caixão. A seguir, com o corpo limpo, vestido e com amarras realizadas, envolvemos o mesmo com um lençol, colocamos a etiqueta de identificação sobre o mesmo, passando o corpo para uma maca especial, destinada ao transporte de corpos para o necrotério. Este transporte deve seguir um caminho preestabelecido que varia de acordo com a rotina de cada hospital.

Após o encaminhamento do corpo ao necrotério, retiramos o prontuário e o ancaminhamos ao setor de altas, providenciando a higienização da unidade do paciente, lembrando que, quando se trata de uma situação de doença infecto-contagiosa, além da higienização, é feita a desinfecção da unidade.

COLETA DE MATERIAL PARA EXAMES LABORATORIAIS

Os exames laboratoriais são meios indispensáveis para o diagnóstico de enfermidades e controle da sua evolução, além de determinarem o tipo de tratamento adequado a cada caso. Os resultados satisfatórios desde a coleta correta até a realização do exame e o retorno do resultado ao médico e paciente, dependem em grande parte da cooperação eficiente entre o serviço de laboratório e o de enfermagem. Cabe aos profissionais de enfermagem certificarem-se dos exames solicitados, notificando-os aos pacientes, colocar o aviso de jejum, nos casos de exames específicos dar toda a orientação correta aos pacientes, quanto ao modo de coleta, tipo de frasco a ser utilizado, horário, executando com precisão as diferentes técnicas, rotulando os frascos com o nome do cliente, data, enfermaria, tipo de material colhido, encaminhando de imediato ao laboratório e anotando no prontuário, na coluna destinada às observações de enfermagem, a coleta do material para o exame solicitado.

No momento do recebimento dos resultados de exames realizados, cabe aos profissionais de enfermagem fazer a devida separação por clientes, colocando-os em cada prontuário, ou fixando-os em local próprio, dependendo da rotina de cada hospital.

COLETA DE SANGUE

Geralmente, os exames de sangue, de diversas especialidades, são colhidos pelo laboratorista, na maioria dos serviços hospitalares, cabendo apenas à enfermagem a comunicação ao laboratório do pedido médico, a colocação de um aviso de jejum no leito do paciente e a orientação do mesmo sobre o exame a ser realizado pela manhã. Em casos de urgência, geralmente assinalados pelos médicos, cabe à enfermagem fazer a imediata comunicação com o laboratório para que seja procedida a coleta do sangue.

COLETA DE URINA

Existem vários exames de urina, passaremos a descrever os mais utilizados.

E.A.S. (Elementos Anormais e Sedimentos)

É o exame laboratorial de urina geralmente indicativo da presença de substâncias anormais. Neste exame, fornecemos ao paciente um frasco devidamente limpo e rotulado, onde solicitamos que seja coletada a primeira urina da manhã, geralmente a mais rica em sedimentos, desprezando-se o primeiro jato e coletando o segundo diretamente no frasco ou com o uso da comadre, pelas mulheres, ou pelo uso dos papagaios ou patinhos, pelos homens. Caso o paciente esteja com sonda vesical, a coleta é feita usando-se uma seringa estéril com agulha, com a qual, após a desinfecção do tubo coletor com uma bola de algodão embebida em álcool iodado, realizamos a punção do mesmo e subseqüente aspiração da urina, despejando-a no frasco coletor do laboratório. Em nenhuma hipótese a sonda vesical deve ser desadaptada de seu coletor para a coleta da urina.

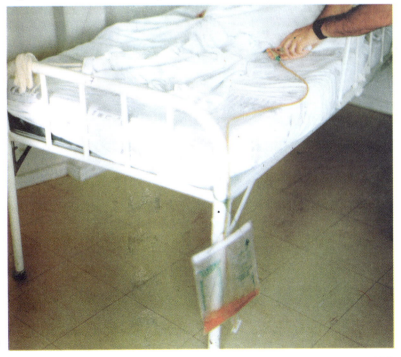

Coleta de urina.

Urinocultura ou urocultura

É o exame de urina utilizado para a identificação de germes causadores de infecções urinárias. Neste exame, o frasco coletor tem que ser obrigatoriamente estéril, fornecido pelo laboratório e identificado pelo profissional de enfermagem, que repassará ao paciente toda a orientação da técnica de coleta. Existe a necessidade de uma higiene íntima bem feita antes da micção e que o frasco coletor não encoste no órgão genital do cliente, garantindo-se que o jato de urina caia diretamente no frasco coletor. Em pacientes acamados, recomendamos que esta coleta de urina para cultura seja feita através de sonda vesical.

Glicossúria pelo teste de Benedict

É o exame de urina usado em pacientes, geralmente diabéticos, para identificação da quantidade de açúcar na urina. Neste teste, geralmente feito trinta minutos antes das refeições, fornecemos um frasco limpo ao paciente para a coleta de uma pequena amostra da urina. A seguir, colocamos em um tubo de ensaio, cerca de 2,5 ml do Reagente de Benedict e quatro gotas de urina aquecendo a mistura em bico de Bunsem ou na chama de um algodão embebido em álcool, até ferver, quando observamos a coloração da mistura, comparando-a com a escala de cores onde:
AZUL = Negativo
VERDE CLARO = + (uma cruz)
VERDE ESCURO = ++ (duas cruzes)
LARANJA (AMARELO) = +++ (três cruzes)
TIJOLO = ++++ (quatro cruzes)
Quanto maior o número de cruzes, mais quantidade de açúcar existe na urina.

COLETA DE ESCARRO

O escarro é coletado geralmente para identificação de tuberculose ou para cultura de secreções brônquicas no sentido de identificação do agente etiológico de pneumonias.

Na coleta de escarro, iniciamos com a solicitação de que o paciente faça uma boa higiene oral, com escovação dos dentes e bochechos, seguida de uma série de exercícios respiratórios, cabendo ao profissional de enfermagem executar a tapotagem, em paralelo, medidas empregadas para que possamos ter a tosse, seguida da expectoração de um escarro compacto ideal ao exame.

O frasco fornecido é estéril, devendo ser rotulado, identificado e posteriormente encaminhado ao laboratório.

COLETA DE FEZES

A coleta de fezes é feita, geralmente, para o exame *parasitológico* através do qual são identificados vermes intestinais. Em ocasiões especiais, como nas infecções intestinais, são coletadas fezes para a realização do exame de *coprocultura (cultura de fezes)*, em que indentificaremos os germes presentes na amostra.

Na realização do exame de fezes, fornecemos um pote com uma espátula (pazinha) ao cliente, com a orientação de que evacue em uma comadre limpa, com o cuidado de não urinar junto com as fezes, coletando uma amostra com a espátula no meio do bolo fecal, colocando esta amostra no pote, sendo rotulado, identificado e encaminhado ao laboratório pelo profissional de enfermagem. No caso de crianças pequenas, pacientes acamados e que não conseguem comunicar a evacuação, usamos coletar a amostra de fezes da fralda do cliente, colocando esta amostra no pote e encaminhando ao laboratório.

CAPÍTULO 8

CURATIVOS

Entende-se por curativo o material colocado diretamente sobre uma ferida, subentendendo-se que tenha havido a limpeza do ferimento, a aplicação de um antisséptico ou medicamento, seguida de uma oclusão do ferimento. Atualmente, face às recentes descobertas no campo do controle e profilaxia das infecções hospitalares, principalmente no estudo das feridas cirúrgicas, esta oclusão de ferimentos já suturados não é recomendada, tendo-se predileção pela exposição do ferimento ao ar livre, após limpeza e aplicação do antisséptico, reservando-se a oclusão para os ferimentos abertos e infectados.

Recomendamos que, antes da continuidade do estudo deste capítulo, seja refeita a leitura da *Parte 1* deste livro, *Primeiros Socorros*, no *Capítulo 3* (*Traumatismos*), *Item 3* (*Feridas*), para que os leitores se lembrem do que é uma ferida e quais são suas principais características.

Os curativos servem para prevenir a contaminação das feridas limpas, reduzir o mais rapidamente possível a infecção de feridas contaminadas, facilitando a cicatrização e a aplicação de antissépticos e pomadas.

As feridas se fecham pela cicatrização, que sofre uma divisão didática em *intenções*, em número de quatro, sendo:

1) Cicatrização por primeira intenção: aquela em que o ferimento se fecha por meio de sutura de seus bordos, mediante uma limpeza, antissepsia, analgesia e a sutura propriamente dita, realizada com agulhas cortantes e fios apropriados.

2) Cicatrização por segunda intenção: aquela em que ocorre o enchimento do ferimento por um tecido novo, chamado tecido de granulação, do fundo da ferida em direção aos bordos, sendo demorada e dependendo das condições gerais do paciente, tais como circulação e nutrição.

3) Cicatrização por terceira intenção: aquela cicatrização estimulada cirurgicamente após a formação do tecido de granulação, onde se retira uma área de pele, através de cirurgia, fazendo-se o enxerto deste fragmento sobre o ferimento aberto, recobrindo-o total ou parcialmente.

4) Cicatrização por quarta intenção: aquela em que chegamos à cicatrização completa, através da formação de crostas, com o uso freqüente de medicamentos; as crostas caem e, abaixo delas, nasce o novo tecido.

133

Nos curativos, é fundamental que saibamos primeiramente o tipo de cicatrização que desejamos conduzir, através do uso de uma ou mais das intenções descritas anteriormente. Pois deste conhecimento depende ainda a escolha do produto ou dos produtos a serem utilizados durante a técnica de curativos.

Basicamente, o trato de um ferimento depende de limpeza, aplicação de um antisséptico, boa irrigação sangüínea no local ferido e ideais condições de nutrição do paciente, pois se um destes quesitos não for preenchido, certamente teremos dificuldades na obtenção da cicatrização.

Em domicílios, os ferimentos devem ser lavados sempre durante o momento do banho do paciente, utilizando-se água do chuveiro e limpeza copiosa com sabão de qualquer tipo. Após o banho, segue-se a secagem do ferimento com gazes e a aplicação de antisséptico.

Existem vários antissépticos no mercado, mas usualmente recomendamos o emprego da mistura de álcool-iodado a 1%, sempre manipulado na farmácia hospitalar e com controle de titulação. Pode ainda ser empregado o PVPI a 1% (Polivinil Pirrolidona Iodo) em solução alcoólica para ferimentos fechados e em solução aquosa para ferimentos abertos ou em mucosas. Nos pacientes sensíveis e alérgicos ao iodo, recomendamos o uso de clorohexedine (Clorohex). Na falta do antisséptico ou em ferimentos infectados, com ou sem secreção purulenta, recomendamos o açúcar caseiro (sacarose) na forma de pó ou cristais.

Nos hospitais, utilizamos carros de curativos e pacotes individualizados. Estes carros de curativos apresentam na parte superior uma prateleira para guardar diversas soluções e área para a abertura do pacote de curativo e realização desta técnica. Na parte inferior do carro de curativos, encontramos uma segunda prateleira para guardar pacotes de curativos, gazes e ataduras. Nas áreas laterais, dependendo do tipo de carro empregado no hospital, encontramos armações metálicas destinadas a receber bacia e balde. A bacia deve ser estéril e é empregada para colocarmos os membros, como mãos e pés, facilitando a limpeza dos ferimentos e recebendo as soluções despejadas sobre a ferida. Estas bacias são individualizadas e trocadas para cada paciente. O balde é destinado ao recebimento de gazes, algodão e outros materiais sujos, devendo ser despejado após a feitura dos curativos, pois o balde cheio de material contaminado atrai moscas com facilidade, que têm predileção por este tipo de material.

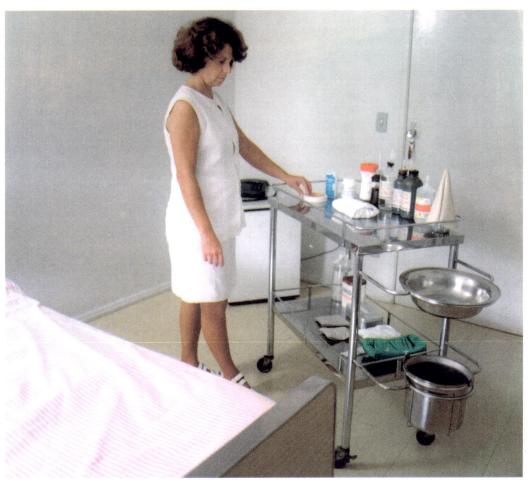
Carro de curativos.

O pacote de curativo varia de uma instituição para outra, mas basicamente apresenta um invólucro de tecido grosso, geralmente algodão, duplo, contendo no seu interior duas pinças Pean, uma pinça anatômica, além de pedaços de gazes e bolas de algodão.

Estes pacotes são trazidos até o leito nos carros de curativos ou em bandejas, juntamente com as soluções a serem utilizadas. Recomendamos sempre, de preferência, a utilização dos carros de curativos, sendo mais prático e funcional do que as bandejas.

É imperioso que nossas mãos estejam criteriosamente lavadas, impedindo a propagação de germes de um ferimento para outro. Esta lavagem de mãos deve ser feita antes e após cada curativo, sempre utilizando-se água e sabão, seguida do enxugamento em toalha de papel descartável.

O pacote de curativo é aberto sobre o carro de curativos, coletado lateralmente ao leito do paciente e, após informarmos ao mesmo a técnica que iremos executar, solicitamos sempre a sua cooperação durante a mesma. Abrindo a primeira parte do pacote, utilizamos a pinça Pean presa às bolas de algodão existentes ou pedaços de gazes, para a retirada do curativo anterior, embebendo as bolas de algodão em éter e retirando o esparadrapo e as gazes que recobrem o ferimento. A seguir, desprezamos estas bolas de algodão juntamente com o curativo velho na lata do lixo. Dando prosseguimento, pegamos na segunda parte do pacote as pinças anatômicas e Pean, sendo que a anatômica é utilizada para pegar as gazes e a Pean para o uso destas gazes, molhadas com os mais variados produtos, sobre o ferimento. Recomendamos a limpeza com soro fisiológico ou água oxigenada, seguida da aplicação do antisséptico indicado pelo médico, desprezando sempre as gazes sujas no balde da parte lateral do carro de curativos. Após a limpeza e aplicação do antisséptico, devemos seguir as orientações do médico quanto à oclusão ou não do ferimento, assim como o uso de medicamentos especiais no ferimento.

Após o curativo, o pano do pacote deve ser colocado no humper (saco de roupa suja) e as pinças serão colocadas em bacias com solução desinfetante, para posterior limpeza na sala de expurgo, ou de acordo com a rotina de algumas instituições, serem encaminhadas diretamente à sala de expurgo da central de esterilização do hospital.

Na anotação dos curativos pela enfermagem, os mesmos são registrados na coluna de observações de enfermagem, no prontuário do paciente, onde se registra a data e hora do curativo, tipo de curativo (cirúrgico, escara, queimadura etc.), o local (pé direito, mão esquerda, abdômen etc.), os produtos utilizados para limpeza e, como antisséptico, se houve ou não oclusão do ferimento e o aspecto da ferida se está cicatrizando ou não, se apresenta pus ou sangue e outros dados que o profissional julgar necessários, não esquecendo de registrar sua assinatura.

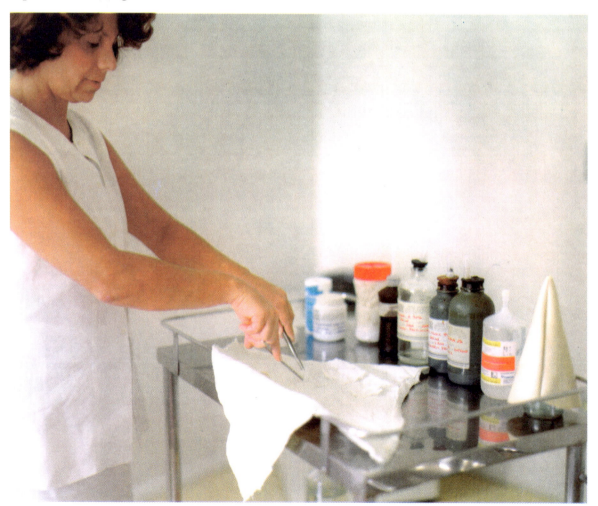

Pacote de curativo sobre o carro de curativos.

CAPÍTULO 9

HIGIENE DE PACIENTES

INTRODUÇÃO

A higiene do corpo é fundamental para o ser humano, pois sabemos que albergamos um sem-número de microrganismos líquidos orgânicos, secreções e excreções que liberam mau cheiro, causando desconforto.

Através da higiene, prevenimos o aparecimento de infecções diversas e reduzimos o número de bactérias existentes em nossa pele e cavidades.

No estudo da higiene de pacientes, a dividimos em duas partes: *higiene auxiliada no chuveiro* e a *higiene auxiliada no leito*.

Sabemos que a maioria dos pacientes faz sua higiene sem auxílio, pois são deambulantes e capazes de, sem auxílio, executar a grande parte de suas necessidades básicas. Entretanto, em menor escala, sempre encontraremos aqueles pacientes que, devido a diversas situações, dependem de uma ajuda dos profissionais de enfermagem para irem ao chuveiro ou executarem a higiene no leito.

Nos casos em que os pacientes fazem a higiene sem a necessidade de ajuda, cabe ao profissional de enfermagem apenas o encaminhamento dos mesmos ao banheiro e o fornecimento do material necessário, caso o doente não tenha trazido objetos de uso pessoal, como sabonete, toalha, escova e pasta de dente, desodorante etc., devendo o profissional fazer o registro desta higiene no prontuário do paciente, assinalando que foi feita sem auxílio.

HIGIENE AUXILIADA NO CHUVEIRO

São os casos mais freqüentes, em que nossos pacientes, em fase de recuperação ou ainda enfraquecidos, mas em condições de deambulação, necessitam de uma ajuda para irem ao banheiro.

Geralmente, os hospitais possuem cadeiras de rodas adaptadas para a higiene no chuveiro, além das cadeiras sociais, mais simples, leves e feitas de material lavável, possuindo travas de segurança, braços de apoio, perneiras ou sapatas para apoio dos pés do cliente. Esta cadeira deve ser trazida até o leito do paciente, colocada em paralelo e de acordo com a técnica já descrita em transporte de pacientes, passamos o mesmo da cama para a cadeira de rodas, sempre preocupando-se com a segurança do mesmo. A seguir, pegando os objetos necessários à higiene, como toalha, sabonete, pasta de dente, escova, pente e a roupa limpa a ser vestida, nos encaminhamos para o banheiro, deixando os objetos no mesmo. Voltamos ao quarto e, com cuidado, trazemos a cadeira de rodas com o paciente que é colocada, primeiramente, próxima à pia, de modo a facilitar a feitura da higiene oral com a escovação dos dentes. A seguir, aproximamos a cadeira para dentro do box do banheiro, colocando-a embaixo do chuveiro, onde passamos a retirar toda a roupa do paciente, deixando apenas uma peça de roupa suja sobre a região genital, como um traçado ou outro lençol. Abrimos o chuveiro e utilizando luvas de banho, ensaboamos todo o corpo do paciente, enxaguando em seguida, permitindo sempre que ele faça a maioria dos movimentos, interferindo apenas nos locais que o mesmo não consiga atingir devido à sua situação que varia de um paciente para outro. Desligamos o chuveiro e secamos o paciente, retirando-o do box, e o auxiliamos a vestir suas roupas, levando-o em seguida para o seu leito, onde passaremos aos cuidados de conforto físico como massagens com emolientes da pele, tapotagens, exercícios respiratórios e outros mais.

Ao término do trabalho, deve ser anotada no prontuário a realização do banho auxiliado no chuveiro.

HIGIENE NO LEITO (BANHO NO LEITO)

Como já dissemos, é realizado com os doentes acamados, graves ou com aqueles em período pós-operatório de primeiro dia, que, de acordo com o tipo de cirurgia realizada, não podem levantar-se do leito. Esta higiene, embora mais complexa, também é suficiente para trazer ao paciente acamado o conforto do banho que, infelizmente, devido às suas condições, ainda não pode ser feito no chuveiro.

Iniciamos nosso trabalho no posto de enfermagem, separando todos os utensílios necessários a este tipo de higiene, colocando em uma bandeja o jarro com água morna, a bacia, a cuba rim, balde, vários pedaços de algodão, luva de banho, luva de borracha para higiene íntima, dentifrício líquido ou pasta de dente, espátulas de madeira, gazes, comadre, toalhas de banho e rosto, roupa de cama limpa e roupa para o paciente.

Devemos preparar o ambiente fechando portas e janelas e, no caso de uma enfermaria com vários pacientes, devemos cercar o leito com vários biombos (cortinas). Preparamos também o paciente explicando o que vai ser feito, pedindo a sua colaboração no que for possível. Consideramos importante que, mesmo sendo o paciente inconsciente, sempre nos esforçamos para avisar ao mesmo o que vai ser feito, falando alto, junto ao ouvido. Após lavarmos nossas mãos, colocamos o material na mesa de cabeceira, deixando o balde vazio embaixo da cama e a comadre sobre a cadeira, com a roupa de cama limpa e a roupa do paciente sobre o espaldar da cadeira. Cobrimos o tórax do paciente com a toalha de rosto, elevando a cama em posição de Fawler, realizamos a higiene oral, utilizando a escova e pasta de dente, escovando os dentes do paciente, oferecendo água para o bochecho, cuspindo a mesma na cuba rim. Caso o paciente esteja inconsciente, enrolamos

138

pedaços de gaze na espátula de madeira, umedecendo-as com o dentifrício líquido, esfregando-a nos dentes, língua e bochechas, trocando de gazes sempre que necessário. As gazes sujas são jogadas no balde de lixo próximo ao leito, a água suja da cuba rim é jogada no balde para recebimento de água suja, colocado anteriormente embaixo da cama. A seguir, recolocando a cama em sua posição normal, utilizando as toalhas de rosto e banho, luvas de banho, água e sabão, lavamos o rosto, cabelos, membros superiores, tórax e abdômen e os membros inferiores, esfregando o corpo do paciente com a luva de banho ensaboada, retirando o sabão na bacia, enxaguando o corpo do paciente e secando uma parte de cada vez, evitando ao máximo molhar a cama do paciente e a exposição do corpo do mesmo, sempre mantendo um lençol sobre o paciente, descobrindo apenas a parte que está sendo lavada. Na higiene íntima ou genital, colocamos uma comadre protegida com um traçado, embaixo das nádegas, permitindo que a água utilizada na lavagem da região genital, caia sobre a mesma, onde esta região é lavada, utilizando-se luvas de borracha e pedaços de algodão, desprezados na lata de lixo ao final do tratamento. A comadre é retirada e levada até ao banheiro para despejo e higienização. Dando prosseguimento, colocamos o paciente em decúbito lateral, seja direito ou esquerdo, protegendo a cama com a toalha de banho, expomos as costas e nádegas, lavando-as com a luva de banho, secando-as e executando a troca da roupa de cama. Lembramos da necessidade constante das tapotagens, dos exercícios respiratórios e massagens de conforto no sentido de prevenirmos as complicações pela longa permanência no leito.

Ao término da técnica, este tratamento deve ser anotado no prontuário do paciente, como higiene ou banho no leito.

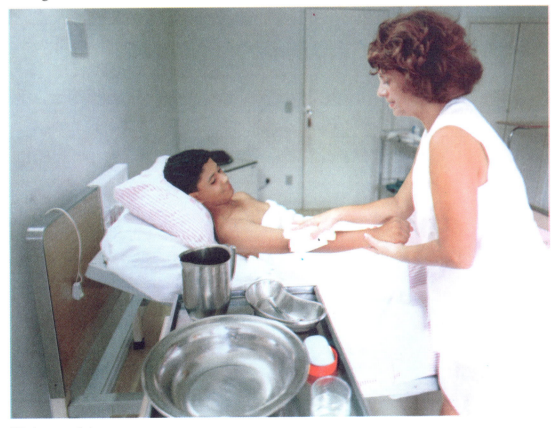

Higiene no leito.

CAPÍTULO 10

ADMINISTRAÇÃO DE MEDICAMENTOS

Administrar medicamentos é uma tarefa de rotina dos profissionais de enfermagem e que só pode ser executada mediante prescrição médica. Na administração todo o cuidado é necessário com o intuito de oferecermos segurança aos pacientes, quanto às doses corretas. Chamamos de *dose* uma determinada quantidade de uma *droga* (medicamento) administrado no organismo a fim de produzir um efeito terapêutico. A dose prescrita só pode ser alterada por ordem médica.

Quando houver dúvida sobre um medicamento ou dosagem, o profissional de enfermagem deve sempre recorrer à chefia de enfermagem ou ao médico do paciente, no sentido do esclarecimento, pois jamais devemos administrá-lo com alguma dúvida. Os mesmos devem ser ministrados com exatidão, de modo a produzir os melhores resultados. Recomenda-se a observação do rótulo por três vezes:

1) Ao retirar do armário.
2) Ao colocar no cálice, copinho ou colher.
3) Ao dar para o paciente.

O profissional de enfermagem jamais deverá administrar medicamentos preparados por outra pessoa, pois em caso de erro no preparo da dose ou do fármaco a culpa sempre tenderá para aquele que administrou o medicamento.

As dosagens mais utilizadas para via oral são:

Colher de sopa =	15 ml
Colher de sobremesa =	10 ml
Colher de chá =	5 ml
Colher de café =	3 ml.

Os medicamentos podem ser guardados em armários nos postos de enfermagem, em boxes, ou encaminhados para as enfermarias diretamente da farmácia, em dose unitária, mas sempre administrados pela enfermagem, após conferência do cartão e do prontuário médico. No caso do uso de mapas, estes devem ser guardados em caixa própria de acordo com o horário dos medicamentos, segundo as enfermarias.

Para administrá-los, por qualquer via, é importante que nossas mãos estejam rigorosamente lavadas, as bandejas que irão recebê-los, assim como os recipientes, rigorosamente limpos, prevenindo deste modo a ocorrência de falhas de assepsia.

MEDICAMENTOS POR VIA ORAL (VO)

É o modo mais rotineiro de administração de medicamentos, sendo o mais seguro e o mais simples. Todos os cuidados mencionados até o momento, devem ser rigorosamente seguidos, a bandeja limpa recebe os cartões e os copinhos ou cálices com os medicamentos a serem administrados, sempre após conferência com o prontuário do paciente. Os medicamentos sólidos devem ser retirados dos frascos com a própria tampa do vidro, evitando-se pôr as mãos nos comprimidos. No caso de medicamentos líquidos, segurar os vidros com a palma da mão de encontro ao rótulo, evitando que o medicamento líquido escorra sobre o rótulo tornando-o ilegível. No caso de gotas, pingar a quantidade desejada no copinho completando com água filtrada, e oferecer os fármacos colocando os comprimidos na palma da mão do paciente ou diretamente na boca. Os medicamentos líquidos devem ser colocados no copinho ou cálice ou no copo do paciente, de onde são ingeridos. Dar os medicamentos chamando sempre o paciente pelo nome. Após a administração devemos lavar e guardar os copinhos e cálices ou medidas, anotando nos prontuários dos pacientes as medicações administradas.

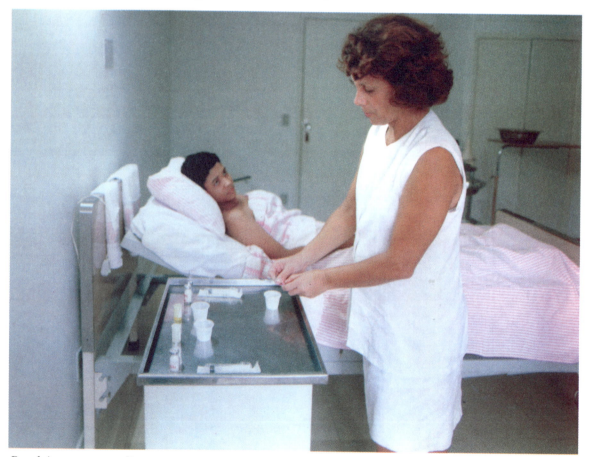

Bandeja com os medicamentos.

MEDICAMENTOS POR VIA SUBLINGUAL (SL)

A via sublingual (SL) é usada para medicamentos especiais, de rápida absorção, pois os mesmos, na forma de comprimidos ou gotas, quando colocados embaixo da língua, extremamente vascularizada, são absorvidos e produzem efeito imediato. Usamos por esta via diversos medicamentos como Isordil, Adalat etc., que devem ser colocados embaixo da língua do paciente, sempre orientados pela enfermagem, no sentido de que não tome água logo em seguida, devendo aguardar de 10 a 15 minutos para a ingestão de água, dando tempo suficiente para a completa absorção do mesmo.

ADMINISTRAÇÃO DE MEDICAMENTOS POR VIA RETAL (VR)

O intestino absorve os medicamentos por sua vascularização e vilosidades intestinais; por esta via são administrados por supositórios e enemas (clister).

É importante que os pacientes sejam corretamente orientados para que não haja falhas durante a utilização da via retal, pois uma boa parte deles não conhece um supositório, sendo obrigação do profissional de enfermagem mostrar o mesmo ao paciente e ensiná-lo quanto ao uso correto. No caso de pacientes inconscientes ou crianças, cabe ao profissional de enfermagem calçar luvas de procedimento, abrir o supositório, colocando-o sobre uma gaze e com o paciente em decúbito lateral, abrir as nádegas, visualizando o ânus para introdução do supositório. Em crianças, após a introdução do supositório, recomenda-se que mantenhamos as nádegas apertadas por alguns minutos para que a mesma não expulse o supositório.

Na utilização do *enema* ou *clister*, geralmente encontramos o fármaco já preparado em frascos que variam de volume, mas sempre com uma sonda retal acompanhando o frasco do medicamento. O frasco deve ser aberto, a sonda retal adaptada e lubrificada com vaselina ou xylocaína. O paciente é colocado em decúbito lateral esquerdo; abrindo suas nádegas, visualizamos o ânus, onde introduziremos a sonda retal, apertando em seguida o frasco com o medicamento até que o mesmo se esvazie. A seguir, retiramos e desprezamos no lixo o frasco do clister com a sonda retal.

LAVAGEM INTESTINAL

É um tratamento que consiste na introdução de líquido no intestino a fim de auxiliar a eliminação do conteúdo intestinal, baseado no funcionamento do peristaltismo: a contração e o relaxamento dos músculos que formam as paredes do intestino, impulsionam o conteúdo intestinal. No funcionamento da lavagem intestinal, sabemos que um líquido flui de uma região mais alta (irrigador) para uma mais baixa (paciente deitado), e quanto maior for a distância entre o irrigador e o paciente, maior será a velocidade de seu fluxo, lembrando-se que não deve ultrapassar a 50 cm. A solução da lavagem intestinal quando introduzida no intestino, causa uma pressão mecânica que estimula as terminações nervosas da parede intestinal e por ação reflexa os músculos são forçados a se contraírem, expelindo o conteúdo intestinal. São indicadas em casos de flatulência (retenção de gases), constipação intestinal (prisão de ventre), preparo para cirurgias e exames especializados.

São utilizadas diversas soluções como glicerina, sal e sabão líquido sempre na dosagem de 2 colheres de sopa para 1 litro de água morna.

Material utilizado para uma lavagem intestinal:

Irrigador com tubo de borracha, pinça Pean ou similar, sonda retal, cuba rim, impermeável forrado, vaselina ou xylocaína pomada, papel higiênico, gaze, comadre (caso o paciente não possa levantar-se do leito), suporte de soro para colocar o irrigador. Na técnica, após conferirmos a prescrição médica, orientamos o nosso paciente quanto ao que vai ser realizado, preparando o ambiente, fechando porta e janelas e, no caso de enfermarias, cercando a cama com biombos. Trazemos para o leito todo o material descrito, pendurando o irrigador com o tubo de borracha no suporte, pinçando com a pinça Pean o tubo e colocando a solução da lavagem intestinal no irrigador. Adaptamos a sonda retal na extremidade do tubo de borracha, lubrificando-a utilizando gases com vaselina ou xylocaína geléia ou pomada.

Colocamos o paciente em decúbito lateral esquerdo, protegendo a cama com o impermeável forrado. Afastamos as nádegas do paciente e introduzimos a sonda retal cerca de 3 a 4 cm, abrindo a pinça Pean para que o líquido da lavagem escorra para

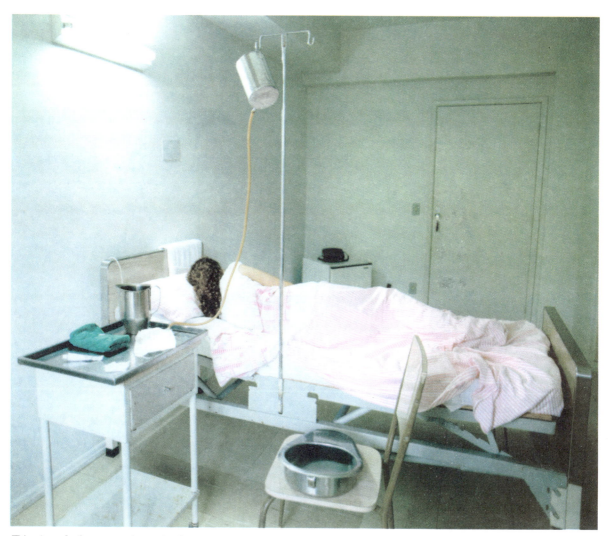

Técnica de lavagem intestinal.

dentro do intestino, onde solicitamos que o paciente nos informe no momento que sentir a necessidade de evacuação. Neste momento, fechamos o tubo de borracha com a pinça Pean, retiramos a sonda retal, colocando-a na cuba rim e encaminhamos o paciente ao banheiro para a primeira evacuação, normalmente de fezes mais sólidas ou pastosas. Completamos o irrigador com a solução de lavagem, lubrificamos a sonda retal e repetimos a técnica, até que o paciente nos informe estar evacuando apenas a solução de lavagem, indicando a não existência de fezes no intestino. Todo o material é lavado e guardado, sendo a sonda retal encaminhada à central de esterilização.

A lavagem intestinal deve ser registrada no prontuário médico, assim como seu efeito, se satisfatório ou não.

MEDICAMENTOS POR VIA VAGINAL (VG)

A via vaginal pode ser utilizada para administração de medicamentos, pois absorve bem os fármacos na forma de óvulos vaginais, duchas vaginais ou cremes. É importante que as pacientes sejam devidamente orientadas quanto ao uso destes fármacos, assim como no emprego dos aplicadores de óvulos ou cremes vaginais. Lembramos que estes aplicadores são de uso individual e que devem sofrer desinfecção após o uso.

Os óvulos ou cremes vaginais são colocados nos aplicadores, as pacientes deitadas em posição ginecológica, afastam os grandes e pequenos lábios do pudendo, introduzindo o aplicador lubrificado pelo creme ou por vaselina pomada, injetando todo o conteúdo do aplicador dentro da vagina. No caso de duchas vaginais, utilizamos o irrigador, semelhante à lavagem intestinal, onde com a paciente em posição ginecológica e sobre uma comadre, abrimos a pinça Pean, deixando que a solução seja introduzida na vagina, caindo imediatamente sobre a comadre.

INJEÇÃO

É uma técnica de aplicação de medicamentos por via parenteral, que pode ser nos músculos, nas veias, na região subcutânea e na região intradérmica.

Na aplicação de injeções necessitamos de seringas e agulhas. As seringas, de tamanhos diferentes, podem ser de vidro ou plástico, sempre compostas por um corpo e um êmbolo. As agulhas, também de calibres diferentes, possuem um canhão, uma lanceta e um bisel.

INJEÇÃO INTRAMUSCULAR (IM)

É a via mais utilizada para aplicação de injeções; os músculos mais utilizados são:
1. Deltóide (músculo da região lateral do braço), onde devemos aplicar no centro do músculo a quatro centímetros do ombro, utilizando medicamentos com até 2 ml.

2. Glúteo médio (músculos formadores das nádegas), onde aplicamos no quadrante superior lateral, evitando-se o nervo ciático, podendo aplicar injeções com até 5 ml.
3. Músculo vasto lateral da coxa (face lateral da coxa), no centro do músculo, aplicando injeções com até 5 ml.

Na técnica de aplicação de injeções intramusculares, após lavarmos as mãos, realizamos a antissepsia da ampola, utilizando um pedaço de algodão embebido em álcool iodado e a 1%, secando-a com um pedaço de algodão, quebrando-a sempre com o algodão enrolado no gargalo da ampola. A seguir abrimos o pacote da seringa, adaptando a agulha, retirando o protetor da agulha, introduzindo-a na ampola com a finalidade de aspirarmos todo o seu conteúdo, protegendo a agulha e recolocando a seringa com a agulha no pacote da seringa dentro de uma cuba rim ou bandeja de medicamentos.

A seguir trazemos a bandeja ou cuba rim com o pacote contendo a seringa e agulha já preparadas com o medicamento até à unidade do paciente, colocando este material sobre a mesa de cabeceira do paciente, escolhendo o local para aplicação. Proceder à antissepsia da pele com uma bola de algodão embebida em álcool iodado, deixando-a presa no dedo mínimo da mão esquerda. Retirar o ar do interior da seringa, esticar a pele, pegando o músculo escolhido e aplicar a injeção introduzindo a agulha em ângulo reto com a pele. Puxar o êmbolo com o objetivo de verificarmos se atingimos algum vaso e em caso negativo injetar o medicamento lentamente, retirando rapidamente a agulha e comprimindo o local. Recolher e guardar todo o material, desprezando a seringa e agulha, no caso de serem de uso único, registrando no prontuário o medicamento aplicado.

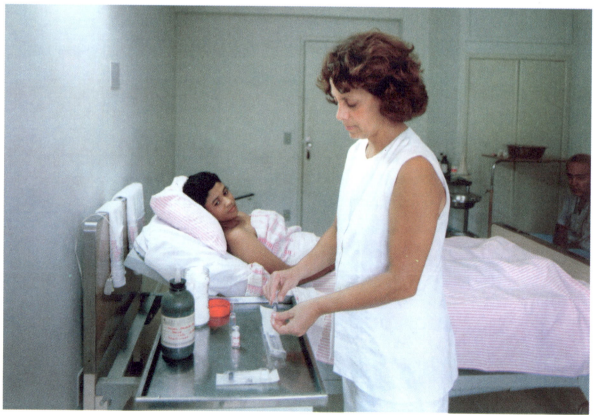

Bandeja para injeção intramuscular.

INJEÇÃO ENDOVENOSA (EV)

É a introdução de um medicamento diretamente nas veias. Esta via é utilizada quando desejamos um efeito mais rápido do fármaco.

As veias mais utilizadas são as da prega do cotovelo (articulação do braço com o antebraço), veias longitudinais do antebraço e braço, veias do dorso da mão. Em pediatria, principalmente durante a aplicação de soros, utilizamos as veias da fronte. Devemos lembrar que as veias longitudinais dos membros inferiores devem ser evitadas pela facilidade com que produzem flebite (inflamação de vasos).

Na técnica de aplicação, após prepararmos a seringa com o medicamento a ser aplicado, protegermos a agulha e acondicionarmos esta seringa e agulha já preparadas no pacote para seringas, levamos o medicamento até a mesa de cabeceira utilizando uma bandeja ou cuba rim. Sempre avisamos ao paciente o que vai ser feito, pedindo sua colaboração. Vistoriamos os membros superiores na procura de vasos de mais fácil punção. A seguir, utilizando um garrote, fixamos a circulação, passando o garrote ao redor do membro, acima do local da punção, fazendo a antissepsia com uma bola de algodão embebida em álcool iodado a 1%, fixando a veia com os dedos polegar e indicador da mão esquerda. Segurando a seringa com a mão direita, fixando-a com os dedos indicador, polegar e médio em ângulo de 30 a 45 graus, puncionamos a pele, tecido subcutâneo até a chegada da veia, sendo visualizada e confirmada a punção pelo retorno de sangue dentro da

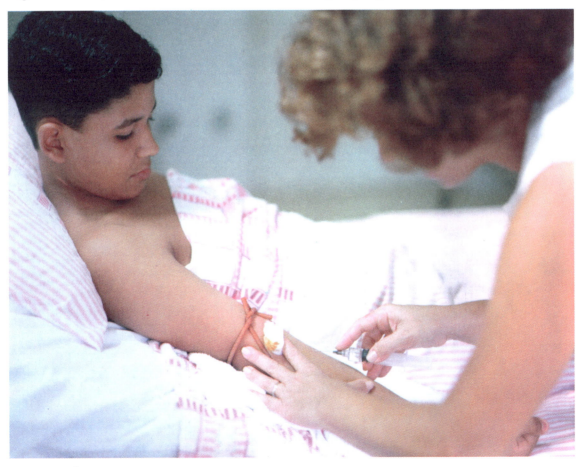

Injeção endovenosa.

seringa, onde soltamos o garrote, aspiramos o êmbolo, seguindo uma aplicação lenta, de modo a evitarmos reações, até que o medicamento seja completamente injetado, onde comprimimos o local da punção acima da agulha, retirando-a e mantendo a compressão por 1 minuto. Como anteriormente, o material é guardado e a seringa com a agulha, se descartável, são jogadas em local apropriado, nunca jogar agulhas no lixo. Registramos no prontuário o medicamento aplicado e sua via de introdução, assim como o local escolhido.

INJEÇÃO SUBCUTÂNEA (SC)

É aquela aplicada embaixo da pele, utilizando-se uma seringa, geralmente de insulina (graduada em unidades) ou tuberculina (graduada em décimos) com uma agulha apropriada a atingir o subcutâneo (10x6 para angulação de 90º).

Os medicamentos geralmente possuem pequeno volume e as doses precisam ser exatas, exigindo uma maior atenção por parte de quem prepara e aplica este tipo de injeção.

O medicamento é preparado como nas técnicas anteriores, colocado numa seringa, geralmente de insulina, confirmada a dosagem correta, acondicionada em pacote de seringa e levada por meio de uma cuba rim ou bandeja de medicamentos até a unidade do paciente, deixando o material sobre a mesa de cabeceira.

Os locais de injeção subcutânea são os mesmos da injeção intramuscular: coxa, acrescidos do abdômen e dorso.

Na técnica de aplicação, após explicarmos ao paciente o que vai ser realizado, escolhemos o local, fazendo a antissepsia com uma bola de algodão embebida em álcool iodado. Aplicamos uma pinça na pele, segurando-a firme, deslocando a pele da camada muscular, onde aplicamos a injeção com a mão direita em ângulo de 90 graus, semelhante às injeções intramusculares, retirando a agulha, compressão com o algodão sobre o local da aplicação. Guardamos o material utilizado, desprezando a seringa e agulha, se descartáveis, registrando no prontuário a técnica realizada, anotando o medicamento, a via e o local escolhido.

INJEÇÃO INTRADÉRMICA (ID)

É aquela aplicada dentro da derme, havendo a formação de uma pequena elevação, sendo absorvida lentamente. Normalmente esta via é utilizada para testes alérgicos, vacinas especiais e poucos medicamentos, sendo necessária uma seringa de tuberculina, graduada em décimos e agulha pequena (10x5).

Os locais de aplicação são antebraço, face ventral do antebraço, abdômen e dorso.

Na técnica de aplicação, após prepararmos o fármaco na seringa, prestando o máximo de atenção na dosagem – geralmente se utilizam frações inferiores ou iguais a 0,1 ml – esticamos a pele do paciente, de modo que, com a mão direita, utilizando a seringa deitada, fixa com os dedos indicador, polegar e médio, num ângulo de 30 a 45 graus, introduzimos apenas o bisel (ponta da agulha) na pele, aplicando a seguir toda a dose do medicamento prescrito, verificando a formação de uma pequena elevação. A seguir, retiramos a agulha sem massagearmos o local, para que não haja perda do medicamento.

Guardamos o material, descartando a seringa e agulha, se de uso único, registrando no prontuário o medicamento, a via e o local utilizado.

VENÓCLISE

É a aplicação de grande quantidade de líquidos na circulação. É a aplicação de soros.

Os soros possuem diversas utilidades, servindo para hidratação, diluição de medicamentos especiais e complementos necessários ao organismo humano de acordo com as patologias apresentadas. Usualmente são acondicionados em frascos plásticos de tamanhos diferentes, com volumes diferentes, sendo necessário atenção especial na leitura dos rótulos dos frascos de soros. Os mais utilizados são soro fisiológico, glicosado, glicofisiológico, ringer etc., havendo concentrações diferentes do mesmo produto, tais como 5%, 10% etc.

Os soros para serem aplicados necessitam de equipos plásticos que também possuem apresentações diferentes, como o equipo convencional, o microgotas (usado em pediatria) e outros.

Na técnica do preparo do soro, iniciamos com a antissepsia do frasco, na altura do gargalo, utilizando-se de uma bola de algodão embebida em álcool iodado a 1%, seguida do corte do frasco, utilizando-se sempre um instrumento estéril, como cortadores descartáveis ou lâminas esterilizadas, devendo ser evitado o uso de tesouras contaminadas ou outros instrumentos cortantes não esterilizados. Lembramos que alguns frascos de soro dispensam o corte, bastando realizar a antissepsia na parte superior do gargalo e a adaptação do equipo.

Cortado o frasco do soro, abrimos o invólucro plástico do equipo, retirando o protetor da ponta do conta-gotas e adaptando o mesmo ao frasco. A seguir, segurando o frasco na mão esquerda, com a mão direita retiramos o protetor da outra extremidade do equipo, facilitando a saída do ar pela descida imediata do soro, fechamos a palheta que controla o fluxo de soro e recolocamos a proteção da extremidade do equipo. Preparado o frasco de soro e o equipo de administração, devemos colocar um rótulo de papel sobre o frasco, indicando o medicamento que está sendo aplicado, o volume, a etapa, o nome do paciente, se foi ou não acrescentado algum complemento no frasco e o número de gotas a ser mantido.

A hidratação geralmente é dividida em etapas, tendo cerca de 500 ml cada uma, ressaltamos que sempre deve ser realizada num período de 24 horas.

Colocamos o frasco de soro e seu equipo numa bandeja para medicamentos, acrescentando um escalpe ou seringa com agulha para punção venosa, garrote, bolas de algodão embebidas em álcool iodado a 1% e esparadrapo.

Chegando na unidade do paciente, colocamos a bandeja com o material sobre a mesa de cabeceira, pendurando o frasco de soro em um suporte para soros ao lado do leito. Procedemos à escolha da veia a ser puncionada, dando predileção a um local que facilite a movimentação do paciente, sem a perda da punção, sempre que for possível. No caso de crianças ou de pacientes inconscientes recomendamos a utilização de uma tala de madeira, devidamente acolchoada, para fixação do membro puncionado, facilitando a manutenção da hidratação. Procedemos à antissepsia, colocação do garrote e punção propriamente dita, seguindo a técnica de injeção endovenosa: aspiramos o sangue, soltando o garrote, desadaptando a seringa e encaixando a extremidade do equipo na agulha, seguida da abertura da palheta que regula o gotejamento do soro. Limpamos o local da punção com o algodão embebido em álcool iodado, fixando a agulha com esparadrapo. No caso de utilizarmos o escalpe, antes da punção, abrimos o invólucro do mesmo, conectando a extremidade no equipo, retirando o ar do seu interior, para em seguida, segurando-o pelas asas, retirarmos o protetor da agulha e realizarmos a punção venosa, sendo certificada pela vinda de sangue no interior do escalpe, quando soltamos o garrote, abrimos a palheta controladora do gotejamento e fixamos o mesmo na pele com esparadrapo.

Para nos certificarmos de que o soro está realmente na veia, basta abaixarmos o frasco do soro, onde verificaremos que o sangue retorna da veia para o equipo. Ao término da punção, recolhemos o material utilizado, registrando no prontuário o tratamento realizado, referindo o tipo de soro, o volume, a concentração, se foi ou não acrescentado algum complemento, a etapa e o número de gotas a ser mantido.

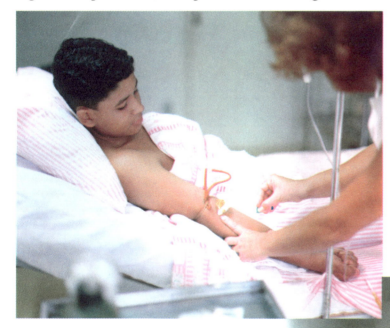

Técnica de aplicação de soros.

PARTE 3

CONTROLE DE INFECÇÕES HOSPITALARES

Esta terceira parte do livro é dedicada a todas as vítimas de infecções hospitalares, inclusive meu pai e a todos aqueles abnegados que se dedicam ao controle e à profilaxia deste mal hospitalar.

Ivan Paulino

INTRODUÇÃO

O tema Infecção Hospitalar, desde a sua abordagem inicial no Brasil, por diversos fatores, foi cercado de todo um processo de misticismo, de desinformação, seja por parte da imprensa leiga ou de dirigentes, que em diferentes níveis, tomaram decisões precipitadas, baseadas em informações errôneas sobre as verdadeiras causas das infecções hospitalares. Como conseqüência, possibilitou o aparecimento de um vasto campo para *lobby* desenvolvido por diversos fabricantes de equipamentos e produtos hospitalares, de sensacionalismo por parte da imprensa associada à falta de decisão política para o controle das infecções hospitalares, seja institucional ou governamental.

Este trabalho visa esclarecer e chamar a atenção de todos aqueles ligados ao tema, principalmente os que administram, sobre a importância do Controle e da Profilaxia das Infecções Hospitalares, os problemas a ela relacionados, sejam éticos ou legais, o envolvimento do Código de Defesa do Consumidor, o cumprimento das Portarias nos 196 e 930, do Ministério da Saúde, e os custos que as infecções hospitalares acarretam para as instituições, defendendo o ponto de vista de ações simples, dando ênfase à reciclagem de recursos humanos, transparecendo as verdadeiras causas das infecções hospitalares, deixando de lado o misticismo que nos cerca e demonstrando que para controlarmos infecções hospitalares dependemos de decisão política institucional, profissionais motivados, bem treinados e muito bom senso em nossas atitudes.

Ivan Paulino
COREN ES 7138

IMPORTÂNCIA DO CONTROLE DA INFECÇÃO HOSPITALAR

O conceito já plenamente difundido de que "o controle da infecção hospitalar é um problema de todos os funcionários do hospital, do paramédico mais humilde ao médico mais ilustre", foi introduzido pelo médico e professor Edmundo M. Ferraz e, indiscutivelmente, obteve aceitação geral. Este conceito demonstra que, no controle da infecção hospitalar, faz-se necessária uma ação conjunta, uma união de forças, uma verdadeira corrente, sendo que cada elo tem importância fundamental para o conjunto. A ruptura de um simples elo prejudica um trabalho longo e, certamente, coloca em risco a vida dos pacientes.

Cabe às comissões de controle de infecção hospitalar orientar, treinar e reciclar periodicamente estes profissionais no que tange a:
– padronização das técnicas;
– desempenho das técnicas;
– conhecimento dos riscos inerentes ao procedimentos;
– conhecimento dos riscos inerentes ao paciente;
– conhecimento dos riscos inerentes ao desempenho de suas funções;
– conhecimento dos riscos inerentes ao ambiente hospitalar;
– orientação aos pacientes e familiares;
– conscientização sobre a importância da lavagem das mãos.

De todos os itens relacionados, ressaltamos a lavagem das mãos, procedimento simples e de importância fundamental para o controle da infecção hospitalar. Alguns autores afirmam que se este procedimento fosse assimilado pelo pessoal de saúde e pela população em geral, as taxas de infecção hospitalar poderiam ser reduzidas de maneira significativa.

CONCEITOS BÁSICOS

A – Infecção
É um processo em que microrganismos, já presentes ou não no hospedeiro, invadem tecido(s) deste, e nele se multiplicam. A gravidade da infecção está na

dependência do número de germes infectantes, de sua virulência e das defesas do organismo do hospedeiro.

B – Infecção Cruzada

É aquela transmitida de paciente a paciente, geralmente através das mãos e de fômites.

C – Infecção Comunitária

É aquela que no ato da admissão foi detectada, ou está incubada, desde que não seja relacionada com internação anterior no mesmo hospital.

D – Infecção Hospitalar

É qualquer infecção adquirida durante a internação do paciente ou após a alta quando puder ser relacionada com a hospitalização. São infecções causadas pelos microrganismos provenientes da microbiota normal, ou seja, de germes que habitam o próprio corpo humano. A desarmonia na convivência germes-homem, devida à incapacidade do último, faz com que os primeiros se multipliquem e passem a invadir os tecidos, causando as infecções. A maioria das infecções hospitalares não podem ser prevenidas, haja vista que são decorrentes da própria condição do paciente, enfraquecido pela doença que motivou a internação ou pelos procedimentos diagnósticos e terapêuticos agressivos ou que provoquem baixa na resistência do organismo.

Entendemos, portanto, que as infecções hospitalares são inerentes ao ambiente hospitalar, ou seja, desde a existência do primeiro hospital, elas existem. Estas taxas de infecções hospitalares dependem das características dos hospitais, como:
– clientela (nível socioeconômico, cultural e nutricional);
– sistema de controle e de vigilância epidemiológica;
– tipo de hospital.

As unidades de internação apresentam riscos diferentes de infecção hospitalar, que variam de acordo com a maior ou menor gravidade dos pacientes internados, número de procedimentos diagnóstico-terapêuticos a que são submetidos e do sistema de defesa de cada um.

São consideradas unidades de maior risco devido às suas características:
– Centro Cirúrgico;
– Centro Obstétrico;
– Unidade de Tratamento Intensivo;
– Unidade de Queimados;
– Berçário de alto risco;
– Sala de hemodiálise e diálise peritonial;
– Isolamento.

DESMISTIFICANDO AS INFECÇÕES HOSPITALARES

Ao estudarmos o tema infecções hospitalares com a leitura de diversos trabalhos, observamos que existem atualmente duas correntes divergentes. A primeira delas é baseada na alta tecnologia, defendendo o ponto de vista que, para haver um controle de infecções hospitalares, dependemos de modernas e sofisticadas instalações e aparelhagens hospitalares. A segunda corrente, que defendemos, junto a demais autores nacionais e internacionais, é baseada na simplicidade, onde preferimos o investimento em recursos humanos e principalmente na motivação de todos os profissionais que trabalham no hospital, procurando desta forma, pela motivação constante e atualização de conhecimentos, propiciarmos uma situação tal, condizente à existência de um determinado número de casos dentro do nível endêmico institucional. Nos baseamos no princípio da água, sabão e muito bom senso.

A definição de infecção hospitalar pela Portaria nº 196, do Ministério da Saúde, de 24 de junho de 1983, nos informa que: infecção hospitalar propriamente dita, institucional ou nosocomial, é qualquer infecção adquirida após a internação do paciente, que se manifesta durante a internação ou mesmo após a alta, quando puder ser relacionada com a hospitalização.

Essa definição é abrangente e, ao nosso ver, deixa-nos com algumas dúvidas, principalmente quanto à origem das mesmas.

No livro "Controle de Infecções Hospitalares" dos Drs. Uriel Zanom e Jaime Neves, a definição de infecções hospitalares aparece da seguinte forma: *"São infecções causadas pela microbiota normal, sendo uma complicação natural de uma doença grave devido à incapacidade do hospedeiro continuar a conviver harmonicamente com a microbiota normal que habita a pele e membranas mucosas que revestem o seu organismo, a maioria é inevitável, exceto aquelas decorrentes da inoculação acidental de microrganismos nos tecidos estéreis do paciente durante procedimentos invasivos. Sua prevenção depende muito mais de suporte aos mecanismos antiinfeccionais locais e sistêmicos, do que das medidas tradicionalmente utilizadas para evitar a contaminação externa. Exige, portanto, um maior conhecimento de medicina e enfermagem".*

Ao nosso ver esta segunda definição é mais completa, brilhante, abordando de modo coerente a verdadeira origem da infecção hospitalar. Nosso maior problema na abordagem desse tema é que comumente a infecção hospitalar é confundida com os conceitos de doenças infecto-contagiosas comunitárias. Devemos entender que o estudo é diferenciado e as causas também.

Segundo Zanom, na diferenciação das infecções comunitárias com relação às hospitalares, devemos lembrar que as infecções comunitárias são causadas por patógenos primários, capazes de infectar hospedeiros sadios, são específicas, isto é, para cada infecção temos um determinado agente, são geralmente exógenas e transmissíveis. As infecções comunitárias são controladas para eliminação do agente, pelo uso de antimicrobianos e em muitos casos pela vacinação.

As infecções hospitalares são causadas em sua maioria pela microbiota normal humana, sendo inespecíficas, isto é, as infecções podem ser causadas por diversos microrganismos, ocorrem como complicação de outra doença, após traumatismos ou procedimentos invasivos e imunossupressivos. Não são transmissíveis e são controladas pelo restabelecimento da resistência antiinfecciosa do hospedeiro.

Existem fatores de risco relacionados às infecções hospitalares, dentre estes, distinguimos os fatores relacionados aos pacientes, como a idade, as condições de nutrição, o estresse, o grau de imunidade, a patologia básica e outros mais; os fatores relacionados aos procedimentos diagnósticos e terapêuticos que quebram nossas barreiras protetoras naturais e fatores inerentes ao ambiente hospitalar.

Damos ênfase ao fatores relacionados à agressão diagnóstica e terapêutica, que são necessários, mas que devem ser usados com restrição, cautela e seguindo rotinas preestabelecidas e que possam ser reavaliadas na iminência de surtos de infecções hospitalares. Neste sentido, preconizamos o controle de procedimentos endoscópicos, sondagens, entubações, punções e drenagens de cavidades, biópsias, cateterismos de trajetos fistulosos, cateterismos vasculares e procedimentos cirúrgicos complementares como traqueostomias, shunt AV e flebotomias.

Os conhecimentos adquiridos sobre as infecções hospitalares na última década nos mostram que o risco de contrairmos estas infecções varia com a doença básica e com operações e procedimentos realizados; que quase todas as infecções hospitalares são ocasionadas pela microbiota normal humana; que o risco de contrairmos infecções hospitalares não depende do ambiente hospitalar, que o controle depende da vigilância epidemiológica sobre a causa básica, as operações e os procedimentos invasivos; e que apenas 30% podem ser evitadas.

VIGILÂNCIA EPIDEMIOLÓGICA

Na área de saúde, significa o estudo sistemático da ocorrência de uma doença em uma dada população e dos fatores que possam aumentar ou diminuir a freqüência da mesma.

A implantação de um sistema de vigilância epidemiológica constitui a primeira medida efetiva para estabelecer um programa de controle de infecções hospitalares.

Atividade de vigilância:
— Coleta de dados;
— Análise dos dados;
— Determinação dos indicadores epidemiológicos;
— Divulgação dos dados.

Etiopatogenia das infecções hospitalares
As causas que deprimem a resistência do paciente hospitalizado, predispondo-o a adquirir infecções são as seguintes:
(a) Inerentes ao próprio paciente;
   — Idade (recém-nascidos e idosos são mais susceptíveis);
   — Patologia básica (diabetes, desnutrição, neoplasias etc.);

(b) Inerentes à agressão diagnóstica e terapêutica;
 – Punções arteriais, venosas, raquianas, venóclises;
 – Dissecção venosa e nutrição parenteral;
 – Cateterismo vesical;
 – Próteses vasculares, cardíacas, ortopédicas etc;
 – Cirurgias de grande porte e longa duração;
 – Diálise peritoneal;
 – Laparoscopia;
 – Medicamentos que alteram a microbiota normal da pele e mucosas (antimicrobianos);
 – Medicamentos que interferem diretamente nos mecanismos de defesa (corticosteróides, citostáticos e imunossupressores);
 – Procedimentos respiratórios, anestesias etc.;
 – Traqueostomias;
(c) Inerentes ao ambiente hospitalar;
 Bactérias exitentes.

A LAVAGEM DAS MÃOS E O CONTROLE DAS INFECÇÕES HOSPITALARES

Segundo o Manual Técnico publicado pelo Ministério da Saúde sobre a lavagem das mãos, há 140 anos, em 15 de maio de 1874, um médico húngaro Ignaz Semmelweis, com o simples ato de lavar as mãos com solução clorada antes de entrar em contato direto com os pacientes, demonstrou a importância desta medida na profilaxia da infecção hospitalar, já que a mesma proporcionou diminuição sensível dos casos de febre puerperal.

Na época este procedimento não foi bem aceito, nem entendido, o que é até plausível, haja vista que mesmo hoje, ainda necessitamos, apesar da vasta bibliografia pertinente, mostrar a importância e a correlação dessa medida na prevenção da infecção hospitalar.

A pele é o manto de revestimento do organismo, indispensável à vida, já que isola componentes orgânicos do meio exterior, impede a ação de agentes externos de qualquer natureza, evita perda de água e eletrólitos do meio interno, dá proteção imunológica, faz termo-regulação, propicia a percepção e tem função secretória.

A superfície da pele apresenta sulcos e saliências e, dependendo do segmento corpóreo, variações e pregas, orifícios pilossebáceos e sudoríparos. A secreção sebácea produzida é importante para a manutenção eutrófica da própria pele, particularmente da camada córnea, pois evita a perda de água. O *sebum* tem propriedades antimicrobianas e contém substâncias precursoras de vitamina D.

Do ponto de vista microbiano, temos duas populações: a *residente* e a *transitória*, sendo esta classificação apenas de caráter didático. A flora residente é composta pelos microrganismos que vivem e se multiplicam na pele, podendo ser viáveis por longo período. Esses microrganismos diferem tanto qualitativa quanto quantitativamente, dependendo do local de alojamento no corpo e da população envolvida. As bactérias dessa flora não são facilmente removidas por escovação, entretanto, podem ser inativadas por antissépticos. As bactérias mais comumente encontradas são as *gram positivas*. Nas mãos, essas e outras bactérias localizam-se em torno e sob as unhas. A maioria dos microrganismos da flora residente são encontrados nas camadas superficiais da pele, porém um percentual de 10 a 20% localiza-se nas fendas das mãos ou no interior dos folículos pilosos, onde os lipídios e o epitélio superficial estratificado podem dificultar sua remoção.

A população microbiota residente é de baixa virulência e raramente causa infecção, contudo podem ocasionar infecções sistêmicas em pacientes imuno-deprimidos e após procedimentos invasivos.

A população microbiana transitória, como o nome sugere, é passageira e os microrganismos que a compoem são viáveis por apenas um curto período. Essas bactérias são mais fáceis de serem removidas, pois se encontram na superfície da pele, junto à gordura e sujidades.

A população transitória das mãos é composta pelos microrganismos mais freqüentemente responsáveis pelas infecções hospitalares: as bactérias *gram negativas* e os *estafilococos*, o que bem demonstra a importância das mãos como veículo de transmissão. Embora na pele das mãos existam bactérias com variados graus de patogenicidade, em situação normal elas não causam infecção por haver barreira fisiológica protetora. Entretanto, na ocorrência de solução de continuidade da pele, ou nos casos de pacientes imunodeprimidos, poderá haver a instalação de um processo infeccioso. Esse fato, por si só, destaca a importância da lavagem das mãos na remoção das bactérias e prevenção da infecção hospitalar. Nosso problema portanto, vem a ser infecções cruzadas veiculadas por nossas mãos que durante o nosso dia-a-dia de trabalho, levam bactérias de um paciente para outro, através dos cuidados de assistência que normalmente desenvolvemos.

Já há algum tempo, a Organização Mundial de Saúde preconizava a lavagem das mãos como sendo um dos melhores métodos de proteção antiinfecciosa. Nosso desafio, portanto, é manter nossas mãos limpas, antes e após procedimento invasivo, antes e depois de contatos com ferimentos, antes e depois de contatos com os pacientes, após o contato com secreções ou com artigos sujos de secreções de pacientes. A literatura revela que cerca de 50% dos profissionais de saúde não lavam suas mãos antes da execução de um procedimento invasivo, apesar do esforço feito para conscientizá-los dessa necessidade. Isto talvez decorra da irrealidade das técnicas propostas para uma ação tão simples que é a lavagem das mãos, dificultando a sua execução. É importante que não falte o sabão e que use o papel toalha após a lavagem para a secagem das mãos.

FATORES LIGADOS A ÁREAS E ARTIGOS HOSPITALARES E SEUS RISCOS POTENCIAIS DE TRANSMISSÃO

Classificamos esses artigos e áreas em três categorias:

Artigos Críticos

São aqueles que penetram nos tecidos subepiteliais, no sistema vascular e em outros órgãos isentos de microbiota própria.

Exemplos:
- Instrumentos de corte ou de ponta;
- Pinças;
- Afastadores;
- Próteses;
- Fios;
- Catéteres venosos;
- Drenos;
- Soluções injetáveis;
- Roupas utilizadas nos atos cirúrgicos.

Artigos Semicríticos

São aqueles que entram apenas em contato com a mucosa íntegra.

Exemplos:
- Equipamentos de anestesia gasosa e de assistência ventilatória;
- Catéteres vesicais, traquéias e sondas nasogástricas;
- Endoscópios em geral;
- Medicamentos orais e inaláveis;
- Pratos, talheres e alimentos.

Artigos Não Críticos

São todos os que entram em contato apenas com a pele íntegra e ainda os que não entram em contato direto com o paciente.

Exemplos:
- Termômetros;
- Mesas de aparelhos de Raio X;
- Incubadoras;
- Microscópicos cirúrgicos;
- Telefones;
- Mobiliário de um modo geral;
- Artigos de higiene do paciente.

Áreas Críticas

Apresentam maior risco de infecção em duas apresentações:

a) Devido à depressão da residência antiinfecciosa do paciente e à invasão de tecidos.

Exemplos:
– Salas de cirurgia;
– Salas de parto;
– Salas de recuperação pós-anestésica;
– Quarto de isolamento protetor;
– Unidade de Tratamento Intensivo;
– Unidade de queimados;
– Berçário de alto risco;
– Sala de hemodiálise.

b) Devido ao risco aumentado de transmissão de infecções.

Exemplos:
– Quarto de isolamento de doenças infecto-contagiosas;
– Laboratórios de anatomia patológica e análises clínicas;
– Banco de sangue;
– Sala de necropsia;
– Cozinha e lactário;
– Lavanderia de hospitais de doenças transmissíveis.

Áreas Semicríticas

São todas as áreas ocupadas por pacientes de doenças não-infecciosas e doenças infecciosas de baixa transmissibilidade.

Áreas Não Críticas

São todas as áreas hospitalares não ocupadas por pacientes.
Exemplo: áreas de administração.

NOÇÕES SOBRE ISOLAMENTO

CONSIDERAÇÕES GERAIS

O Ministério da Saúde não tem recomendado a construção de unidades específicas de isolamento. Recomenda-se que todas as unidades tenham disponibilidade física para isolamento na proporção de *um quarto de isolamento para cada 40 leitos*.

Este local de isolamento deverá ser instalado na própria unidade de internação, uma vez que facilita a operacionalização das atividades relativas ao atendimento dos pacientes em termos de economia do pessoal, de tempo e de material.

Por norma, o local de isolamento deverá estar situado em áreas restritas protegidas do tráfego de pessoas estranhas ao serviço ou leigos e ser dotado de barreira contra a contaminação.

Funções da Equipe Hospitalar:
– Preparo psicológico do paciente;
– Terapia ocupacional do paciente;
– Orientação aos familiares e visitas;
– Comportamento adequado da equipe de enfermagem.

Finalidade do Isolamento:
– Limitar a disseminação de um patógeno transmissível;
– Separar as pessoas infectadas e seus patógenos;
– Garantir a segurança dos pacientes e dos membros da equipe de saúde.

Vias de Transmissão:
– Por contato direto;
– Por contato indireto (fômites);
– Por via aérea;
– Por ambas as vias.

Medidas de Proteção ou Barreiras:
– Lavagem das mãos;

- Máscaras;
- Avental;
- Uso de luvas;
- Objetos e instrumentos;
- Roupas de cama e do paciente;
- Mobiliário e equipamentos;
- Visitas;
- Desinfecção concorrente;
- Desinfecção terminal.

Tipos de Isolamento e Precauções

Isolamento Total ou Restrito

Destina-se a pacientes cuja infecção tem como fonte de maior risco de transmissibilidade, os contatos direto e indireto (vários mecanismos de transmissão).

Exemplo: Difteria.

Isolamento Respiratório

Evitar a transmissão de microrganismos que se difundem através do ar contaminado, do contato direto de objetos recém-contaminados por secreções eliminadas pelas vias aéreas superiores, gotículas liberadas pela tosse, escarro e espirros.

Exemplo: Meningite meningocócica, sarampo, rubéola, tuberculose pulmonar com escarro positivo.

Isolamento Reverso ou Protetor

Destina-se a evitar o contato com microrganismo potencialmente patogênico, usado também para pacientes cuja resistência à infecção esteja comprometida.

Exemplo: Leucemia, grandes queimados cujas lesões não estejam contaminadas, pós-operatório de cirurgia cardíaca, transplantados.

Precauções Entéricas

Destina-se a prevenir a transmissão de doenças por contato direto ou indireto com fezes infectadas.

Exemplo: Cólera, hepatite infecciosa, febre tifóide.

Precauções com Pele e Urina

Destina-se a prevenir infecções cruzadas nos pacientes e no pessoal, pelo contato direto com feridas ou objetos contaminados.

Exemplo: Gangrena gasosa, impetigo, queimaduras infectadas.

Precauções com Sangue

Destina-se a prevenir nos pacientes e no pessoal de serviço, infecções causadas por contato com sangue ou artigos contaminados.

Exemplo: Hepatite B, malária, AIDS.

O ASPECTO LEGAL DO CONTROLE DE INFECÇÕES HOSPITALARES

O Controle e a Profilaxia das Infecções Hospitalares foi preconizado desde 24 de junho de 1983, através da Portaria nº 196, do Ministério da Saúde, ratificada pela Portaria nº 930/92. Estas portarias após uma série de considerações expedem uma série de instruções, na forma de anexos, para as ações de controle e de prevenção. Diz ainda que a ocorrência de casos de infecção hospitalar decorrente do uso inadequado de procedimentos diagnósticos e terapêuticos, em descumprimento das normas ora estabelecidas, ensejarão as medidas previstas no Artigo 5º do Decreto nº 77.052, de 19 de janeiro de 1976, que dispõe sobre a fiscalização sanitária das condições de exercícios de profissões e ocupações técnicas e auxiliares, relacionadas diretamente com a saúde, onde nos informamos de que cabe às Secretarias Estaduais de Saúde a vigilância concernente ao cumprimento da portarias e que constatada a infração, caberá a estes órgãos lavrar o "Auto de Infração", dando ao indiciado cerca de 10 dias para defesa, e *interditando o local,* como medida cautelar, instaurar o processo administrativo, aplicando as penalidades cabíveis na Lei nº 6.437, de 20 de agosto de 1977, que variam de acordo com a infração cometida, indo desde advertência e multa até a interdição ou cancelamento do alvará de licenciamento do estabelecimento.

Caberá ainda às Secretarias Estaduais de Saúde comunicar às respectivas autarquias profissionais a ocorrência de fatos que configurem trangressões de natureza ética ou disciplinar da alçada das mesmas e comunicar imediatamente à autoridade policial competente, para a instalação de inquérito.

No âmbito de órgãos públicos ou entidades instituídas pelo Poder Público, incumbem aos seus dirigentes a verificação das condições do exercício das profissões e ocupações técnicas e auxiliares diretamente relacionadas à Saúde, respondendo administrativamente, na forma de legislações a que estejam submetidos, pelas ações ou infrações resultantes de desempenho dessas atribuições. Aliado à legislação citada, atualmente, ainda dispomos do Código de Defesa do Consumidor que dá direito a qualquer cidadão que se sentir lesado em decorrência de uma internação hospitalar, a procurar o Procom para uma ação contra o hospital, cabendo à instituição o ônus de causa, Lei nº 8.078, de 11 de março de 1991.

No caso específico do estado do Espírito Santo existe também uma Lei Estadual regulamentando o Controle de Infecções Hospitalares.

Não obstante todo o embasamento legal disponível, ainda são poucos os processos contra hospitais em decorrência de casos de infecções hospitalares no Brasil, mas alertamos aos administradores que cada vez mais a população está sendo orientada sobre seus direitos e o simples fato da não existência da Comissão de Controle de Infecção Hospitalar ou de um Serviço de Controle de Infecção Hospitalar é o bastante para a perda de uma causa, ficando o hospital sujeito a despesas decorrentes do fato e aos danos contra o *marketing* da instituição proporcionado pela imprensa, que geralmente é sensacionalista, tendo em decorrência a diminuição da procura de leitos nesta instituição. Com a iminência da privatização da saúde e a entrada de seguradoras neste processo, acreditamos que as ações contra os hospitais se multiplicarão a partir deste momento.

Esclarecemos que o trabalho das Comissões de Controle de Infecções Hospitalares (CCIH) ou dos Serviços de Controle de Infecções Hospitalares (SCIH) constitui uma obrigação legal institucional, de baixo custo, de retorno financeiro imediato proporcionando redução de despesas com a diminuição de casos de infecções hospitalares, redução do consumo de antimicrobianos e garantindo o padrão de assistência aos clientes.

Segundo ROCHA, com relação à questão *"infecção hospitalar x impunidade"*, a preocupação com a criação de mecanismos jurídicos para o controle da infecção hospitalar é muito recente. No Brasil, somente a partir da edição da Portaria nº 196, do Ministério da Saúde, em 24/06/83, é que se institucionalizou o controle da infecção hospitalar. Embora a portaria tenha a força de lei, sendo portanto obrigatório o seu cumprimento, raros foram os hospitais que se dedicaram seriamente ao controle de seus índices de infecção hospitalar.

O descumprimento da portaria é flagrante. Há dirigentes hospitalares que simplesmente desconhecem a legislação, outros afirmam com veemência que o índice de infecção em seu hospital é igual a zero, o que demonstra não só o desconhecimento da obrigatoriedade do cumprimento da Lei, mas do próprio conceito da infecção hospitalar.

Enfrenta-se o controle da infecção como um problema quando, na verdade, o problema é a infecção e o controle e solução.

Os estudos existentes demonstram que é possível promover extraordinária racionalização nos custos dos hospitais quando se tem um bom controle, ao passo que o controle inadequado ou sua inexistência elevam sobremaneira os mesmos custos, além do risco, sempre presente, dos processos judiciais e da desmoralização pública da instituição e seus profissionais com a divulgação do caso através dos meios de comunicação.

Cabe à Vigilância Sanitária, a fiscalização não só da existência de CCIH no hospital, mas do seu efetivo funcionamento e métodos empregados.

Os hospitais deveriam notificar os casos de infecção hospitalar.

Outras situações bem conhecidas nos hospitais são as relacionadas ao corporativismo, que impede que um profissional denuncie o outro, e a do profissional que resolve trabalhar com firmeza e seriedade no controle de infecção e é tido como um inconveniente pelos colegas, um abnegado que, isolado, e sem apoio, via de regra, vê seu trabalho cair no vazio.

O problema do controle da infecção hospitalar não poderá ser resolvido sem a definição de uma política que envolva investimentos na capacitação de pessoal, modernização dos métodos de controle, rigor do Poder Público na fiscalização das instituições e conscientização do consumidor dos seus direitos. ROCHA diz que embora o Código do Consumidor tenha estabelecido que a responsabilidade pessoal dos profissionais liberais (médicos, advogados etc.) somente poderá ser apurada mediante a verificação de culpa, os estabelecimentos que prestam os serviços de saúde, devem responder pelos danos causados aos seus pacientes/consumidores, independentemente da existência de culpa.

Esse é o entendimento que, lentamente, vem se firmando na doutrina jurídica. O artigo 14 do Código do Consumidor, dispõe: "O fornecedor de serviços responde, independente da existência de culpa, pela reparação dos danos causados aos consumidores por defeitos relativos à prestação de serviços, bem como por informações insuficientes ou inadequadas sobre os riscos".

No parágrafo primeiro define que: "O serviço é defeituoso quando não fornece a segurança que o consumidor dele pode esperar, levando-se em consideração as circunstâncias relevantes, entre as quais: I – o modo de fornecimento; II – o resultado e os riscos que razoavelmente dele se esperam; III – a época em que foi fornecido". Já o parágrafo segundo executa que: "O serviço não é considerado defeituoso pela adoção de novas técnicas". Como se vê, a regra tem estreita relação com a infecção hospitalar.

No ato da internação é de grande importância que se informe ao paciente ou a seus familiares de todos os riscos que se podem esperar do tratamento a que será submetido e, fundamentalmente, o hospital deve estar aparelhado e dando cumprimento a todas as normas relativas ao controle da infecção hospitalar, sob pena de se caracterizar o que o Código do Consumidor chama de "Serviço defeituoso".

O hospital, então, só poderá eximir-se da responsabilidade de indenizar os danos sofridos pelo paciente nas hipóteses de inexistência de defeito no serviço ou culpa exclusiva do próprio consumidor e de terceiros.

Essa tendência de se colocar os hospitais sob as regras do Código do Consumidor, carrega com ela uma nova realidade na qual se inverte o ônus da prova e torna a responsabilidade do hospital objetiva. Caso os tribunais brasileiros venham a adotar tal entendimento, restará muito pouco espaço para aqueles que não dão a necessária importância ao controle da infecção hospitalar.

O Poder Judiciário, por seu turno, quando provocado, deve punir com rigor os que negligenciam o seu dever, para demonstrar que vale a pena a ele recorrer, valorizando o papel daqueles que enfrentam o problema com seriedade.

CUSTOS DAS INFECÇÕES HOSPITALARES

Segundo o trabalho publicado por MIRANDA e GONÇALVES em que pese o grave problema que representam as infecções hospitalares no Brasil e a necessidade da contenção do custo inerente às internações hospitalares, considerando-se também a não menos grave situação financeira que as instituições hospitalares atravessam, os estudos sistemáticos visando à avaliação real dos custos diretos dos pacientes vítimas de infecções hospitalares, deixam a desejar, pois carecem de uma metodologia apropriada e real no levantamento destes custos.

Nesta abordagem é evidente que o fator humanístico deve prevalecer sobre o econômico, contudo faz-se necessário uma reflexão profunda de quanto realmente custam as infecções hospitalares, dimencionando a questão, com vistas a propor soluções.

Quando afirmamos que a profilaxia e o controle das infecções hospitalares refletem a qualidade da assistência médico-hospitalar prestada, o fazemos baseado no ponto de vista médico e administrativo. O primeiro no sentido de oferecer maior segurança aos pacientes internados e o segundo representado pela economia gerada pela baixa incidência das infecções hospitalares, que, como sabemos, é importante e sem a qual torna-se inviável a aquisição de materiais médico-hospitalares que possibilitam a elevação do padrão de atendimento da instituição.

Em 1970, SWARTZ considerou o custo das infecções como diretos, indiretos e intangíveis. Os indiretos representam a inatividade dos pacientes infectados; os intangíveis, impossíveis de se avaliar economicamente, são os atribuídos aos distúrbios provocados pela dor e pelo sofrimento em geral.

Para o cálculo real dos custos diretos é fundamental a análise criteriosa dos prontuários médicos e da evolução dos pacientes. Faz-se necessário, com muito bom senso, separar os custos relacionados diretamente com as infecções hospitalares, dos custos que normalmente os pacientes apresentam motivados pela moléstia básica. Vale mencionar que os cálculos devem ser realizados após o dia do diagnóstico das infecções hospitalares. A tarefa de identificar os procedimentos diagnósticos e terapêuticos, medicamentos e materiais médico-hospitalares diretamente ligados ao manuseio dos pacientes infectados é difícil e exige perspicácia do auditor.

Segundo MIRANDA e GONÇALVES foram estudados de modo retrospectivo, cerca de 100 prontuários médicos, escolhidos aleatoriamente nas clínicas médica e cirúrgica, que foram distribuídos em dois grupos. O primeiro grupo com cinqüenta prontuários de pacientes *sem infecção hospitalar* apresentaram o custo médio de *151 doláres*, enquanto que o segundo grupo, com cinqüenta prontuários de pacientes *com infecção hospitalar* apresentaram o custo médio de *680 doláres*.

É notório e indiscutível que comparativamente o grupo de pacientes infectados, em especial os vitimados pelas infecções hospitalares, apresentaram um custo bem mais elevado do que o grupo dos pacientes não infectados. O item avaliado que mais colaborou para a elevação dos gastos foi o dos procedimentos diagnósticos e terapêuticos e dentre estes as reoperações, a assistência respiratória e o tratamento hemodialítico foram os que mais pesaram. As infecções respiratórias e as intraperitoneais, pela necessidade de tratamento intensivo que demandam, neste estudo, foram as que mais elevaram o custo total. Chamou-nos ainda a atenção o fato de que as infecções comunitárias, especialmente as intraperitoneais e as respiratórias são também grandes responsáveis pela elevação do custo das internações hospitalares, sendo que nestes casos, as ações de profilaxia da doença básica não cabem aos hospitais. Vale mencionar que este grupo de pacientes apresenta uma elevada predisposição para adquirirem infecções hospitalares, pelo fato de necessitarem de um maior número de procedimentos invasivos e pela própria condição da doença infecciosa que motivou a internação. A associação destes dois tipos de infecções, dificulta sobremaneira o manuseio dos pacientes e eleva consideravelmente o custo das internações.

Baseados neste estudo e no valor encontrado, US$ 680,00 para cada paciente que adquire infecção hospitalar, extrapolado para o ano de 1988, onde na Santa Casa de Misericórdia de Cachoeiro do Itapemirim, ES, tiveram um total de internações de 11.272 pacientes, com uma incidência de pacientes com infecção hospitalar de 3,0% acometendo cerca de 344 pacientes, encontraremos o gasto de US$ 234.264,00 com a infecção hospitalar.

Sabemos que, segundo o estudo SENIC nos E.U.A., somente conseguimos reduzir as infecções hospitalares em cerca de 30%, pois na sua maioria são inevitáveis, porque são complicações da doença básica, mas se nossa CCIH da SCMCI a um custo mensal de 2.000 dólares, reduzir cerca de 30% de infecções hospitalares, corresponderia no ano estudado cerca de menos 103 casos de infecções hospitalares, que representariam uma economia de gastos no valor de 70.143 dólares no ano de 1988, que descontado o valor de 24.000 dólares do custo da CCIH, traria um lucro líquido de 46.143 dólares.

Lembramos que hospitais com características diferentes não devem ter seus custos comparados, mas sugerimos que os administradores hospitalares repitam este trabalho em suas instituições, verificando sua própria realidade e o lucro advindo das ações de controle e profilaxia desenvolvidas pela CCIH ou pelo SCIH. Os estudos baseados apenas na longa permanência dos pacientes com infecções hospitalares subestimam em muito o custo real das infecções hospitalares. Inexiste no Brasil, onde os recursos são escassos, estudos prospectivos sobre o custo real destas infecções. Esta questão para o Ministério da Saúde, que tanto enfatiza o bom gerenciamento hospitalar, torna-se extremamente preocupante e, ao nosso ver, caberia à Coordenadoria Nacional de Controle de Infecções Hospitalares do Ministério da Saúde, coordenar um estudo multicêntrico sobre o custo real no Brasil, pois a contenção racional do custo das internações está intimamente relacionado ao controle das infecções hospitalares. Esforços devem ser desenvolvidos no sentido de divulgação de mais estudos sobre o custo real das infecções hopitalares porque os administradores necessitam de mais dados sobre os elevados custos de infecções hospitalares e deste modo investirão cada vez mais no controle dessas infecções, de modo criterioso e racional, investindo realmente nas causas do problema e não na compra irracional e consumo absurdo de desinfetantes para aplicação em pisos e superfícies dos nossos hospitais.

HIGIENIZAÇÃO HOSPITALAR

Baseado nos trabalhos de DACHNER e ZANOM e ainda em nossa vivência pessoal, trabalhando há 14 anos com o controle de infecções hospitalares, afirmamos que, embora existam na literatura médica vários trabalhos que advogam a insalubridade dos hospitais e a inerência das infecções hospitalares, convidamos aos leitores a refletir sobre a experiência adquirida nos últimos 10 anos de controle de infecções hospitalares, diferenciando o que é ou não coerente em nossa conduta diária, baseando-nos em nossa prática profissional e na vigilância epidemiológica da ocorrência de infecções hospitalares, tendo a devida coragem para afastar ações que nada nos beneficiam e oneram de modo significativo os custos de manutenção dos hospitais.

Segundo ZANOM, tradicionalmente, os hospitais são considerados ambientes insalubres por vocação. Esta tradição remonta à Idade Média, porque a reunião indiscriminada de doentes no hospital medieval facilitava a transmissão de doenças infecto-contagiosas e epidêmicas. Com o desenvolvimento socioeconômico desencadeado com a revolução industrial, o cenário epidemiológico atual é totalmente diferente.

Sabemos, por inúmeros trabalhos, que a maioria das doenças infecciosas hospitalares são causadas pela microbiota normal humana e que não se transmitem diretamente pessoa a pessoa, que somente podemos reduzi-las em 30% na sua ocorrência, visto que dependem dos mecanismos que tornaram o paciente suscetível a contrair infecções pelos microrganismos que normalmente habitam o seu corpo.

Segundo FERRAZ, comparando dois hospitais, um novo e um velho, verificou-se que com o tempo de utilização a microbiota hospitalar era idêntica nos dois hospitais, demonstrando que são os pacientes que contaminam o hospital e não o contrário.

Os hospitais não apresentam riscos de contágio maiores que os da comunidade em geral e, no dizer de ZANOM, o conceito de *insalubridade* deve ser reavaliado.

Segundo MAQUI, microrganismos encontrados no ambiente hospitalar (pisos, paredes e mobiliários) devem ser negligenciados como causas ou fontes de infecções, pois são estes germes que habitam o nosso corpo. Diante desta colocação, não se justifica o emprego de desinfetantes (fenóis sintéticos) em pisos, paredes e mobiliários de um hospital geral, com a finalidade de diminuirmos a incidência de infecções hospitalares pela diminuição do número de germes. Podemos dizer que a planta física não afeta as taxas de infecções hospitalares, não tendo comprovação epidemiológica a afirmação de que num corredor onde se cruzam um carro com roupas sujas e um carro de curativos haveria ali uma contaminação. Deve haver uma planta física adequada e que facilite o fluxo de pessoas, macas e cargas diversas, mas a questão da contaminação é colocada de modo exagerado e sem fundamentação epidemiológica.

Repetimos que o importante não é o local onde o paciente se encontra, mas os mecanismos que o tornam suscetível à microbiota que habita o seu corpo.

Segundo ZANOM, não existe comprovação de que o ar seja fonte infecciosa importante, embora existam sistemas de ventilação sofisticados e com grande capacidade de redução do número de microrganismos no ar, não há relação entre este fato e a diminuição de supurações em incisões cirúrgicas limpas, pois sabemos que os microrganismos responsáveis pela supuração são provenientes da pele do paciente, de falhas na esterilização do instrumental e de falhas técnicas diversas.

Consideramos a limpeza hospitalar necessária e salutar, pois retira sujidades, melhora o aspecto do ambiente hospitalar e é um estímulo psicológico importante para pacientes e os profissionais que os atendem, pois nos forçam a melhores técnicas e asseio pessoal.

Desconsideramos a desinfecção ambiental como importante, com a única exceção da unidade de isolamento, onde existe a presença de patógenos primários, justificando a técnica da desinfecção com o emprego de fenóis sintéticos.

Como rotina de limpeza hospitalar preconizamos a aspiração do pó e a lavagem sistemática de superfícies e mobiliários com água e sabão, seguida do enxágüe e secagem por evaporação. Nos banheiros recomendamos a limpeza geral e a desinfecção de vasos sanitários, papagaios e comadres utilizados por pacientes.

Temos a necessidade de reavaliarmos nossas rotinas de limpeza e desinfecção com cautela, de acordo com os novos conhecimentos adquiridos e sobretudo com o acompanhamento epidemiológico de nossas Comissões ou Serviços de Controle de Infecções

Hospitalares, valorizando mais nossos dados e nossa vivência do que a propaganda indiscriminada.

CONCEITOS BÁSICOS NECESSÁRIOS PARA QUEM UTILIZA OS GERMICIDAS HOSPITALARES

Desinfecção

É o processo de destruição de agentes infecciosos em forma vegetativa existente em superfícies inertes, mediante aplicação de meios físicos e químicos.

Os meios químicos compreendem os germicidas e os físicos, o calor em várias formas, como, por exemplo: água em ebulição e flambagem.

As operações de desinfecção consistem em:

Fervura: processo físico que aplica a água em ebulição a 95 graus Celsius, durante trinta minutos em determinados artigos não sensíveis ao calor úmido, como, por exemplo: roupas usadas por pacientes infectados.

Desinfecção a frio: processo de desinfecção química que consiste em imersão em soluções adequadas, em geral durante 10 a 30 minutos. Ex.: instrumentos cirúrgicos após cirurgias infectadas, alguns endoscópios e outros artigos semicríticos.

Segundo o momento em que se faz e a finalidade da desinfecção, esta é denominada concorrente ou terminal.

Desinfecção concorrente é a que se faz imediatamente após a expulsão de matérias infecciosas do corpo do indivíduo infectado ou logo depois de se terem com elas contaminado, objetos de uso e superfícies antes que qualquer pessoa entre em contato com tais materiais ou objetos. É feita diariamente.

Desinfecção terminal é a desinfecção completa da unidade do paciente e que se faz após sua alta ou morte, transferência, cura ou ter cessado de constituir fonte de infecção ou por ter sido suspenso o isolamento. A desinfecção terminal é indicada após a alta de qualquer paciente por qualquer motivo.

Desinfetante é a solução usada para limpeza, desinfecção e desodorização das superfícies fixas de áreas críticas e semicríticas e de equipamentos de grande porte.

As soluções recomendadas atualmente pelo Ministério da Saúde são Solução aquosa de Hipoclorito de Sódio a 1% (10.000 ppm) de fabricação hospitalar e com controle de cloro ativo; Solução de Fenol Sintético a 3%.

Os desinfetantes que contêm sabão em sua fórmula, podem ser usados para limpeza e desinfecção de áreas e artigos sujos com matéria orgânica. Os demais devem ser empregados apenas como desinfetantes, exigindo limpeza e enxágüe prévios.

Os desinfetantes se inativam em presença de matéria orgânica.

Sanificação é o processo de higienização de superfícies, artigos e utensílios, em áreas de estocagem, preparações e consumo de alimentos e que consiste na limpeza, desinfecção e desodorização simultâneas. O processo se caracteriza pela utilização de princípios ativos (saneantes) de baixa toxidade oral e inocuidade à pele.

Saneante é a solução de baixa toxidade oral, ativa para agentes de infecção veiculados por alimentos.

O saneamento usado atualmente é o hipoclorito de sódio a 1% (1% de cloro ativo) equivalente a 10.000 ppm. Pode ser usado para desinfecção de superfícies fixas não metálicas de cozinhas e lactários. O hipoclorito de sódio inativa o vírus da SIDA e da Hepatite B. Os artigos colocados nesta solução devem estar previamente limpos e secos. Podemos também usar os Quaternários de Amônia, encontrados no comércio.

Esterilização é o processo de destruição de todas as formas de vida microbiana mediante aplicação de agentes físicos ou químicos.

Esterilizante químico é a solução para a esterilização de artigos críticos ou semi-críticos que não podem ser esterilizados em autoclave ou estufa (120 graus Celsius por 20 minutos, 160 graus Celsius por 1 hora, respectivamente).

A solução esterilizante recomendada atualmente é o Glutaraldeído a 2%.

Glutaraldeído: essa solução é bactericida, fungicida e viruscida em 30 min. e esporicida em 10 horas. Não age em presença de matéria orgânica e deve ser usada pura, sem diluição. Portanto, o material deve ser imerso na solução somente após ter sido escrupulosamente limpo e seco. O tempo de exposição do material deve ser anotado (10 horas) e o recipiente deve ser mantido fechado para evitar a evaporação da solução. Depois de terminado o tempo de exposição, o material deve ser retirado com técnica asséptica, lavado com água esterilizada e guardado em campo ou recipiente estéril. Durante o tempo em que o material está em esterilização não poderá ser imerso outro material no mesmo recipiente. Todo o material de fibra ótica deve ser desinfetado durante 10 minutos apenas.

Formaldeído: substância bactericida, fungicida e viruscida, não age em presença de substância orgânica, usada pura, sem diluição. O material deve ser imerso e necessita o tempo de 10 horas para haver a esterilização. Este produto deve ser trocado a cada sete dias, é corrosivo em artigos de borracha e não deve ser usado em fibra ótica.

Antissepsia é o uso de solução germicida de baixa causticidade, hipo-alergênica, destinada à aplicação em pele e mucosas.

Degermação é a remoção de detritos e impurezas depositadas sobre a pele.

Degermante é a solução usada para remoção de impurezas, detritos e parte de flora microbiota existente nas camadas superficiais da pele.

Considerações

Os antissépticos usados atualmente são os iodóforos, isto é, soluções que contêm em sua formulação 1% de iodo ativo. Temos ainda a clorhexidina como opção para os casos de alergia ao iodo. As soluções com detergentes são usadas para antissepsia e lavagem das mãos em áreas críticas e salas de cirurgia no campo operatório.

As soluções tópicas são usadas para antissepsia da pele e mucosas e curativos em geral. A solução aplicada deve secar espontaneamente, pois tem efeito residual.

As tinturas são usadas para antissepsia de pele e campo operatório após o uso da solução degermante e para antissepsia complementar de mãos e antebraços da equipe cirúrgica.

Recomendações para o uso de germicidas

Fenóis

Cuidados: mergulhar o instrumental completamente na solução por 30 minutos. Lavar, secar e encaminhar para a esterilização. Evitar contato com a pele. Usar luvas, se possível, ao lidar com a solução.

Glutaraldeído: mergulhar o material limpo e seco, sem deixar bolhas de ar na solução em recipiente com tampa durante 10 horas. Após 10 horas, lavar com água destilada ou esterilizada, secar, acondicionar em material estéril. Para prevenir corrosão do material, não coloque junto para esterilizar, materiais diferentes. Usar recipientes de plástico, inox ou vidro com tampa, e manter fechado.

Hipoclorito de Sódio

Cuidados: a solução de hipoclorito de sódio deve ser manipulada na farmácia hospitalar com controle de cloro ativo. Lavar a superfície, equipamento ou material com água e sabão, enxaguar e secar. Os artigos devem ser mergulhados na solução, sem que fiquem bolhas de ar, por 30 minutos. Depois desse tempo, retirar com pinça ou luva estéril, lavar em água esterilizada e guardar em local limpo e seco. Usar apenas em vasilhames de louça ou vidro. Depois de diluída, a solução somente é válida por 24 horas.

O LIXO HOSPITALAR

Trabalhos recentes vêm demonstrando a não infecciosidade do lixo hospitalar, ressaltando que apenas objetos cortantes e perfurantes, assim como o lixo proveniente da área de isolamento, merecem destaque. Devemos de modo conclusivo desenvolver esforços no sentido da reciclagem destes materiais, com conseqüente economia para os hospitais e diminuição da quantidade do lixo.

Para entendermos melhor este ponto de vista sobre o lixo hospitalar, devemos recordar alguns conceitos importantes em infectologia. O primeiro deles é o conceito de agente infeccioso, como sendo o organismo capaz de iniciar a doença infecciosa. São divididos em patogênicos (capazes de produzir doença) e saprófitas (não produzem doenças). Temos que ressaltar que nesta ótica, o conceito de doença infecciosa como sendo uma manifestação da presença de agentes infecciosas nos tecidos do hospedeiro, ignora a capacidade de resistência do mesmo e o papel do ambiente na determinação do caráter harmônico ou desarmônico desta relação entre o parasita e o hospedeiro.

Em face desta dificuldade, segundo ZANOM, defendemos que seja feita uma divisão de agentes infecciosos em: Patógenos Primários – agentes que não pertencem à população normal do corpo humano e infectam hospedeiros sadios; Patógenos Secundários – aqueles que pertencem à microbiota normal e iniciam doença apenas em associação com uma condição clínica ou lesão tissular predisponente; e ainda, Saprófitas – que vivem na matéria orgânica em decomposição, no solo e na água e que não são relacionados com doenças. Nesta visão o conceito de doença infecciosa seria a reação decorrente de um estado de desequilíbrio entre a resistência do hospedeiro e a presença do agente infeccioso. Lembrando que a maioria das infecções hospitalares são causadas por microrganismos que habitam, desde o nascimento até a morte, a pele e as membranas mucosas.

Devemos recordar que a doença infecciosa tanto pode ser causada pelo aumento da concentração ou da virulência do agente infeccioso, quanto pela redução da resistência antiinfecciosa, sendo que qualquer microrganismo pode causar doença hospitalar, desde que os mecanismos de defesa se tornem suficientemente deprimidos.

Dentro de uma classificação mais moderna e coerente das doenças infecciosas, ZANOM as divide em dois grupos: causadas por patógenos primários, possuindo como característica o fato de seus agentes serem exógenos, contraídas por contato e podendo ser evitadas, sendo na maioria comunitárias; causadas pela microbiota humana normal, cujos agentes são endógenos, não sendo adquiridas por transmissão direta, inespecíficas e controladas pela recuperação dos mecanismos de defesa ou resistência antiinfecciosa. Partindo do princípio que a maioria das doenças infecciosas hospitalares são causadas pela microbiota humana normal e que não se transmitem de pessoa a pessoa, consideramos até racional exigir a incineração de resíduos sólidos oriundos de unidades de doenças infecto-contagiosas, mas consideramos exagero submeter todos os hospitais gerais a esta exigência, visto que as internações por doenças infecto-contagiosas comunitárias não chegam a 10% dos pacientes internados em nossos hospitais e ainda o absurdo de estender essa incineração para os resíduos de farmácias em geral.

Após estas considerações iniciais, lembramos que a definição para lixo vem a ser um conjunto de resíduos resultantes da atividade humana, que didaticamente é dividido em patológico e não patológico. O lixo patológico é formado por tecidos, órgãos e materiais contaminados com matéria orgânica de áreas de doenças infecto-parasitárias. O lixo não patológico compreende todo o restante dos resíduos produzidos no hospital.

Autores brasileiros têm destacado a importância do lixo na transmissão de doenças infecciosas, mas sem apresentar fatos que comprovem essa importância.

HANKS, em pesquisa de uma relação causal entre o lixo e doença infecciosa, não encontrou dados na literatura que pudessem comprová-la. Mais importante que o processo final de eliminação do lixo é a sua seleção e o acondicionamento correto.

LAGNUIR não encontrou na literatura médica casos de infecções respiratórias devido a aerossolização do lixo e as doenças que mais acometem os catadores de lixo são ligadas ao alcoolismo e à subnutrição. Com estes dados, alertamos para o fato de que inexiste risco de contaminação relativo ao lixo hospitalar ou sua possibilidade é remota. Há necessidade de revermos nossas posições com relação ao lixo hospitalar, pois o lixo do hospital é tão contaminado quanto o lixo doméstico, mas provoca medo gerado pelo fantasma da infecção hospitalar. No entanto, não há comprovação que o lixo transmite infecções no hospital ou na comunidade. O risco de infecções está nos resíduos cortantes

Parte 3 – Controle de Infecções Hospitalares

ou pontiagudos presentes em qualquer tipo de lixo e tanto no lixo hospitalar quanto no doméstico estes resíduos constituem uma parte pequena. No hospital a principal medida preventiva é evitar os cortes, separando o material cortante e evitar o contato entre o material descartado e a pele. Com uma seleção e acondicionamento adequado, o risco oriundo deste material desaparece. Quanto aos demais resíduos hospitalares, não existe comprovação que possam transmitir doenças nas pessoas que os manipulam. Assim, o grande mal que o lixo hospitalar carrega é o mesmo produzido em toda a sociedade, o desperdício, mal que também tem tratamento pela coleta seletiva de lixo, prática organizada para diminuir a produção do lixo, evitar desperdícios de recursos pela coleta tradicional e destinação adequada, educando para a cidadania. Esta alternativa, cada vez mais difundida nos países do primeiro mundo, chega agora às nossas unidades hospitalares, adaptada aos desafios culturais, econômicos e ecológicos que a saúde enfrenta no Brasil.

O Centro de Informação sobre Resíduos Sólidos, da Universidade Federal Fluminense, com o apoio da Secretaria do Meio Ambiente do Rio de Janeiro, desenvolve intensa campanha de esclarecimento sobre resíduos sólidos, distribuindo cartazes e cartilhas sobre o lixo hospitalar com o título "O fantasma se diverte", donde extraímos o texto a seguir: "O medo cria fantasmas e a falta de informação engorda e os faz crescer. É o que acontece com o lixo hospitalar, fantasma que aterroriza a maior parte dos que convivem com ele. O lixo não causa doença infecto-contagiosa, mas os profissionais de saúde desinformados querem vê-lo longe. Os técnicos em resíduos sabem que as sobras consideradas lixo são, na verdade, matéria-prima reciclável, mas quando se trata de resíduos hospitalares, querem distância. Resultado: a fantasia pavor do lixo hospitalar e disfarçar o preconceito sobre os resíduos, até exorcismo. Uns apelam para os despachos, já outros têm fixação para atear fogo aos seres do além, enquanto isso o fantasma se diverte. A tecnologia do despacho, mais conhecida como coleta especial, leva o fantasma na mão. A grande preocupação é que ele tenha conforto, acondicionamento e transporte especial ao ser despachado, mesmo que quase todos esses resíduos venham da administração, da limpeza e da cozinha hospitalar, lixo considerado comum.

A incineração é o ritual dos adoradores do fogo, onde muitos deles conservam a prática que a Idade Média consagrou, ou seja, queimar o desconhecido que ameaça. Outros transformaram esta crença em uma empresa e se tornaram vendedores de fogueiras, mesmo que custe caro, caríssimo, mesmo que não seja preciso, mesmo que polua o ar e pior que tudo, mesmo que não seja absolutamente um jeito seguro. O fantasma do lixo hospitalar perambula entre todo o tipo de gente, passeia pelos corredores e enfermarias, visita as salas da diretoria, toma cafezinho nas empresas de engenharia, arrasta correntes nas prefeituras, mas detesta quando um pouco de informação entra pela janela..."

O lixo hospitalar não causa doença. Atualmente 90% das doenças tratadas nos hospitais não são transmissíveis. Os resíduos hospitalares muitas vezes são menos contaminados que os resíduos domésticos. As pessoas que manipulam o lixo não sofrem mais doenças infecto-contagiosas que o restante da população. Não há registro na literatura médica de casos de infecção respiratória (por aerossolização) ou gastrointestinal (por contaminação da água) causadas pelo lixo hospitalar. A bibliografia médico-sanitária não registra casos de doenças infecto-contagiosas atribuídas ao contato com resíduos sólidos de origem domiciliar ou hospitalar. Os riscos atribuídos aos resíduos hospitalares não são comprovados por estudos cientificamente controlados e nem por ocorrências observadas na prática diária. A infecção hospitalar não tem nada a ver com os Resíduos de Diagnóstico e Tratamento (RDT). Na manipulação do lixo, a única entrada possível para o agente infeccioso são as lesões da pele. Nem mesmo os RDT, se forem embalados corretamente, necessitam de autoclavação anterior à coleta.

Os incineradores poluem o meio ambiente com materiais pesados e dioxinas e não eliminam totalmente a contaminação microbiana. Sua instalação é onerosa e desnecessária.

Como separar, embalar e destinar?

Resíduos Líquidos Pastosos

1. Biológicos: sangue, fezes, pus, urina e outros líquidos orgânicos. Recolher assepticamente e despejar no vaso sanitário, acionando imediatamente a descarga. Se os seus recipientes forem reaproveitados autoclavar, lavar, reautoclavar. Se forem descartados, classificar como RDT.
2. Químicos: solventes, sais inorgânicos, corantes, germicidas e outros produtos químicos não utilizados como medicamentos. Despejar no vaso sanitário acionando imediatamente a descarga. Caso não haja prescrição contrária legal ou do fabricante.
3. Terapêuticos: sobras de medicamentos e medicamentos com prazo de validade vencido. Despejar no vaso sanitário, acionando imediatamente a descarga, caso não haja prescrição contrária legal ou do fabricante.
4. Radioativos: seguem as normas definidas pela Comissão Nacional de Energia Nuclear. Resolução CNEN nº 19/86.

Resíduos Sólidos Cortantes e Perfurantes

Lâminas de aço, agulhas, filtros de soluções parenterais com ponta, agulhas de escalpes, cateteres intravenosos, fragmentos de vidro, ampolas etc. Recolher em recipientes que não se rompam, fechar com segurança e rotular. Podem ser enterrados nos recipientes ou reciclados. Os resíduos cortantes podem provocar lesões na pele, por isso é importante recolhê-los em recipientes com tampa, como as latas de biscoito ou leite em pó, por exemplo.

Resíduos Sólidos Não Cortantes e Não Perfurantes

1. Resíduos de Diagnóstico e Tratamento (RDT): gaze, algodão, curativos, fraldas descartáveis, esparadrapo, absorventes higiênicos, frascos descartáveis vazios, bolsas de colostomia e de sangue vazias, drenos, sondas, tubos e seringas descartáveis, luvas

e outros materiais inaproveitáveis, sujos de resíduos biológicos. Embalar em sacos resistentes e impermeáveis, selar e encaminhar à coleta.

2. Peças anatômicas: fetos, placentas, membros, órgãos, tecidos orgânicos e carcaças de animais de experimentação. Sepultar como determina a legislação vigente. No caso de serem de origem cirúrgica e traumática, colocar em sacos plásticos impermeáveis selados, identificar e encaminhar ao IML, de acordo com a rotina de cada município.

3. Terapêuticos: medicamentos sólidos com prazo de validade ultrapassado. Retirar dos frascos, misturar e enviar para a coleta, como os resíduos comuns, caso não haja prescrição contrária legal ou do fabricante.

4. Resíduos comuns: todos os que não estejam sujos de resíduos biológicos (por observação a olho nu). Incluem papéis, papelão, plásticos, aparelhos de gesso, pontas de cigarros etc.

Embalar da mesma forma que os resíduos domiciliares.

Parece fácil. E é mesmo. Todos os resíduos sólidos das unidades de saúde podem ser coletados, transportados pelo mesmo serviço de limpeza urbana que trata do lixo doméstico e ter o mesmo destino.

Pode ser melhor ainda. Se a quantidade de lixo diminuir, o trabalho e os problemas também serão menores. É possível aplicar uma coleta seletiva dos resíduos produzidos nos hospitais por meio da separação de materiais recicláveis. Isso já é feito em hospitais no Brasil e no exterior. Esses materiais (papel, papelão, metais, vidros, latas) podem ser reciclados industrialmente, retomando sua utilidade social, economizando custos e reduzindo novos impactos ambientais.

INFECÇÕES RESPIRATÓRIAS

As infecções respiratórias predominam nas áreas com pacientes de maior gravidade, visto que na sua maioria estão acamados e submetidos a inúmeros procedimentos invasivos, tais como as instrumentações tráqueo-brônquicas.

Se até aqui enfatizamos a lavagem das mãos, nestes setores críticos ela se torna preponderante, sendo importante a existência de cartazes convidando a todos aqueles que manipulam os pacientes, a lavarem suas mãos com água e sabão e ao uso do papel toalha, antes de executarem as técnicas de atendimento aos clientes.

No estudo das infecções respiratórias, iniciamos com um procedimento simples, como o cateter nasal de oxigênio que deve ser estéril, trocado a cada 24 horas, incluindo a troca de narina, para que não haja acúmulo de matéria orgânica no interior e ao redor do cateter. As nebulizações devem ser realizadas com máscaras e umidificadores que sofreram desinfecção por 30 minutos com glutaraldeído ou hipoclorito a 1% de um paciente para outro.

Durante as intubações, lembramos a necessidade de uso de laringoscópios com hastes que sofreram desinfecção concorrente, além do emprego de tubos esterilizados com glutaraldeído em 10 horas de exposição. O profissional que realiza a intubação deverá utilizar máscara e luvas neste procedimento, pois lembramos que através das intubações, quebramos a primeira barreira de defesa que vem a ser a glote, onde bactérias da boca ganham o trato respiratório.

As caixas dos respiradores somente podem ser esterilizadas com o emprego do óxido de etileno, mas os condutos e conexões podem ser desmontados e esterilizados a frio com o emprego de uma solução germicida, como o glutaraldeído, no tempo de 10 horas de exposição, ao final do qual, todos os condutos e conexões devem ser imersos em água estéril para enxágüe e secos com a utilização de compressas estéreis.

A aspiração de pacientes através dos tubos endotraqueais ou traqueostomias deve ser realizada periodicamente, em intervalos regulares, mudando-se o cliente de decúbito, de modo a podermos aspirar secreções de ambos os pulmões, sempre com a utilização de cateteres e luvas estéreis, trocados a cada aspiração. Não devem ser utilizados recipientes com germicidas para esterilização de cateteres, havendo a necessidade do reprocessamento em autoclaves.

Nas traqueostomias, a invasão microbiana é facilitada pela abertura da traquéia, onde microrganismos da pele do pescoço, além de sujidades, penetram pela traquéia e ganham o trato respiratório. Consideramos importante a troca periódica de gases ao redor da cânula, mantendo-as umedecidas com solução de PVPI a 1%.

Nos casos onde empregamos as cânulas metálicas, a endocânula deve ser trocada várias vezes ao dia, evitando-se o acúmulo de matéria orgânica e sujidades, seguida do reprocessamento das endocânulas por autoclave.

Com relação à água utilizada para empurrar as secreções para o frasco do aspirador temos a necessidade da utilização de dois recipientes estéreis, onde o primeiro destina-se ao cateter que aspira o tubo endotraqueal ou a traqueostomia e o segundo para o cateter utilizado na aspiração do nariz e da boca do cliente.

Na profilaxia da infecção respiratória, a mobilização do paciente no leito deve ser feita em intervalos regulares, com mudanças de decúbito de 2 em 2 horas, acompanhadas de tapotagens e, se possível, a transferência do paciente do leito para uma poltrona, várias vezes ao dia, pois a estase permanente no leito dificulta a drenagem do muco e favorece ao acúmulo de secreções brônquicas.

INFECÇÕES CIRÚRGICAS

Quando nos deparamos com casos graves de infecções hospitalares cirúrgicas, muitas vezes nos perguntamos a origem dos microrganismos que desencadeiam estes quadros infecciosos.

Lembramos que estes microrganismos são provenientes da pele do próprio paciente, do nariz e da boca da equipe cirúrgica e do instrumental com falhas de esterilização.

A supuração da ferida cirúrgica resulta da interação de diversos fatores, onde a contaminação deve ser em número de germes suficientes para superar os mecanismos de defesa antiinfecciosos locais e sistêmicos do paciente. Necessitamos de um inóculo importante, há necessidade da presença de nutrientes microbianos ou de condições para a sua produção a partir da decomposição dos tecidos operados e ainda da queda da resistência do paciente, permitindo multiplicação dos microrganismos invasores da ferida cirúrgica.

Esta contaminação ainda depende da localização da ferida, da técnica de antissepsia pré-operatória, do uso correto de luvas, máscaras e gorros e ainda da duração da cirurgia. Citamos que a relação entre o maior tempo cirúrgico e o maior índice de supuração, dá-se na condição de que, quanto maior o tempo cirúrgico, maior será a dose de contaminação, maior será o dano celular, com maior número de ligaduras, uso intensivo da eletrocoagulação e maior perda de sangue, pois geralmente são cirurgias de grande porte e com maior risco.

No preparo cirúrgico pré-operatório dos pacientes, citamos como importante o banho, a tricotomia restrita ao local cirúrgico e realizada o mais próximo possível do horário do início da cirurgia, a antissepsia pré-operatória com o emprego de álcool iodado a 1% ou PVPI alcoólico a 1% e o uso correto dos campos operatórios.

Quanto ao preparo da equipe cirúrgica, damos especial atenção à degermação das mãos e antebraços sob esfregação com água e sabão de coco ou com o uso de PVPI degermante a 1%, seguido de enxágüe e imersão complementar ou esfregação com solução de álcool iodado a 1% ou PVPI alcoólico a 1%, deixando-se secar as mãos e antebraços por evaporação da solução, seguido do uso correto das luvas cirúrgicas estéreis.

O centro cirúrgico deve ser uma unidade fechada ao trânsito das demais pessoas do hospital, visto o risco dos procedimentos ali realizados. Consideramos como importante a existência de um sistema de barreira, onde o pessoal possa ter acesso aos vestiários masculino e feminino para troca de roupas e banho antes da entrada na sala de operações. As macas que trazem os pacientes das enfermarias ao centro cirúrgico não devem ter acesso ao seu interior, com os pacientes sendo transportados para outras macas restritas ao bloco cirúrgico.

Todas as salas de cirurgias devem ser lavadas diariamente à noite, esfregando-se paredes, piso e mesas com água e sabão, seguido do enxágüe e coleta desta água pelo ralo, sempre com sistema de fechamento, evitando-se a entrada de insetos. Atualmente, deixamos de utilizar o fenol sintético e o hipoclorito de sódio na desinfecção da sala cirúrgica, restringindo-se o uso destes produtos para a desinfecção concorrente de matéria orgânica. Entre um procedimento cirúrgico e outro, desde que sejam cirurgias limpas, apenas limpamos com água e sabão, realizando-se a desinfecção apenas da matéria orgânica e não de paredes, pisos e mesas.

No caso de cirurgias infectadas, devemos interromper a seqüência de cirurgias desta sala, realizamos a desinfecção da matéria orgânica e lavamos a sala com água e sabão, como a rotina realizada durante a noite, retomando o movimento cirúrgico ao término da limpeza.

Consideramos que as salas de operações devam ter o menor número possível de equipamentos e que após o ato cirúrgico, estes equipamentos como Raio X, bisturi elétrico etc., possam ser retirados, limpos com água e sabão e colocados em área específica para guarda destes materiais, incluindo os carros de anestesia.

Os tubos para intubação e conexões dos respiradores devem ser desmontados, desinfetados, lavados e esterilizados com a solução de glutaraldeído no tempo de 10 horas. Após este período são enxaguados com água estéril, secos, montados e devolvidos ao centro cirúrgico.

Joseph Lister (1827 – 1912) foi o primeiro cirurgião a preocupar-se com o instrumental e naquela época já tratava-os com solução química, incluindo os fios de sutura. O cirurgião deve sempre estar atento com o seu instrumental e equipamentos, devendo periodicamente visitar a central de esterilização, verificando pessoalmente o controle da qualidade de esterilização.

No centro cirúrgico, deve haver uma sala específica para guarda de todo o instrumental (Arsenal Cirúrgico), onde os pacotes, caixas e demais instrumentos ficarão devidamente estocados e não dentro das salas de cirurgia, permanecendo sob controle, o tempo de validade e o nível de esterilidade do instrumental, mediante testes bacteriológicos e químicos.

Quanto ao uniforme restrito ao bloco cirúrgico, destacamos que o uso das máscaras é específico para as salas de operações e que o propé pode ser substituído por qualquer calçado específico para a área cirúrgica.

Os lavabos devem possuir torneiras apropriadas, acionadas por pedal, célula fotoelétrica ou cotovelos devendo sofrer o procedimento de higienização duas vezes ao dia.

Estando a pele do cliente devidamente preparada para o ato cirúrgico, a partir deste momento são colocados os campos e, no dizer de ALTEMEYER, cada operação é um exercício prático de bacteriologia cirúrgica, pois a partir daí, garantindo-se a qualidade de esterilidade do instrumental e o tratamento correto da pele, ressalta-se a técnica cirúrgica como causa preponderante na incidência de supuração da ferida, quando o uso dos afastadores, do bisturi elétrico, a técnica de drenagem, e maneira com que o profissional agride os tecidos, o modo pelo qual isola uma víscera contaminada, interferem diretamente neste processo de supuração, não tendo muita importância, em feridas limpas, os curativos cirúrgicos como supúnhamos. Geralmente o primeiro curativo, ainda na sala de operações, é oclusivo e compressivo, mas em muitos serviços, pacientes já deixam a sala cirúrgica sem curativos, visto a pouca importância que têm no processo de supuração.

J. LISTER, em 1880, dizia que devemos ser capazes de ver com os olhos da mente os fermentos sépticos e com tanta nitidez como vemos moscas e outros insetos com os olhos do corpo, enfatizando a importância da técnica asséptica, onde o instrumental deve ser exposto o mínimo de tempo possível e o nariz e boca devidamente cobertos com máscara protetora.

Dentre os fatores predisponentes à infecção cirúrgica relacionados à técnica, destacamos a ocorrência de tecidos desvitalizados, a existência de corpos estranhos, ocorrência de espaço morto, coleções líquidas, uso de fios impróprios, erros de antissepsia, hemostasia inadequada e o uso indevido de drenos.

A supuração aparece nas enfermarias em função do tempo que os micror-ganismos necessitam para desencadear o processo infeccioso, não tendo nada a ver com os curativos ou com o meio ambiente. Segundo DUNPHY, a culpa da maioria das infecções de feridas limpas recai sobre o cirurgião e só sobre o cirurgião, afirmando ainda que o dano aos tecidos causa mais complicações nas feridas que as bactérias.

CURATIVOS E INFECÇÃO HOSPITALAR

Há alguns anos, se durante a troca de curativos, na enfermaria cirúrgica, o cirurgião encontrasse sinais de infecção na incisão cirúrgica, iniciava-se uma troca de acusações sobre os profissionais de enfermagem, onde culpava-se a falta de zelo na técnica da troca de curativos como fator preponderante no flagelo das supurações de incisões cirúrgicas.

Segundo FLEXNER, há muito tempo a medicina tem sido uma mística entre superstição, conceitos empíricos e pouca observação, e verificamos que muitos profissionais de saúde preferem criar fantasias a analisar friamente a origem das infecções em feridas operatórias.

Segundo GREENE, essas fantasias incluem periódicas e obsessivas preocupações com o ar, com superfícies inertes e com a microbiota nasal do pessoal de enfermagem. As fantasias de esterilidade da equipe cirúrgica, na maioria da vezes, não se correlacionam com a realidade epidemiológica, mas decorrem de um processo histórico cuja racionalização será inevitavelmente relutante e lenta.

Com o conhecimento adquirido nos últimos anos sobre a etiopatogenia das infecções hospitalares cirúrgicas, sabemos que os microrganismos causadores de infecções nas incisões cirúrgicas limpas são provenientes da própria pele do paciente, do nariz e da boca da equipe cirúrgica e do próprio instrumental, durante falhas grosseiras no processo de esterilização.

Sabedores da origem dos microrganismos causadores de supuração, temos como meta, desenvolver esforços no sentido de que ocorra um perfeito preparo da pele do paciente, o uso correto de máscaras e gorros durante o ato cirúrgico e, ainda, que o hospital disponha de uma excelente central de esterilização, garantindo-se a esterilidade dos instrumentos utilizados no ato cirúrgico. Aliam-se a esses fatores, a boa técnica cirúrgica, onde não são deixadas em campo, condições propícias ao desenvolvimento bacteriano.

Diversos autores afirmaram, em diferentes publicações, que a maioria absoluta das feridas operatórias apresentam-se contaminadas com microrganismos ao término da intervenção, porém poucas supuram. Somente quando o número de bactérias ultrapassa a 1.000.000/ml de líquido aspirado é que a supuração se manifesta, ou seja, quando temos a presença de um inóculo importante, sinal de contaminação grosseira. Esta contaminação maciça só é encontrada em artigos hospitalares sujos de urina de pacientes com infecção urinária, de escarro purulento, de pus ou de fezes. Conseqüentemente, a contaminação de tecidos hígidos decorrentes de falhas grosseiras de esterilização são incompatíveis com a prática cirúrgica.

No dizer de ALTIMEIER, a contaminação da ferida ocorre durante a cirurgia, exceto nas deixadas abertas ou naquelas em que foram instalados drenos. Mais importante do que a presença de microrganismos na ferida é o estado fisiológico dos tecidos antes e depois da intervenção. Sabe-se que um número bem menor de microrganismos pode ser capaz de desencadear o processo infeccioso, desde que existam nutrientes microbianos na lesão ou condições que permitam a sua obtenção, a partir da decomposição de tecidos.

Sabemos que existem mecanismos antiinfecciosos inespecíficos, complexos e apenas parcialmente conhecidos, que atuam no local da invasão microbiana, sendo que esses mecanismos entram em ação imediatamente após a invasão microbiana dos tecidos, existindo um período de intensa atividade antimicrobiana que ocorre no momento da invasão e perdura por algumas horas, onde além deste, os tecidos são incapazes de resistir à supuração.

Face ao exposto, recomendamos sempre que possível, em cirurgias eletivas, a avaliação nutricional do paciente antes da cirurgia, revisão da técnica empregada no preparo pré-operatório da pele do paciente, revisão da técnica cirúrgica do cirurgião, ao invés de revisarmos a técnica de curativos nas enfermarias.

Em casos de surtos de infecção hospitalar com supuração da incisão cirúrgica, isto é, em todas as operações limpas ou na maioria realizadas em um único dia, devemos investigar a existência de um foco comum, distribuindo as taxas de supuração pelos cirurgiões que efetuaram as intervenções, verificando se as mesmas concentram-se em determinado profissional, e caso isto ocorra, comunique sempre ao interessado ou à chefia do serviço.

Nas feridas cirúrgicas limpas, os riscos de contaminação após sutura são praticamente nulos, onde preconizamos apenas o toque com antisséptico iodado. Diariamente, durante o banho do paciente, o local da incisão deve ser lavado com água e sabão, seco com o auxílio da toalha e posteriormente, no leito, refazemos o toque com o antisséptico iodado, deixando a incisão sem oclusão. Nessa rotina, deixamos de lado o uso dos tradicionais pacotes de curativos, diminuindo o consumo dos mesmos, pois a aplicação do antisséptico é feita com o emprego de gazes embebidas em álcool iodado ou PVPI a 1% seguras com as mãos devidamente limpas.

No caso de ferimentos cirúrgicos drenados, o risco de infecção é maior, pois temos uma porta de entrada para os microrganismos e, neste caso, mantemos o curativo oclusivo ou o emprego de sacolas de colostomias nos locais drenados, com a utilização dos pacotes de curativos tradicionais. Lembramos que o uso de drenos só é justificado na impossibilidade de remoção de sangue ou de secreções de uma cavidade.

A irrigação com antibióticos ou antissépticos é altamente controvertida e sua validade continua indeterminada.

Nas lesões supurativas, o tratamento da drenagem ampla, onde o cirurgião deverá optar pela conduta de deixar a pele e tecido celular subcutâneo abertos ou passar fios, fechando a ferida dias mais tarde. Nesses curativos, preconizamos a lavagem abundante do ferimento com água tratada (clorada) e sabão líquido, várias vezes ao dia, removendo secreções e sujidades, seguida da aplicação de sacarose e oclusão com compressas. Em caso de evisceração, caberá ao cirurgião colocar a tela sintética (Marlex).

Os pontos de tensão não são recomendados, pois maltratam a pele e provocam a desvitalização de alguns pontos do ferimento.

Nas feridas infectadas com tecido necrosado ou desvitalizado, o cirurgião deverá realizar a ressecção dos mesmos até atingir o tecido sadio, seguido de limpeza do ferimento, várias vezes ao dia, com aplicação de sacarose e oclusão com com-pressas.

Nos curativos em cateteres tipo Intracath ou o similar, consideramos como mais importante a técnica de fixação do cateter na pele do que propriamente a troca de curativos. O tubo do cateter deve estar firmemente suturado ao ponto de inserção, não permitindo a sua mobilização e conseqüente contaminação do trajeto. O ponto de união do cateter ao equipo de venóclise não deve ser rompido, mantendo-se a linha de infusão sem perfurações, havendo a necessidade de botões em "Y" como pontos de administração de medicamentos intravenosos. Os cateteres não devem ser ocluídos, pois estes curativos largos e oclusivos em nada impedem a contaminação microbiana, mantêm umidade e escarificam a pele com freqüencia.

Nos curativos de úlceras varicosas de membros inferiores e de escaras, onde empregam-se variados produtos e técnicas, lembramos que para o fechamento destes ferimentos são necessárias algumas condições, destacando-se o aspecto nutricional do cliente, manutenção de boa irrigação sangüínea e ausência de pressão no local do ferimento, quando na falta de uma delas, seja qual for o produto ou a técnica utilizada, o fechamento não ocorrerá, por melhor que sejam os profissionais.

Sabedores deste fato, devemos modificar nossas rotinas, diminuindo custos e facilitando tratamentos, estes ferimentos (escaras, úlceras varicosas) devem ser simplesmente higienizados, várias vezes ao dia, com água e sabão, seguido da aplicação de sacarose e oclusão com compressas.

Quanto aos curativos de áreas queimadas, sabemos que, em função da queimadura, quebra-se uma barreira de proteção importantíssima que é a pele, com conseqüente exposição aos microrganismos e facilidade para a instalação do processo de supuração.

Acreditamos que a melhor conduta em queimaduras seja a substituição da pele queimada, de imediato, pela aplicação de membrana amniótica ou películas de celulose, que servem de barreira à penetração de germes e facilitam a cicatrização.

Com o avanço das descobertas no campo da profilaxia e do controle da infecção hospitalar, sabemos que é durante o ato cirúrgico que realmente ocorrem falhas que proporcionam a invasão microbiana, aliada a uma série de fatores incluindo a baixa resistência do cliente, dando origem a supuração, cabendo aos profissionais de saúde uma reavaliação dos gastos hospitalares com trocas de curativos e as técnicas relacionadas a este procedimento.

INFECÇÕES URINÁRIAS

No estudo das infecções urinárias, verificamos que as vias de contaminação são: *direta, indireta* e *luminal.*

Os fatores de risco para aquisição da infecção urinária hospitalar decorrentes da instrumentação urinária são cateterismo vesical, outras instrumentações do trato urinário e fatores decorrentes do próprio paciente. Estudando estes fatores de risco, destacamos a duração do cateterismo vesical, o sistema de drenagem da urina, o tempo de hospitalização anterior à cateterização e ainda fatores relacionados ao tipo de cliente e sua patologia básica.

Quanto às demais instrumentações, destacamos as cistoscopias, a dilatação uretral, cirurgias transuretrais e litotomias. Ainda quanto às causas relacionadas ao cliente, podemos salientar a importância da gravidade da patologia básica, a idade, possíveis anormalidades no trato urinário, a obstrução, a litíase vesical, o refluxo vésico ureteral, o esvaziamento incompleto da bexiga e alterações fisiológicas causadas pela gravidez.

Na prevenção das infecções urinárias, devemos diagnosticar a bacteriúria assintomática, reduzir o número de cateterismos, treinar e reciclar os profissionais que fazem o cateterismos e o uso dos coletores fechados de urina, preconizados por Dukes desde 1928.

Nas ações recomendadas para a diminuição da incidência de infecção urinária, destacamos a restrição da cateterização vesical, a remoção precoce do cateter, a introdução asséptica do cateter, a drenagem fechada da urina e o estímulo para o aumento do volume urinário.

Nas ações não recomendadas para a diminuição da infecção urinária, citamos a irrigação vesical, a instilação vesical e o uso de antibióticos sistêmicos.

Como alternativas para a cateterização de demora, ressaltamos a catete-rização intermitente, a drenagem suprapúbica e, ainda, quando o cateterismo puder ser dispensado, a utilização de preservativos e fraldas.

O uso de coletores improvisados com preservativos é preconizado no caso do paciente do sexo masculino, com o devido cuidado no sentido de evitar-se o garroteamento do pênis, tratando-se a pele antes da fixação do coletor, e ainda utilizando-se coletores que não enrolem, dificultando o escoamento da urina pelo mesmo.

Devemos evitar o emprego de equipos de soro e garrafas como coletores improvisados, embora estéreis, porque são coletores abertos, não sendo condutos ideais para um sistema coletor. As sondas Foley devem ser fixadas na coxa para evitarmos os traumatismos.

Os coletores ideais devem ser fechados, com 1,5 m de cano para drenagem, com válvula anti-refluxo e um ponto de escoamento no recipiente de acúmulo de urina. No comércio, encontramos ainda a opção de coletores com liberação de íons prata, com ação bactericida.

Nos cateteres vesicais tipo Foley, com 3 vias, todo cuidado é importante no ponto de adaptação da irrigação vesical, onde essas sondas e seus coletores não devem ser retirados sob nenhuma hipótese, durante tratamentos ou transporte de pacientes, pois possibilitaríamos a invasão microbiana. Lembramos, ainda, da não indicação do uso de dispositivos no orifício de escoamento de saída de urina, no caso de fechamento da sonda vesical.

INFECÇÕES VEICULADAS PELO SANGUE

Podemos ter o acesso de microrganismos ao sangue por diversos processos durante os diversos recursos de tratamento. Inicialmente destacamos as contaminações por transfusões sangüíneas, cabendo aos administradores a organização de serviços de hemoterapia de maneira criteriosa e eficaz, zelando pela qualidade do sangue transfundido através de exames criteriosos e o emprego de materiais e equi-pamentos de primeira linha. É notório a transmissão de sífilis, hepatite B e C, doença de Chagas e SIDA e, em menor escala, casos de malária, filariose e outras doenças, visto que na relação custo/benefício, não fazemos de rotina os exames sorológicos para identificação de todas as doenças transmitidas pelo sangue, pois aumentaríamos consideravelmente o custo do sangue. Consideramos altamente válida a iniciativa de alguns serviços de hemoterapia que submetem os doadores a um questionário prévio, que, se bem respondido e analisado, possibilita o afastamento prévio de doadores de grupos de risco para algumas infecções transmitidas pelo sangue.

Outro ponto de contaminação sangüínea vem a ser durante a técnica de venóclise. É importante citar que esta técnica é realizada de modo abusivo, onde uma boa parcela de nossos pacientes utilizam venóclise, muitos dos quais sem necessidade. Nesta técnica, há necessidade de um balcão limpo para o preparo do soro e funcionários com as mãos higienizadas.

Além da antissepsia do gargalo do frasco do soro que será cortado, recomendamos o corte do plástico com o emprego de cortadores esterilizados de uso único, evitando-se as tesouras em solução germicida, com o risco do prazo de validade vencido e muitas vezes contaminadas. Lembramos que nestas condições, estas soluções não esterilizam e que apenas fazem a desinfecção das pontas da tesoura. Após o corte, se houver algum complemento no soro, como os cloretos de sódio ou potássio, os mesmos deverão ser colocados em seringas e injetados no frasco do soro com a ponta da agulha no interior do gargalo e não o bico da seringa, evitando-se o contato com o canhão da seringa.

O equipo deve ser adaptado e o ar retirado do seu interior, evitando-se a contaminação proporcionada por falhas técnicas grosseiras cometidas por funcionários de enfermagem.

A punção venosa deve ser realizada com técnica asséptica, onde o frasco de soro preparado e com o equipo adaptado é fixo a um pedestal, seguido da antissepsia da pele com PVPI ou álcool iodado a 1%, com a punção venosa por agulha ou escalpe estéril, adaptados ao equipo.

No caso da utilização de microgotas é fundamental que seja realizada a antissepsia dos pontos de introdução de medicamentos, mantendo-se a espuma que funciona como filtro no microgotas e a troca do sistema a cada 48 horas. O controle do número de gotas é importante e deve ser feito de modo sistemático.

ZANON, avaliando os riscos inerentes à punção venosa, compara a punção com escalpe, cateter e a flebotomia, tendo encontrado as maiores taxas de septicemias nas flebotomias com 6,5% de infecção hospitalar.

O SERVIÇO DE NUTRIÇÃO E DIETÉTICA E A INFECÇÃO HOSPITALAR

Pouco tem sido escrito sobre a profilaxia da infecção hospitalar ligada ao Serviço de Nutrição e Dietética, onde destacamos como ponto fundamental a presença do profissional de nutrição, pois na sua formação básica, recebeu todos os ensinamentos quanto aos principais cuidados higiênicos na seleção, preparo, acondicionamento e dispensação dos alimentos.

É importante sabermos a procedência do que está sendo adquirido como gêneros alimentícios, sua origem, embalagem e estado de conservação.

Os alimentos, principalmente as verduras e frutas, devem sofrer desinfecção prévia antes de entrar na cozinha hospitalar, preconizamos a imersão em solução de hipoclorito de sódio a 0,025% por trinta minutos, para em seguida serem acondicionados em caixas plásticas, previamente lavadas e desinfetadas com solução de hipoclorito de sódio a 1%.

A verificação da temperatura dos frigoríficos de carnes, verduras e frutas, deve ser uma constante, assim como as condições de limpeza destes frigoríficos.

Na cozinha, todos os funcionários que manipulam os alimentos devem ser conscientizados quanto à importância da lavagem das mãos e deve existir na empresa o Serviço de Saúde Ocupacional, onde estes funcionários são acompanhados por um médico e submetidos a exames periódicos de saúde, para que seja possível a identificação de um possível portador na equipe.

Os alimentos devem ser manipulados o menos possível, optando-se pelo uso freqüente de máquinas, cujas diversas engrenagens devem estar limpas.

Os utensílios utilizados devem sofrer higienização e desinfecção, optando-se pelo tratamento com máquinas à base de água fervente, onde pratos, copos, talheres e bandejas são lavados e desinfectados.

Recomendamos o uso de pratos de papelão ou marmitex, com garfos, colheres e copos plásticos descartáveis para a área de isolamento, onde encontramos patógenos primários e dependendo da doença, transmitidos por fômites.

É importante a proibição da entrada de alimentos trazidos por familiares no hospital, por parte da administração, pois deste modo contribuiremos para a diminuição do risco de infecções intestinais ocasionadas por comida contaminada oriunda de casa.

As panelas e demais recipientes utilizados devem sofrer higienização após cada refeição, assim como toda a área da cozinha. O controle de insetos e roedores deve ser feito a cada trimestre, com produtos apropriados de menor toxicidade. As janelas devem ser amplas para facilitar a aeração do ambiente, sempre teladas para impedir a presença de insetos, principalmente moscas.

O local de guarda dos alimentos (despensa) deve possuir telas protetoras para impedir a presença de roedores e sofrer limpeza freqüente.

Todo o leite servido no hospital deve ser fervido e, no caso do lactário, a manipulação do leite artificial deve ser feita trinta minutos antes da administração, evitando-se o preparo de grande quantidade de leite artificial e guarda em geladeira.

Como descrito, de modo simples, acredito ter ressaltado a importância do trabalho do Serviço de Nutrição e Dietética na Profilaxia da Infecção Hospitalar, onde a presença de gastroenterites na topografia das infecções hospitalares, sempre nos levam a falhas neste serviço.

PROPOSTA PARA UM PROGRAMA DE CONTROLE E DE PROFILAXIA DAS INFECÇÕES HOSPITALARES

Apresentamos a seguir, um programa de investimentos a curto, médio e longo prazo, no sentido do desenvolvimento de ações de controle e profilaxia das infecções hospitalares. Sua metodologia é simples e adaptada para a maioria dos hospitais brasileiros, dependendo basicamente da motivação de administradores e dos demais profissionais envolvidos neste trabalho. Dentro deste programa estão incluídos dois pontos fundamentais: o controle e profilaxia, pois não basta levantarmos dados estatísticos ou fazermos a vigilância epidemiológica, sendo sumamente importante a profilaxia da infecção hospitalar.

MEDIDAS PARA O CONTROLE DA INFECÇÃO HOSPITALAR

MEDIDAS PARA A PROFILAXIA DA INFECÇÃO HOSPITALAR

O CONTROLE DA INFECÇÃO HOSPITALAR

1. Formação da Comissão de Controle de Infecção Hospitalar (CCIH) e do Serviço de Controle de Infecção Hospitalar (SCIH).

A princípio essa decisão é administrativa, cabendo à direção do hospital indicar os profissionais que farão parte dessa comissão ou do serviço.

Deve ser composta por profissionais interessados, motivados, não importando a experiência ou a especialidade, porque nem sempre o "expert" é o mais motivado ou interessado. Seus nomes devem ser divulgados através de ofícios ou por meio de ato público institucional. É importante que a diretoria faça saber a todo o corpo clínico que é decisão institucional a efetivação do controle das infecções hospitalares, pedindo o apoio de todos ao grupo de profissionais que farão parte da comissão e do serviço de controle de infecção hospitalar. Particularmente, defendo a posição que a CCIH tenha membros voluntários, com uma representatividade de todos os profissionais que trabalham no hospital, com um profissional de cada área e, em paralelo, que haja o Serviço de Controle de Infecção Hospitalar (SCIH), com poucos profissionais, geralmente um médico, um enfermeiro e uma secretária, remunerados para esta finalidade, com dedicação exclusiva ou parcial, mas que tenham a incumbência do desenvolvimento de ações de controle e de profilaxia das infecções hospitalares. Caberia ao SCIH as ações do dia-a-dia e a CCIH, acionada mensalmente em reuniões com uma pauta já estabelecida, as decisões e as linhas de trabalho a serem seguidas pelo SCIH, com base na problemática levantada e nos indicadores epidemiológicos mensais.

2. Elaboração do Regimento Interno.

É o passo básico da recém-criada CCIH ou SCIH, pois é no Regimento Interno, aprovado pela direção do hospital, que estarão fixadas as diretrizes, normas e limites de ação da CCIH ou do SCIH, possibilitando o embasamento legal para todas as ações posteriores.

Geralmente essas comissões dão assessoria à direção do hospital tendo o poder apenas de aconselhamento e não decisório. O mandato dos membros da CCIH é variável, geralmente por dois anos e o SCIH é contratado.

3. Elaboração de uma Ficha ou Protocolo para documentação de casos de infecção hospitalar (Ficha de Controle de Infecção Hospitalar).

No levantamento de dados, esta ficha oferece uma eficácia de 90%, pois o seu preenchimento correto, de forma madura, estabelece um sistema de dados fundamental para a vigilância epidemiológica de dados. Segundo a nossa experiência, deve ser de tamanho menor que as demais folhas do prontuário, cor suave, bem objetiva nos quesitos, com o mínimo de dados essenciais e impressa apenas em um dos lados para o preenchimento do médico que assiste ao paciente, tornando-a agradável aos olhos de quem vai fazer o preenchimento. No início sua aplicação é sempre difícil, sendo fundamental o trabalho de cada membro da CCIH e do SCIH, conscientizando, solicitando e explicando a todos os membros do corpo clínico a sua finalidade real para o paciente e para a entidade. Todos devem ter ciência que o preenchimento desta ficha é vital para a coleta de dados da instituição.

Toda a coação deve ser evitada neste momento de implantação. A equipe deve ser conscientizada de modo lento e gradativo, sendo este um de nossos segredos, onde o trabalho ao "pé do ouvido" é básico e pode ser auxiliado por meio de circulares ao corpo clínico, solicitando a colaboração de todos. Neste ponto da implantação do programa de controle de infecções hospitalares considero viável e eficaz o convite feito a profissionais de outras instituições, com o SCIH ou a CCIH atuantes, no sentido da motivação do corpo clínico de nossa empresa.

4. Estudo da metodologia para o levantamento de dados estatísticos e de vigilância epidemiológica.

É fundamental que após a elaboração do protocolo utilizado para a documentação dos casos de infecção hospitalar, que se discuta a metodologia a ser utilizada pela instituição. Existem várias metodologias que poderão ser aplicadas de acordo com o grupo. Particularmente sugiro a união de três metodologias: a notificação compulsória de casos, a auditoria de prontuários e a busca de casos de infecção hospitalar.

A princípio faremos a notificação compulsória dos casos, que deverá ser feita pelo médico que assiste ao cliente, na ocasião de sua alta ou óbito. Esta ficha, após o preenchimento, será encaminhada, junto com o prontuário, ao Serviço de Prontuários de Pacientes, geralmente denominada SAME (Serviço de Arquivo Médico e Estatística), onde será posteriormente conferida por um dos componentes do SCIH, através da revisão do prontuário e conseqüente fiscalização do preenchimento da ficha de controle de infecção hospitalar. Nesta ocasião a ficha será completada, na falta de alguns de seus dados.

Paralelamente à notificação compulsória e à revisão do prontuário deve ser feita a busca diária de casos, onde os profissionais do SCIH buscam casos diários de infecção hospitalar, que devem ser notificados prontamente e discutidos com o médico que assiste a esses pacientes. Os dados apurados são trabalhados estatisticamente, pois esta estatística é necessária porque todo o nosso trabalho é baseado na elaboração de indicadores epidemiológicos de riscos, apresentados na forma de tabelas e gráficos. Estudamos os riscos inerentes aos pacientes, por procedimentos diagnósticos, terapêuticos e em relação ao ambiente hospitalar.

Neste levantamento de dados, usamos os recursos disponíveis na instituição, em nosso caso, o essencial é que façamos tabelas simples, mas que nos forneçam meios para o acompanhamento do comportamento epidemiológico das infecções hospitalares. Seria importante a disponibilidade de um microcomputador com um programa apropriado ao controle de infecções hospitalares, pois muito facilitaria o levantamento de dados.

5. Divulgação de boletins e relatórios.

É essencial que as informações obtidas pelo sistema de levantamento de dados (vigilância epidemiológica) sejam divulgadas a todos, principalmente ao corpo clínico, responsável pelo preenchimento das fichas de controle de infecção hospitalar. Deste modo, por boletins mensais e relatórios semestrais e anuais, faremos a retroalimentação de dados, onde retornamos ao médico e a todos que trabalham no hospital, as informações que nos ajudaram a computar, motivando-os para um melhor preenchimento. Considero importante a troca destes boletins e relatórios entre as diversas instituições, para que juntos possamos compartilhar de nossas dificuldades, buscando ações mais concretas para o controle de infecções hospitalares.

6. Controle do uso de antimicrobianos.

O controle de infecções hospitalares está diretamente relacionado ao controle do uso de antimicrobianos, pois o uso indevido e abusivo destes fármacos, nos últimos anos, está se tornando um problema preocupante e assustador. A curto prazo, uma mudança radical na formação de uma geração médica é inviável. Acreditamos que a melhor maneira de controlar e restringir o uso de antimicrobianos é manter uma auditoria constante e procurar orientar ao corpo clínico quanto ao uso criterioso.

No estudo de KAUVIN e colaboradores, sobre a magnitude do uso de antimicrobianos nos E.U.A., verificou-se que os antibióticos respondem por 15,4% das drogas prescritas em 1980. Em hospitais, antibióticos são prescritos para 23 a 37% dos pacientes e responsáveis por 25% do custo total de medicamentos. Como agravante, cita que 5% dos hospitalizados desenvolveram reações adversas. A prescrição de antimicrobianos nos E.U.A. perde apenas para as drogas ativas no sistema nervoso central. Os antibióticos movimentaram a soma de dois bilhões de dólares em vendas durante 1982, que corresponde ao valor de 18% dos produtos comercializados com cerca de 185 milhões de prescrições por ano de antibióticos orais e em grande proporção para sinusites, bronquites e infecções respiratórias, que têm em percentagem significativa na etiologia viral.

O conhecimento médico em doenças infecciosas e uso de antibióticos têm que ser aprimorados. O uso profilático indevido no pré e no pós-operatório se destaca no ambiente hospitalar, com o uso inadequado em 50% das indicações, pelas razões de ausência de infecções, indicação incorreta da droga, dose e tempo excessivo, uma droga mais barata poderia ter sido indicada e uso excessivo pela via parenteral.

Novos antibióticos introduzidos na prática médica deslocam os antigos mesmo que estes continuem eficazes e sejam mais baratos, mas o grande problema é que com a introdução de novos agentes teremos novos efeitos colaterais e aumento de resistência aos novos fármacos.

Nas nações subdesenvolvidas ou em desenvolvimento a situação se agrava, pois fatores ligados à miséria e ao atendimento médico deficiente, levam a população ao auto-uso de antibióticos com freqüência, promoções de drogas tóxicas, associações irracionais e obsoletas de antimicrobianos. Novos antibióticos são testados e vendidos nestes países antes de serem liberados nos países desenvolvidos. O controle do uso de antimicrobianos nos países subdesenvolvidos é um problema que parece de mais difícil solução que a malária e a esquistossomose. Para termos uma idéia da irracionalidade, enquanto que na Suécia existem 90 tipos de antimicrobianos e apenas 2 associações medicamentosas, no Brasil temos 368 tipos de antimicrobianos para 328 associações.

Em função destes fatos, propomos uma política antibiótica no hospital, abrangendo em primeiro lugar a escolha do antibiótico, através de uma estatística de resultados de antibiogramas da instituição, baseado na sensibilidade ou na resistência dos germes isolados em infecções comunitárias e hospitalares, levando-se em conta reações adversas de cada droga, absorção, difusão, a quantidade terapêutica e sobretudo o baixo custo. Há necessidade da restrição ao uso indiscriminado e neste sentido propomos o controle por meio de uma ficha de prescrição de antimicrobianos, que no momento da prescrição de um determinado antimicrobiano deve ser preenchida pelo médico e enviada à farmácia, onde será analisada pelo farmacêutico e posteriormente liberado o fármaco.

Este método, indiscutivelmente, reduz o uso indevido e abusivo, representando benefícios aos pacientes e diminuição de gastos com essas drogas.

Chamamos a atenção da necessidade de rotação e diversificação das drogas rotineiras e quanto ao uso da associação de antimicrobianos devemos utilizá-la de modo criterioso, para prevenirmos o aparecimento de cepas resistentes, tratarmos infecções bacterianas mistas, para atingirmos largo espectro e ainda para buscarmos as ações de sinergismo. Ressaltamos outra medida importante que é a padronização dos antimicrobianos a serem utilizados na instituição, de acordo com a sensibilidade dos germes aos fármacos fornecida pelo laboratório de bacteriologia, poupando aqueles de menor ação e fazendo alternância do uso.

As vantagens de padronização antimicrobiana são permitir a racionalização do uso e suas ações, havendo maior disponibilidade das drogas na farmácia, facilitando a prescrição, evitando similares e favorecendo o estudo dos mecanismos de ação e de efeitos destas drogas, previsão e provisão, com conseqüente redução de custos.

Para termos uma idéia do custo do consumo de antimicrobianos em uma instituição, informo que no ano de 1990, cerca de 30% dos pacientes internados na Santa Casa de Misericórdia de Cachoeiro de Itapemirim, ES, usaram antimicrobianos sendo consumidos 71.011 gramas ou 71 kg de antimicrobianos ao custo de 146.650 BTNs.

Quanto ao desempenho da enfermagem na administração de antimicrobianos vários problemas são detectados e o primeiro deles é a falta de conhecimento sobre o assunto. Pouco estudamos quanto aos tipos, modo de ação, classificação etc. e esta falta de conhecimento, muitas vezes, nos leva a uma desvalorização deste tipo de droga. É necessário que as Faculdades e Escolas de Enfermagem reforcem os ensinamentos sobre antimicrobianos, pois se entre os enfermeiros as dificuldades já são grandes, complica ainda mais ao nível dos técnicos e auxiliares de enfermagem, que rotineiramente preparam e ministram estas drogas sem o menor conhecimento do que está sendo administrado e suas conseqüências.

Em face destes fatos, verificamos que com freqüência o horário de administração é vítima de atrasos, diminuindo o nível do antibiótico na corrente sangüínea. Existem ainda erros grosseiros de diluição do fármaco, desde a falta de antissepsia da ampola ou da rolha de borracha do frasco até a não observância do volume de água destilada que está sendo usada para diluição do fármaco na forma de pó.

Outra dificuldade está no fato de muitas vezes usarmos os antimicrobianos diluídos além do prazo de duração e os frascos após diluição não estarem acondicionados em geladeiras e muito menos guardados na farmácia hospitalar, como indica a moderna administração da farmácia hospitalar. Quando aplicamos em diluições maiores no interior do microgotas é freqüente a falta de controle do número de gotas, com velocidade de infusão demasiada e sujeito a complicações diversas.

Citamos ainda a falha de enfermagem ocorrida no momento da retirada de ar da seringa preparada com o antimicrobiano, onde com freqüência se desperdiça o fármaco, além de provocar a sua aerossolização, expondo-se o funcionário de enfermagem ao mesmo e, deste modo, através de contato direto e constante com estes fármacos, desenvolvemos resistências a muitos deles, além do depósito destes aerossóis sobre a nossa pele, favorecendo o aparecimento de alergias de contato, desenvolvidas também pela falta de lavagem das mãos após o preparo destes medicamentos. Lembramos ainda que há necessidade de uma maior colaboração da enfermagem no controle de antimicrobianos, ajudando os profissionais da farmácia e da CCIH ou do SCIH, quanto à exigência do preenchimento, pelo médico, das fichas de controle de antimicrobianos.

Em âmbito mais abrangente, notamos que os profissionais de saúde se omitem na participação do alerta à comunidade em geral, sobre os perigos da automedicação e principalmente no uso indiscriminado de antibióticos por pessoas leigas. Acredito que deveriam existir leis municipais, estaduais e federais restringindo a venda de antimicrobianos nas farmácias sem a devida receita médica, pois, a longo prazo, os efeitos conseqüentes desta automedicação com antimicrobianos serão desastrosos.

7. Controle bacteriológico diário.

Como o sistema de controle de infecção hospitalar é retrospectivo, adotamos o *controle bacteriológico diário*, como um dos recursos para tornamos a metodologia prospectiva e atual. Nossa proposta de controle bacteriológico diário se baseia nas ações do laboratório de bacteriologia, que fornece diariamente à CCIH ou ao SCIH, um boletim simples, com os resultados de culturas diárias realizadas no hospital e cujos pacientes serão visitados, acompanhados e muitas vezes isolados pela CCIH ou pelo SCIH. Deste modo, conseguiremos identificar casos de infecção hospitalar mais precocemente, detectando inclusive surtos.

8. Controle ambulatorial dos pacientes operados.

É importante para identificarmos as infecções hospitalares pós-alta. É realizado através da vistoria da incisão cirúrgica no ambulatório, no retorno dos pacientes operados para a retirada de pontos. Neste controle, devemos lotar no ambulatório, um auxiliar de enfermagem orientado sobre procedimentos de revisão da incisão cirúrgica quando na ocasião de curativos ou retirada de pontos. Após esta revisão, o retorno dos pacientes é notificado por meio de um protocolo, onde registra-se a ocorrência ou não da infecção hospitalar, sendo este protocolo encaminhado à CCIH ou ao SCIH para ser anexada ou cruzada esta informação com a ficha de controle de infecção hospitalar.

A PROFILAXIA DA INFECÇÃO HOSPITALAR

O investimento na profilaxia é um dos pontos fundamentais no programa que ora propomos, pois de nada adianta proibirmos determinados atos, sendo ao nosso ver mais importante a conscientização do profissional num trabalho educativo feito a longo prazo. Dividimos nossa metodologia quanto à profilaxia, em diversos pontos de referências, a saber:
1. Medidas referentes ao pessoal;
2. Medidas referentes ao material utilizado;
3. Medidas referentes às diversas unidades de internação;
4. Entrosamento com outros serviços.

1. Medidas referentes ao pessoal

Vêm a ser uma série de proposições destinadas à conscientização, motivação, identificação de fontes de infecção entre os funcionários, treinamento, reciclagem e padronização de rotinas.

a) Palestras e reuniões internas

Devem ser feitas regularmente, principalmente na preparação de funcionários de enfermagem, limpeza, cozinha e lavanderia a serem admitidos, onde enfatizamos os aspectos da higiene pessoal, a lavagem sistemática das mãos, assim como a necessidade de o

Parte 3 – Controle de Infecções Hospitalares

funcionário não usar adornos que dificultam a limpeza das mãos. Informamos as definições de infecções comunitárias e hospitalares e o nosso papel, como profissionais, agindo como veículos de infecções cruzadas. Devemos valorizar todos os níveis do pessoal, aplicando a didática própria para cada nível e pedindo a notificação de qualquer fato, dentro do hospital, que possa oferecer um perigo de contaminação ou de infecção cruzada.

Sugerimos que, anualmente, uma jornada de profilaxia e controle da infecção hospitalar seja montada, convidando especialistas no assunto para palestras dirigidas ao corpo clínico e a todos os funcionários, procurando sempre a motivação do grupo para a profilaxia da infecção hospitalar e constante atualização de informações sobre o assunto.

Sugerimos ainda, que destinado ao grupo paramédico, seja realizado no dia *15 de maio (Dia Nacional do Controle de Infecções Hospitalares),* um concurso de frases ou de cartazes sobre o tema, premiando-se os primeiros colocados e expondo ao público todos os trabalhos. Essa estratégia, na minha opinião, é válida, porque quando estamos desenvolvendo um cartaz ou uma frase, estamos pensando no tema e refletindo sobre as suas causas. Considero altamente positiva esta estratégia para o grupo paramédico.

b) Avaliação médica e afastamento de focos de infecção

É importante a existência do serviço de medicina ocupacional dentro da empresa, assim como a existência da CIPA (Comissão Interna de Prevenção de Acidentes), pois todos os funcionários devem passar por informações de conscientização sobre a prevenção dos acidentes no trabalho e uma avaliação médica anual, onde seriam identificados funcionários portadores de afecções diversas e possíveis fontes de infecções, sendo afastados do trabalho e tratados. No caso das mulheres, recomendamos que haja condições para a realização do exame preventivo do câncer ginecológico. Deste modo, procuraremos tratar de doenças ocupacionais e afastar a chance de aparecimento de infecções cruzadas na instituição, provocadas pelos funcionários.

c) Treinamento em serviço

Deve ser feito regularmente, quando além de técnicas básicas, deve ser ensinada a valorização do ser humano como um todo, enfatizando o problema da infecção hospitalar e a responsabilidade de cada um neste controle e profilaxia. Durante o treinamento, além da avaliação básica do pessoal, seria importante uma seleção no sentido da aplicação de determinadas técnicas mais complexas ou que levem maior risco para a ocorrência das infecções hospitalares.

d) Padronização das técnicas

Todas as técnicas usadas no hospital devem ser padronizadas, seguindo rotinas estabelecidas de acordo com as chefias de serviço, principalmente as técnicas básicas de enfermagem, sendo sujeitas a alterações pela CCIH sempre que houver razões que

195

justifiquem este procedimento. Considero a rotina e a padronização fundamentais, pois desta forma iremos dispor de um parâmetro comum de avaliação nas situações de surtos.

2. Medidas referentes ao material utilizado

É básico o tratamento correto dos utensílios hospitalares, seguindo normas rígidas de limpeza, desinfecção e esterilização. Os administradores necessitam valorizar mais a *Central de Esterilização* de seus hospitais, pois é pedra fundamental na garantia da qualidade de esterilização dos instrumentais usados na instituição nos diversos procedimentos hospitalares de diagnóstico e tratamento. Há necessidade de uma planta física racional, com um fluxo constante unidirecional, onde haja espaço suficiente para o trabalho de todo o grupo e o acúmulo de instrumentos.

Na área de expurgo, o material proveniente das diversas seções é recebido, conferido e colocado em recipientes com tampa para a desinfecção/pré-lavagem no tempo de 30 minutos para posterior lavagem. Recomenda-se a solução de fenol sintético, diluída de acordo com as orientações do fabricante ou a solução de hipoclorito de sódio a 1%, que apresenta o grave problema de sua alta corrosão sobre o instrumental. Em razão do alto custo dessas soluções voltamos a usar os antigos ebulidores, onde fervemos todo o instrumental em água acrescida de um desincrostante. A exposição ao desinfetante ou a fervura servirá para a diminuição do número de bactérias existentes no instrumental, que será posteriormente lavado, oferecendo mais segurança para os funcionários que farão a limpeza de todo o instrumental manualmente. A correta limpeza de todo o instrumental é básica para que haja uma esterilização eficaz, pois o processo de esterilização será prejudicado de forma importante, pela presença de restos orgânicos (sangue, pus etc.). Devido às falhas humanas constantes, recomendamos o uso de lavadoras, com diversas opções no comércio, pois é humanamente impossível que os funcionários do setor de expurgo, lavem um grande número de instrumentos do mesmo modo e sabemos que a qualidade da esterilização depende diretamente desta limpeza prévia. Lembramos que se a limpeza do instrumental for manual, o funcionário que executa esta tarefa deverá usar luvas protetoras de borracha antiderrapante durante seu trabalho. As luvas cirúrgicas são as que mais sofrem com a lavagem manual do instrumental, por isso recomendamos a compra de lavadoras, secadoras e entalcadoras de luvas. Depois de lavado convenientemente, o instrumental é encaminhado para a sala de empacotamento, sendo acondicionado em embalagens de tecido ou de papel próprio, bandejas e caixas metálicas. É importante que periodicamente sejam realizados testes químicos e biológicos para que se comprove a eficácia destes pacotes. Na sala de esterilização propriamente dita, os materiais são autoclavados ou colocados em estufas, seguindo com rigor as normas de temperatura e tempo de esterilização. Há a necessidade dos funcionários desta sala compreenderem claramente as instruções quanto à manipulação de estufas e de autoclaves, tendo a devida responsabilidade para seguir corretamente todas as instruções pertinentes. É importante uma boa manutenção periódica destes aparelhos para que se garanta as condições ideais para a esterilização. Outro detalhe que chamamos atenção é quanto à distribuição dos

Parte 3 – Controle de Infecções Hospitalares

pacotes no interior dos autoclaves, que deve ser feita de modo que haja exposição completa de todos os pacotes ao vapor d'água sob pressão, garantindo-se a sua correta esterilização.

Os materiais sensíveis ao calor, devem sofrer desinfecção inicial seguida de lavagem com água e sabão e imersão em balde com solução de *glutaraldeído*, com exposição de 10 horas para esterilização e de 10 a 30 minutos para desinfecção. A seguir, todas as peças são enxaguadas com água esterilizada e distribuídas sobre um campo estéril, para posterior secagem usando-se luvas esterilizadas e compressas. Depois de secas, as peças são montadas e encaminhadas aos setores de origem.

Após cada esterilização, o material é armazenado em prateleiras que são limpas diariamente, seguindo as rotinas de distribuição por data e material. O controle da distribuição para os setores é feito por blocos onde é anotada a saída e o retorno do material à Central de Esterilização.

3. Medidas referentes às diversas unidades de internação

São medidas de vigilância quanto à limpeza, aeração, iluminação e isolamento de pacientes com infecções por patógenos primários (doenças infecto-contagiosas).

É fundamental que haja uma padronização de produtos de limpeza e desinfecção no hospital, usando-se os produtos com técnicas corretas e sem misturas. Esta padronização realizada pela CCIH deve ser reavaliada sempre que houver indícios de aumento da incidência de infecção hospitalar, sendo responsável por uma economia considerável, usando-se o produto certo para cada tipo de limpeza a ser realizada.

A presença da luz solar e a aeração das enfermarias têm um papel relevante na renovação da microbiota hospitalar e sempre que possível a CCIH deve atuar junto à administração do hospital no sentido de, mediante reformas na planta física do hospital, propiciar às unidades de internação, áreas com iluminação solar e ventilação condizentes.

Unidades como o Centro de Tratamento Intensivo, sempre fechadas e com o uso constante do ar refrigerado, devem ter períodos de aeração, onde janelas e portas serão abertas para renovação da população microbiana, pela ventilação constante.

A área de isolamento, com pacientes com patógenos primários, merece nosso interesse especial, pois necessita de limpeza especial, com a desinfecção, com o uso de fenóis sintéticos, hipoclorito de sódio a 1% ou de álcool a 70%, além do emprego constante de técnicas de montagem de isolamento, que muitas vezes são negligenciadas por profissionais que atuam na instituição.

4. Entrosamento com outros serviços

O sistema de saúde só é válido quando funciona como um todo, proporcionando entrosamento e troca de informações entre o hospital e as Secretarias Municipal e Estadual de Saúde.

Além dos boletins de vigilância epidemiológica, devem ser notificadas semanalmente as infecções comunitárias e hospitalares, por impresso próprio, fornecido pela rede estadual. Todos os casos de doadores voluntários de sangue com sorologias positivas para Lues, A.U., M.G. e Elisa devem ser encaminhados ao tratamento no ambulatório, ou mesmo internação.

É necessária uma visita periódica do enfermeiro da CCIH a estas secretarias, quando através do diálogo e troca de informações, todo o sistema de saúde será acionado, proporcionando maior segurança a todos.

A participação dos membros da CCIH ou do SCIH em encontros, seminários e congressos, proporcionam a atualização dos conhecimentos e troca de experiências. O mesmo se faz necessário nas comunidades de base, associações de moradores, colégios e entidades diversas, mostrando ao público o perigo do uso de antimicrobianos sem receita médica, o fator importante da higiene corporal e dos alimentos na profilaxia de infecções e, sobretudo, a vacinação.

Por fim, a pesquisa e elaboração de trabalhos é uma constante na CCIH e no SCIH, pois as publicações são poucas e a troca de experiências é fundamental.

LEGISLAÇÃO BRASILEIRA
SOBRE INFECÇÕES HOSPITALARES

MINISTÉRIO DA SAÚDE
GABINETE DO MINISTRO
PORTARIA Nº 930, DE 27 DE AGOSTO DE 1992

O Ministro de Estado da Saúde, no uso das atribuições que lhe confere o art. 87, item II da Constituição;

Considerando que as infecções hospitalares constituem risco significativo à saúde dos usuários de serviços de saúde;

Considerando que o controle de infecções hospitalares envolve medidas de vigilância sanitária e outras, tomadas ao nível de cada serviço de saúde, atinentes ao seu funcionamento;

Considerando que, nos termos da Lei nº 8.060, de 19 de setembro de 1990, compete ao Ministro de Saúde, como órgão de direção nacional do Sistema Único de Saúde (SUS), coordenar e participar na execução das ações de vigilância epidemiológica; estabelecer critérios, parâmetros e métodos para o controle de qualidade sanitária de produtos, substâncias de interesse para a saúde (art. 16, VI, VII e XII);

Considerando que, no exercício dessa fiscalização, deverão os órgãos estaduais de saúde observar, entre outros requisitos e condições, a adoção, pela instituição prestadora de serviços, de meios de proteção capazes de evitar efeitos nocivos à saúde dos agentes, clientes, pacientes e circunstantes (Decreto nº 77.052, de 19 de janeiro de 1978, art 2º, item IV);

Considerando a necessidade de elaboração de normas técnicas sobre prevenção de infecções hospitalares, para balizar a atividade fiscalizadora dos órgãos estaduais de saúde;

Considerando ainda o avanço técnico-científico e a experiência nacional acumulada desde a promulgação da Portaria nº 198, de 24 de junho de 1983;

Resolve:

1. Expedir, na forma dos anexos, normas para o controle das infecções hospitalares.

2. O descumprimento das normas aprovadas por esta Portaria sujeitará o infrator ao processo e penalidades previstas na Lei nº 6.437, de 29 de agosto de 1977.

3. Esta Portaria entrará em vigor na data de sua publicação, revogadas as disposições em contrário, fixando-se às instituições hospitalares o prazo de 180 dias para adotarem as suas disposições.

4. Revoga-se a Portaria nº 198, de 24 de junho de 1993.

ADIB D. JATENE

ANEXO I
ORGANIZAÇÃO

1. Dos organismos de gestão do Sistema Único de Saúde

Os organismos de gestão estadual e municipal do SUS deverão viabilizar estrutura técnico-operacional que assegure o cumprimento desta Portaria e do disposto nos artigos 1º, 2º e 3º do Decreto nº 77.052, de 19 de janeiro de 1978; bem como o que dispõem os incisos VII, XI e XII do artigo 17; os incisos III, VII, XI e XII do artigo 18 e o artigo 19 da Lei nº 8.060, de 19 de setembro de 1990.

2. Programa de Controle de Infecções Hospitalares

Todos os hospitais do País deverão manter programa de controle de infecções hospitalares, independentemente da natureza da entidade mantenedora.

2.1. Considera-se Programa de Controle de Infecções Hospitalares o conjunto de ações desenvolvidas, deliberada e sistematicamente, com vistas à redução máxima possível da incidência e da gravidade das infecções hospitalares.

3. Estrutura e competências

Objetivando o adequado planejamento, execução e avaliação do programa de infecções hospitalares, os hospitais deverão constituir:
a) Comissão de Controle de Infecções Hospitalares (CCIH), órgão de assessoria à Direção;
b) Serviço de Controle de Infecções Hospitalares (SCIH).

3.1. Comissão de Controle de Infecções Hospitalares

A CCIH deverá ser composta, atendidas as peculiaridades do hospital, por técnicos e profissionais do SCIH, e por representantes de nível superior de, pelo menos, os seguintes serviços:
a) serviço médico;
b) serviço de enfermagem;
c) serviço de farmácia;
d) laboratório de microbiologia;
e) administração.

3.1.1. À CCIH compete:
a) definir diretrizes para ação de controle de infecções hospitalares no hospital;
b) ratificar o programa anual de trabalho do SCIH;
c) avaliar o Programa de Controle de Infecções Hospitalares do hospital;
d) avaliar, sistemática e periodicamente, as informações providas pelo sistema de vigilância epidemiológica e aprovar as medidas de controle propostas pelo SCIH;

Parte 3 – Controle de Infecções Hospitalares

e) comunicar, regular e periodicamente, à Direção e às chefias de todos os setores do hospital, a situação do controle das infecções hospitalares, promovendo seu amplo debate na comunicação hospitalar.

3.2. Serviço de Controle de Infecções Hospitalares

O SCIH é órgão encarregado da execução das ações programadas de controle das infecções hospitalares.

Deverá ser integrado por profissionais e técnicos lotados no hospital, compreendendo, pelo menos, um médico e um enfermeiro, preferentemente com formação epidemiológica, para cada 200 (duzentos) leitos ou fração deste número. O período de trabalho do médico e do enfermeiro no serviço será, no mínimo, de 4 (quatro) e 6 (seis) horas diárias, respectivamente, exigindo-se do último lotação exclusiva no SCIH.

3.2.1. Compete ao SCIH:

a) elaborar, implementar, manter e avaliar um Programa de Controle de Infecções Hospitalares adequado às características e necessidades da instituição;
b) implantar e manter sistema de vigilância epidemiológica das infecções hospitalares;
c) realizar investigação epidemiológica de casos e surtos, sempre que indicado, e implantar medidas imediatas de controle;
d) propor e cooperar na elaboração, implementação e supervisão de normas e rotinas técnico-administrativas visando à prevenção e ao tratamento das infecções hospitalares;
e) propor, elaborar, implementar e supervisionar a aplicação de normas e rotinas técnico-administrativas visando limitar a disseminação de agentes presentes nas infecções em curso no hospital, através de medidas de isolamento e precauções;
f) cooperar com o setor de treinamento com vistas a obter capacitação adequada do quadro de funcionários e profissionais no que diz respeito ao controle das infecções hospitalares;
g) elaborar e divulgar regularmente relatórios.

3.2.2. Supletivamente às funções referentes ao controle das infecções hospitalares, compete ainda ao SCIH:

a) cooperar com a ação de fiscalização do Serviço de Vigilância Sanitária do órgão estadual ou municipal de gestão do SUS, bem como fornecer prontamente as informações epidemiológicas solicitadas pelas autoridades sanitárias competentes;
b) notificar ao organismo de gestão estadual ou municipal do SUS os casos diagnosticados ou suspeitos de doenças sob vigilância epidemiológica, entendidos em qualquer dos serviços ou unidades do hospital, e atuar cooperativamente com os serviços de saúde coletiva;
c) notificar ao Serviço de Vigilância Sanitária do organismo de gestão estadual ou municipal do SUS, os casos de surtos diagnosticados ou suspeitos de infecções associadas à utilização de insumos e produtos industrializados.

3.2.3. Os hospitais poderão consorciar-se, no sentido da utilização recíproca de recursos técnicos, materiais e humanos, com vistas a implantar e manter programa de controle de infecções hospitalares.

3.3. Compete à Direção do Hospital:
a) nomear a CCIH através de ato próprio;
b) propiciar a infra-estrutura necessária à correta operacionalização da CCIH e do SCIH;
c) aprovar e fazer respeitar o regimento interno da CCIH e do SCIH;
d) garantir a participação do Presidente da CCIH nos órgãos colegiados deliberativos e formuladores de política da Instituição como, por exemplo, os conselhos deliberativos e conselhos técnicos, independentemente da natureza da entidade mantenedora do hospital.

ANEXO II
CONCEITOS E CRITÉRIOS PARA DIAGNÓSTICO

1. Conceitos básicos

1.1. Infecção comunitária é a infecção constatada ou em incubação no ato de admissão do paciente, desde que não relacionada com internação anterior no mesmo hospital.

São também comunitárias:
a) a infecção que está associada com complicação ou extensão da infecção já presente na admissão, a menos que haja troca de microorganismos ou sinais ou sintomas fortemente sugestivos da aquisição de nova infecção;
b) a infecção em recém-nascido, cuja aquisição por via transplacentária é conhecida ou foi comprovada e que se tornou evidente logo após o nascimento (exemplo: "Herpes simples, toxoplasmose, rubéola, citomegalovirose, sífilis e AIDS).

1.2. Infecção hospitalar é qualquer infecção adquirida após a internação do paciente e que se manifeste durante a internação, ou mesmo após a alta, quando puder ser relacionada com a internação ou procedimentos hospitalares.

2. Critérios para diagnóstico de infecção hospitalar

2.1. Princípios

O diagnóstico de infecções hospitalares deverá valorizar informações oriundas de: evidência clínica, derivada da observação direta do paciente ou da análise de seu prontuário: resultados de exames de laboratório, ressaltando-se os exames microbiológicos, a pesquisa de antígenos e anticorpos e métodos de visualização; e evidências de estudos com métodos de imagem; endoscopia; biópsia e outros.

202

2.2. Critérios gerais

a) quando, na mesma topografia em que foi diagnosticada infecção comunitária, for isolado um germe diferente, seguido do agravamento das condições clínicas do paciente, o caso deverá ser considerado como infecção hospitalar;

b) quando se desconhecer o período de incubação do microorganismo e não houver evidência clínica e/ou dado laboratorial de infecção no momento da admissão, considera-se infecção hospitalar toda manifestação clínica de infecção que se apresentar a partir de 72 (setenta e duas) horas após a admissão.

Também são consideradas hospitalares aquelas infecções manifestadas antes de 72 (setenta e duas) horas de internação quando associadas a procedimentos diagnósticos e/ou terapêuticos, realizados depois da mesma.

c) as infecções no recém-nascido são hospitalares com exceção das transmitidas de forma transplacentária.

ANEXO III
CLASSIFICAÇÃO DAS CIRURGIAS POR POTENCIAL DE CONTAMINAÇÃO

As infecções pós-operatórias devem ser analisadas conforme o potencial de contaminação da ferida cirúrgica, entendido como o número de microrganismos presentes no tecido a ser operado. A classificação das cirurgias deverá ser feita no final do ato cirúrgico.

1. Operações Limpas

São aquelas realizadas em tecidos estéreis ou passíveis de descontaminação, na ausência de processo infeccioso e inflamatório local ou falhas técnicas grosseiras, cirurgias eletivas atraumáticas com cicatrização de primeira intenção e sem drenagem. Cirurgias em que não ocorrem penetrações nos tratos digestivo, respiratório ou urinário.

2. Operações Potencialmente Contaminadas

São aquelas realizadas em tecidos colonizados por flora microbiana pouco numerosa ou em tecido de difícil descontaminação, na ausência de processo infeccioso e inflamatório e com falhas técnicas discretas no transoperatório. Cirurgias limpas com drenagem, se enquadram nesta categoria. Ocorre penetração nos tratos digestivo, respiratório ou urinário sem contaminação significativa.

3. Operações Contaminadas

São aquelas realizadas em tecidos traumatizados recentemente e abertos, colonizados por flora bacteriana abundante, cuja descontaminação seja difícil ou impossível, bem como todas aquelas em que tenham ocorrido falhas técnicas grosseiras, na ausência de supuração local. Presença de inflamação aguda na incisão e cicatrização de segunda intenção, grande contaminação a partir do tubo digestivo. Obstrução biliar ou urinária.

4. Operações infectadas

São todas as intervenções cirúrgicas realizadas em qualquer tecido ou órgão, em presença de processo infeccioso (supuração local), tecido necrótico, corpos estranhos e feridas de origem suja.

5. Exemplo de Cirurgias Classificadas pelo seu Potencial de Contaminação:

a) limpas:
- artoplastia do quadril;
- cirurgia cardíaca;
- herniorrafia de todos os tipos;
- neurocirurgia;
- procedimentos cirúrgicos ortopédicos (eletivos);
- anastomose portacava, esplenorenal e outras;
- mastoplastia;
- mastectomia parcial e radical;
- cirurgia de ovário;
- enxertos cutâneos;
- esplenectomia;
- vagotomia superseletiva (sem drenagem);
- cirurgia vascular.

b) potencialmente contaminada:
- histerectomia abdominal;
- cirurgia do intestino delgado (eletiva);
- cirurgia das vias biliares sem estase ou obstrução biliar;
- cirurgia gástrica e duodenal em pacientes normo ou hiperclorídricos;
- feridas traumáticas limpas – ação cirúrgica até dez horas após o traumatismo;
- colecistectomia + colangiografia;
- vagotomia + operação drenagem;
- cirurgias cardíacas prolongadas com circulação extracorpórea.

c) contaminadas:
- cirurgia de cólons;
- debridamento de queimaduras;
- cirurgias das vias biliares em presença de obstrução biliar;
- cirurgia intranasal;
- cirurgia bucal e dental;

Parte 3 – Controle de Infecções Hospitalares

- fraturas expostas com atendimento após dez horas;
- feridas traumáticas com atendimento após dez horas de ocorrido o traumatismo;
- cirurgia de orofaringe;
- cirurgia de megaesôfago avançado;
- coledocostomia;
- anastomose bilio-digestiva;
- cirurgia gástrica em pacientes hipoclorídricos (câncer, úlcera gástrica);
- cirurgia duodenal por obstrução duodenal.

d) infectadas:
- cirurgia do reto e ânus com pus;
- cirurgia abdominal em presença de pus e conteúdo de cólon;
- nefrectomia com infecção;
- presença de vísceras perfuradas;
- colecistectomia por colescistite aguda com empiema;
- exploração das vias biliares em colangite supurativa.

ANEXO IV
VIGILÂNCIA EPIDEMIOLÓGICA

Vigilância epidemiológica de infecções hospitalares é a observação ativa, sistemática e contínua da ocorrência e da distribuição dessas infecções entre os pacientes hospitalizados e dos eventos e condições que afetam o risco de sua ocorrência, com vistas à execução oportuna de ações de controle.

1. Tipos de vigilância

São indicados três métodos para vigilância epidemiológica de infecções hospitalares: prospectivo, retrospectivo e de prevalência.

A CCIH deverá escolher o método que melhor se adeque às características do hospital, estrutura de pessoal e natureza do risco.

A vigilância epidemiológica poderá incluir todos os pacientes, serviços e procedimentos ou parte deles.

A definição sobre quais grupos de pacientes, serviços ou procedimentos são objetos de vigilância é feita com base em critérios de magnitude, gravidade, redutibilidade ou custo.

Desta forma, a critério da CCIH, poder-se-á manter vigilância epidemiológica total (todos os pacientes, serviços, procedimentos) ou seletiva, orientada para o controle de determinada topografia, serviço ou procedimento.

A vigilância epidemiológica poderá estender-se ao acompanhamento ambulatorial de regressos e de pacientes em ambulatórios, em especial na vigilância de infecção cirúrgica e de recém-nascidos.

2. Indicadores epidemiológicos

2.1. Os indicadores mais importantes a serem levantados e analisados periodicamente por serviço e por hospital são:

a) Taxa de Doentes com Infecções Hospitalares , tendo como numerador o número de doentes que apresentarem infecções hospitalares no período considerado, e como denominador o total de saídas (alta, óbitos e transferências ocorridas no mesmo período);

b) Taxa de Infecções Hospitalares , tomando como numerador o número de episódios de infecções hospitalares e como denominador as saídas, ocorridas no período considerado;

c) Taxa de Doentes com Infecção Hospitalar por Causa Básica de internação, tendo como numerador o número de infecções hospitalares e como denominador o total de saídas, na mesma causa de internação;

d) Estrutura percentual de infecção hospitalar por localização topográfica do paciente;

e) Taxa de Infecção Hospitalar por Procedimentos de Risco, tendo como numerador o número de pacientes submetidos a determinados procedimentos de risco que desenvolveram infecção hospitalar e como denominador o número total de pacientes submetidos a este procedimento, no período considerado.

Exemplos:

— Taxa de supuração de ferida cirúrgica de acordo com o potencial de contaminação (Anexo III);

— Taxa de infecção urinária após cateterismo vesical;

— Outros procedimentos de risco poderão ser avaliados, sempre que a ocorrência respectiva o indicar, da mesma forma que é utilizado o levantamento das taxas de infecção cirúrgica por cirurgião e por serviço.

f) Distribuição de infecções por microrganismos;

g) Coeficiente de sensibilidade aos antimicrobianos, tendo como numerador o número de cepas bacterianas sensíveis a determinado antimicrobiano e como denominador o total de culturas do mesmo agente realizados a partir de espécimes encontradas causando infecção hospitalar no hospital (a ser levantado pelo menos semestralmente);

h) Indicadores de consumo de antimicrobianos:

— Percentual de pacientes que usaram antimicrobianos (uso terapêutico, uso profilático e total) no período considerado;

— Freqüência (%) com que cada antimicrobiano é empregado, em relação aos demais;

i) Taxa de letalidade associada à infecção hospitalar, tendo como numerador o número de óbitos ocorridos em pacientes com infecções hospitalares e como denominador o número de pacientes que desenvolveram infecções hospitalares;

j) Taxa de infecção comunitária, tendo como numerador o número de infecções comunitárias e como denominador o número de saídas.

Os indicadores mínimos a serem calculados mensalmente são os especificados nas alíneas a, b e d.

Parte 3 – Controle de Infecções Hospitalares

2.2. Considerando a estreita correlação entre tempo de permanência e risco de infecção, poder-se-ão construir indicadores bem mais precisos se for usado como denominador o número de pacientes-dia ao invés de número de saídas.

3. Coleta de dados

Os dados com os quais são produzidos os indicadores utilizados na vigilância epidemiológica das infecções hospitalares devem ser coletados, preferentemente, por metodologia ativa, tendo suas fontes em:
— resultados de exames microbiológicos;
— prontuário de pacientes internados;
— outras anotações de enfermagem;
— dispensa de materiais médico-hospitalares, antimicrobianos e soluções parenterais de grande volume feita pelo serviço de farmácia;
— exame de pacientes internados;
— laudos de exames radiológicos, tomográficos, endoscópicos de patologia e outros;
— serviço de arquivo médico e estatística (SAME), indicadores hospitalares.

A escolha das fontes de dados a serem utilizados deverá ser feita com base em critérios de sensibilidade estatística. É recomendável a utilização do maior número possível de fontes.

Não são recomendados os métodos de coleta de dados para vigilância epidemiológica baseados exclusivamente em notificação (métodos passivos de produção de dados) ou em revisão retrospectiva de prontuário.

4. Relatórios

O Serviço de Controle de Infecções Hospitalares deverá construir os indicadores epidemiológicos adotados, analisá-los e interpretá-los. Um relatório com estas informações deverá ser publicado periodicamente, submetido e aprovado pela Comissão de Controle de Infecções Hospitalares, divulgado a todos os serviços e à Direção e promovido seu debate entre a comunidade hospitalar.

Os relatórios deverão conter informações sobre o nível endêmico das infecções sob vigilância e as alterações de comportamento epidemiológico detectadas, bem como sobre as medidas de controle adotadas e os resultados obtidos.

Cada cirurgião deverá receber, anualmente, relatório mostrando suas taxas individuais de infecção e a taxa média de infecção entre pacientes de outros cirurgiões de serviços equivalentes.

5. Investigações epidemiológicas

Todas as alterações de comportamento epidemiológico (surtos, epidemias, aparecimento de novos agentes ou aumento de gravidade) deverão ser objeto de investigação epidemiológica, cujo relatório ficará arquivado no SCIH.

ANEXO V
NORMAS PARA LIMPEZA, DESINFECÇÃO, ESTERILIZAÇÃO E ANTISSEPSIA EM ESTABELECIMENTOS DE SAÚDE

Destinam-se a estabelecer critérios para seleção e uso adequado de processos físicos e de germicidas para limpeza, desinfecção, esterilização e antissepsia em estabelecimentos de saúde, evitando o uso de produtos e processos inadequados aos fins a que se propõem.

O produtos comercializados destinados a estas finalidades, deverão ter Certificado de registro expedido pela Divisão de Produtos (DIPROD) da Secretaria Nacional de Vigilância Sanitária do Ministério da Saúde.

A escolha dos procedimentos deverá estar condicionada ao potencial de contaminação das áreas e artigos e dos riscos inerentes de infecções hospitalares.

Áreas críticas — São aquelas onde existe o risco aumentado de transmissão de infecção, onde se realizam procedimentos de risco ou onde se encontram pacientes com seu sistema imunológico deprimido (ex.: salas de operação e de parto, unidade de tratamento intensivo, sala de hemodiálise, berçário de alto risco, laboratório de análises clínicas, banco de sangue, cozinha, lactário e lavanderia).

Áreas semicríticas: São todas as áreas ocupadas por pacientes com doenças infecciosas de baixa transmissibilidade e doenças não infecciosas (ex.: enfermarias e ambulatórios).

Áreas não-críticas: São todas as áreas hospitalares não ocupadas por pacientes (ex.: escritório, depósitos, sanitários).

Artigos críticos — São aqueles que penetram através da pele e mucosas, atingindo os tecidos sub-epiteliais, e no sistema vascular, bem como todos os que estejam diretamente conectados com este sistema.

Artigos semicríticos — São todos aqueles que entram em contato com a pele não íntegra ou com mucosas íntegras.

Artigos não-críticos — São aqueles que entram em contato apenas com a pele íntegra do paciente.

1. Limpeza

Preconiza-se a limpeza com água e sabão ou detergente de superfícies fixas em todas as áreas hospitalares, promovendo a remoção da sujeira e do mau odor e reduzindo a população microbiana no ambiente hospitalar.

Parte 3 – Controle de Infecções Hospitalares

2. Desinfecção

É o processo de destruição de microorganismos em forma vegetativa, mediante a aplicação de agentes físicos ou químicos.

Em presença de matéria orgânica e contaminação, os artigos e superfícies fixas deverão sofrer processo de desinfecção.

2.1. Agentes físicos

A desinfecção por métodos físicos pode ser feita pela imersão em água em ebulição por 30 minutos.

Poderão ser utilizados sistemas automáticos de lavagem que associem calor, ação mecânica e detergência, desde que o processo seja validado tanto pelo fabricante como pelo usuário, através dos Serviços de Controle de Infecções Hospitalares.

2.2. Agentes químicos

A desinfecção por agentes químicos é indicada para artigos sensíveis ao calor.

3. Classificação dos agentes químicos para desinfecção

3.1. Desinfecção para lactários — Princípios ativos permitidos:
—compostos inorgânicos liberados de cloro ativo:
  hipoclorito de sódio, de lítio e de cálcio.

3.2. Desinfetantes hospitalares para superfícies fixas — Princípios ativos permitidos:
— fenólicos;
— quaternários de amônio;
— compostos orgânicos e inorgânicos liberadores de cloro ativo;
— iodo e derivados;
— álcoois e glicóis;
— biguanidas;
— outros princípios ativos desde que atendam à legislação específica.

3.3. Desinfetantes hospitalares para artigos — Princípios permitidos:
— aldeídos;
— fenólicos;
— quaternários de amônio;
— compostos orgânicos liberadores de cloro ativo;
— iodo e derivados;
— álcoois e glicóis;
— biguanidas;
— outros princípios ativos desde que atendam à legislação específica.

4. Esterilização

É o processo de destruição de todas as formas de vida microbiana (bactérias nas formas vegetativas e esporuladas, fungos e vírus) mediante a aplicação de agentes físicos e químicos.

Os agentes físicos mais utilizados são o vapor saturado sob pressão e o calor seco. Entre os agentes químicos, temos os aldeídos e o óxido de etileno.

O processo de esterilização que maior segurança oferece é o vapor saturado sob pressão em autoclave.

A escolha do processo depende da natureza do artigo a ser esterilizado.

4.1. Agentes físicos

4.1.1. Esterilização pelo vapor saturado sob pressão

É o processo de esterilização que maior segurança oferece e é realizado através de equipamentos (autoclaves), devendo ser utilizado para esterilização de todos os artigos que não sejam sensíveis ao calor e ao vapor.

4.1.2. Esterilização pelo calor seco

É o processo de esterilização utilizado para artigos que não sejam sensíveis ao calor, mas sejam sensíveis à umidade.

4.1.3. Radiação ultravioleta

Seu uso não é permitido com a finalidade de desinfecção e esterilização de superfícies ou artigos.

4.1.4. Flambagem

Seu uso é permitido:
— em laboratório de microbiologia durante a manipulação de material biológico ou transferência de massa bacteriana, através da alça bacteriológica;
— para a esterilização de agulhas, na vacinação pelo BCG — intradérmico.

4.2. Esterilizantes químicos

Princípios ativos permitidos:
— aldeídos;
— outros princípios ativos, desde que atendam à legislação específica.

4.3. Óxido de etileno

As normas técnicas para esterilização por óxido de etileno estão contidas na Portaria Interministerial (Saúde e Trabalho) nº 4, de 31 de julho de 1991.

5. Antissépticos

São preparações contendo substâncias microbicidas ou microbiostáticas de uso na pele, mucosa e ferimentos.

São adequadas:
— soluções alcoólicas;
— soluções iodadas;
— iodóforos;
— clorohexidina;
— solução aquosa de permanganato de potássio;
— formação à base de sais de prata;
— outros princípios ativos que atendam à legislação específica.

Não são permitidas, para a finalidade de antissepsia, as formulações contendo mercuriais orgânicos, acetona, quaternários de amônio, líquido de Dakin, éter clorofórmio.

ANEXOS

MODELO DE FICHA DE CONTROLE DE INFECÇÃO HOSPITALAR

Nome: .... Prontuário: .... Seção: ....

Idade: .... Endereço: ....

Bairro: .... Sexo: .... Clínica: ....

Data de internação: ..../........./19..... .

Sem infecção ( )　　　　Infec. Comunitária ( )　　　　Inf. Hospitalar ( )

Data em que foi verificada a infecção: ..../........./19..... .

Doença básica:　　　　　　　Diag. de internação

Topografia da infecção:

1. Inc. cirúrgica ( )　　　　　　　7. Urinária ( )
2. Respiratória ( )　　　　　　　8. Cut. não cirúrgica ( )
3. Intraperitonial ( )　　　　　　9. Gastroenterite ( )
4. Flebite ( )　　　　　　　　　10. Septicemia ( )
5. Osteoarticular ( )　　　　　　11. Genital ( )
6. Sist. Nervoso central ( )　　　12. Outras ( )

A infecção hospitalar ocorreu após que procedimento diagnóstico/terapêutico...................................

....

O diagnóstico infeccioso foi comprovado com cultura? Sim ( )　　　Não ( )

Germe isolado:..

Procedimentos diagnósticos e terapêuticos:

1. Cateter de oxigênio ( )　　　　10. Venóclise ( )
2. Nebulização ( )　　　　　　　11. Abocath ( )
3. Traqueostomia ( )　　　　　　12. Instr. Venosa Profunda ( )
4. Traqueostomia ( )　　　　　　13. Punção arterial ( )
5. Respiradores ( )　　　　　　　14. Transfusão ( )
6. Punção lombar ( )　　　　　　15. Cateter urinário ( )
7. Hemodiálise ( )　　　　　　　16. Irrigação vesical ( )
8. Diálise peritonial ( )　　　　　17. Incubadora ( )
9. C.A.P.D. ( )　　　　　　　　　18. ....

ANTIMICROBIANOS:

Profilático ( )　　　　　　　Infecção ( )　　　　　　　Outros ( )

Quais:..

Houve associação?　　　　　Sim ( )　　　　　　　Não ( )

Qual:...

Tipos de cirurgia:

Limpa ( )　　　　　　　　Não limpa ( )　　　　　　　Infectada ( )

Alta: ....

Óbito:...

Informante:...

CRM:...

MODELO DE FICHA DE CONTROLE DE PRESCRIÇÃO DE ANTIMICROBIANO

Nome:..

Prontuário:...

Enfermaria:..

Uso de antimicrobiano:
Profilático ( )   Terapêutico ( )

Número de Doses em 24 hs.:...
Dosagem:...

Antimicrobiano:...

Oral ( )   IM ( )   IV ( )

Duração provável do tratamento:........................... dias.

Justifique a
associação:..
....

Data: ..../......../........   Nome do
médico:...

MODELO DE FICHA DE CONTROLE AMBULATORIAL DE CIRURGIAS

Nome:...
Idade:...............................

Cirurgia Realizada:..
Data: ..../......../........
Tipo de anestesia:...

Data da alta do paciente: ..../......../........
Data do retorno ao ambulatório: ..../......../........

Cirurgião:..

Cirurgia:
Limpa ( )   Não limpa ( )   Infectada ( )

Infecção da ferida cirúrgica: Sim ( )   Não ( )

Observações:...
....
....

Assinatura:...

PARTE 4

INSTRUMENTAÇÃO CIRÚRGICA

INTRODUÇÃO

Neste capítulo vamos transmitir aos leitores, de modo simples e objetivo, os conhecimentos sobre antissepsia, equipe cirúrgica, funcionamento e montagem de uma sala de cirurgia, instrumental cirúrgico e as técnicas de instrumentação.

O trabalho da enfermagem na sala de operações é bem diferente daquele requerido nos serviços clínicos. Assim sendo, além das qualidades necessárias ao bom profissional de enfermagem, devem ser desenvolvidas outras, como:

1. Trabalho rápido, com perfeito controle emocional, pois com freqüência a tensão é uma constante, sendo necessário seguir ordens rápidas e precisas, cuja falta de conhecimentos ou de cuidado poderá significar a perda de uma vida.
2. Deve ter um tempo rápido de reação e ter capacidade para processar mudanças para situações inesperadas, pois muitas vezes, durante uma cirurgia, verificamos outro diagnóstico, diferente do inicial, sendo necessário aparelhagens e instrumentais completamente diferentes dos já preparados.
3. Antecipar-se às necessidades do cirurgião, acompanhando e entendendo os passos do ato cirúrgico e fornecendo o instrumental correto em tempo, pois a atenção do cirurgião é desviada do campo cirúrgico quando algum instrumento lhe é entregue errado.
4. Adaptar-se ao trabalho de equipe que deve funcionar em uníssono: todos pensam e agem para um único fim.
5. Capacidade de organização, a fim de que não se perca tempo procurando um determinado instrumental sobre uma mesa desorganizada, pois a economia de tempo é da maior importância para reduzir ao mínimo o tempo em que o paciente permanece sob anestesia.
6. Garantir a esterilidade do instrumental, preocupando-se sempre em checar com a central de esterilização a data de esterilização e o processo utilizado.
7. Ser paciente com aqueles que, às vezes, tornam-se impacientes numa situação tensa, aprendendo que muitas queixas generalizadas são utilizadas, de modo inconsciente, por alguns profissionais para a diminuição de tensão. Se as críticas procedem, aceite-as como impessoais e construtivas e tire proveito delas; se for simplesmente uma crítica redutora de tensão, ignore-a.

As operações em si são apenas uma parte do trabalho da sala de operações. O preparo de uma operação remonta a horas, desde a confecção, empacotamento e esterilização dos instrumentais até o ato cirúrgico propriamente dito. Embora muitos instrumentais e equipamentos sejam obtidos comercialmente já preparados, é necessário saber tudo que for possível a respeito dos mesmos, a fim de evitar erros durante a utilização.

O trabalho do instrumentador ou instrumentadora cirúrgica é relevante para o bom andamento e rendimento do ato cirúrgico, devendo sempre tomar conhecimento prévio da cirurgia a ser realizada, preocupar-se em ser um dos primeiros profissionais a chegar no centro cirúrgico, separando o instrumental cirúrgico, fios e demais equipamentos de acordo com a cirurgia que vai ser realizada, checando a limpeza da sala, a desinfecção de equipamentos que não são esterilizáveis, garantindo a eficácia e segurança necessária ao ato cirúrgico, no que se refere aos instrumentais e equipamentos utilizados. Quando o instrumentador trabalha com equipes diferentes deverá adaptar-se ao hábito de cada uma, comportando-se de acordo com a rotina de cada uma, evitando comentários ou possíveis comparações, lembrando a ética profissional a que todos nós estamos sujeitos, promovendo o ajustamento no ambiente hospitalar, que em princípio, nos exige esforço e muita dedicação, em função das novas técnicas e as constantes inovações em clínica cirúrgica. O instrumentador deve ter consciência profissional, discernindo atos e ações incorretas, respeitando os sentimentos de pacientes e demais membros da equipe cirúrgica e equipe de enfermagem, procurando aprender tudo aquilo que ainda não domina dentro da profissão. A consciência e a responsabilidade são predicados necessários a um bom instrumentador, devendo sofrer constante aprimoramento para que suas ações sejam sempre corretas, lembrando a discrição fundamental, guardando para si fatos que viu e ouviu durante o seu dia de trabalho, com reserva nas atitudes e falatórios desnecessários.

Segundo ARANA, cabe ao instrumentador conhecer os instrumentos pelos nomes próprios e não esquecer de colocar em sua mesa os instrumentos necessários segundo a operação a ser realizada, manter a assepsia rigorosa e ter pronto todo o material de diérese, de síntese e de hemostase, diligência e ajuste de ações manuais, ordem e método na arrumação do instrumental, limpeza e acomodação do instrumental usado, quando o cirurgião o deixa na mesa com sangue ou secreção. Entregar o instrumento com presteza, ao pedido verbal do cirurgião, colocando-o na mão, em forma, modo e precisão exatas para imediato uso, sem que o cirurgião tenha que reacomodá-lo em sua mão, ao utilizá-lo; entregar o instrumento que, por sinais manuais, possa fazer o cirurgião, de modo que o ato operatório se faça silencioso e admirável; fornecer sucessivamente os instrumentos sem que os peçam durante a sucessão de atos operatórios, sincronizando tempos e ações manuais com o cirurgião e o primeiro ajudante, segundo técnicas e detalhes bem estudados, procurando guardar silêncio absoluto.

A *Enfermagem Cirúrgica* refere-se aos cuidados específicos de enfermagem, destinados ao paciente, antes, durante e após a cirurgia. Todo procedimento cirúrgico vem sempre precedido de uma reação emocional do paciente, seja ela evidente ou não, pois representa uma ameaça à sua integridade corporal. Muitos fatores influem na extensão desta reação, tais como sacrifícios físicos, financeiros, psicológicos e sociais. Uma atuação eficiente da enfermagem levará o paciente a um melhor comportamento de aceitação, podendo assim recuperar-se o mais rápido possível.

O CENTRO CIRÚRGICO

É difícil encontrarmos um planejamento de centro cirúrgico que agrade a todos os gostos, pois cada um é planejado de acordo com realidades diferentes, com caracte-

Parte 4 — Instrumentação Cirúrgica

rísticas próprias para atender a necessidades específicas, que com avanço da medicina e dos conhecimentos em técnica cirúrgica tornam-se ultrapassadas, necessitando novas adaptações.

É consenso entre os arquitetos o conceito de dois princípios fundamentais na construção da área física do centro cirúrgico:

— A eliminação da contaminação de fora do centro cirúrgico;

— A separação das áreas limpas das áreas sujas dentro do centro cirúrgico.

Considera-se como suficiente, no hospital geral, uma sala de cirurgia para cada 50 leitos e, no hospital cirúrgico, cerca de duas salas de cirurgia para cada bloco de 50 leitos. Estas salas devem ser construídas de acordo com os tipos de cirurgias a serem realizadas na instituição. Cabe aos arquitetos, durante o planejamento da construção, ouvir toda a equipe de saúde nas suas aspirações e necessidades, pois deste modo as chances de sucesso serão bem maiores.

A localização do centro cirúrgico deve ser em área acessível às enfermarias cirúrgicas, ao pronto-socorro e ao centro de tratamento intensivo, próximo à central de esterilização ou incorporado à mesma, facilitando o trânsito do material que é intenso.

Suas paredes devem ser planas, laváveis, de cor agradável, com a área junto ao piso da junção com o mesmo, de superfície arredondada, facilitando a limpeza. Recomenda-se o uso de protetores de aço ou borracha nos cantos e lados das molduras das portas, evitando o desgaste das mesmas, pois com freqüência ocorre o esbarro de carrinhos diversos.

O piso deve ser lavável com o mínimo de frestas, conservado limpo diariamente, e as salas destinadas a explorações radiológicas devem ser revestidas com chumbo. A área de entrada do centro cirúrgico deve ser planejada de modo a ser agradável aos olhos, tendo uma saleta destinada aos familiares que aguardam informações sobre o desenrolar dos procedimentos cirúrgicos realizados. Nesta recepção, o paciente é recebido, identificado e conduzido à entrada de pacientes, individualizada da entrada da equipe cirúrgica.

Um corredor na periferia deve ser planejado para comportar todo o tráfego que vem de fora, individualizado do tráfego de carrinhos e macas que transitam dentro do centro cirúrgico, separando desta forma os equipamentos que sofreram desinfecção daqueles considerados contaminados.

Recomenda-se que, ao chegar na entrada do centro cirúrgico, o paciente seja transferido para uma segunda maca restrita ao trânsito exclusivo do centro cirúrgico, através de uma barreira de transferência. Ao término da cirurgia, quando nosso cliente recebe alta da sala de recuperação pós-anestésica, é transferido da maca exclusiva do centro cirúrgico para outra de trânsito amplo pelo hospital.

Os vestiários do pessoal que atua no centro cirúrgico devem ser amplos, com piso e paredes laváveis, possuindo banheiros e chuveiros em quantidade suficiente, além de armários para guarda de roupa. Nestes vestiários, os aventais e uniformes devem ser trocados por roupa exclusiva do centro cirúrgico, sendo os cabelos cobertos por um gorro e uma sapatilha ou "propé" deve ser utilizada. A máscara é restrita ao uso da sala de cirurgia propriamente dita e, mesmo assim, durante o ato cirúrgico, sendo exagero o fato de algumas pessoas utilizarem as máscaras em todo o ambiente cirúrgico.

Em alguns centros cirúrgicos verificamos a presença de janelas para passagem de instrumental para as salas de cirurgia, mas não são fundamentais e o transporte do instrumental ou material pode ser realizado pelas portas tradicionais.

Na maioria dos centros cirúrgicos o ar é refrigerado e filtrado através de um planejamento rígido, mas em pequenos centros são utilizados os aparelhos de ar refrigerado comuns; não foi registrado, até o momento, quaisquer inconvenientes nesta prática, pois, segundo diversos autores, o importante é o instrumental e a técnica cirúrgica da prevenção de infecções hospitalares e não o ar, piso ou superfícies de aparelhos.

Após a entrada do centro cirúrgico, geralmente adentramos em corredores que dão acesso às diversas áreas do centro cirúrgico, onde, além de salas de cirurgias propriamente ditas, encontramos salas para armazenamento do material estéril e não estéril, sala de armazenamento dos equipamentos, sala de expurgo, destinadas à limpeza e desinfecção, área para o laboratório, utilizada para testes, análise e congelamento de peças e ainda para fotografias.

Devido ao stress cirúrgico, todo centro cirúrgico requer uma sala destinada a lazer, onde num breve espaço de tempo restaura-se a fadiga e o cansaço com uma refeição leve.

A sala de recuperação pós-anestésica é destinada ao pós-operatório imediato, ficando sob supervisão direta do anestesista. Deve conter todos os equipamentos necessários para possíveis urgências e, se possível, com comunicação para o centro de tratamento intensivo. No centro cirúrgico, devem ainda estar definidas áreas para preparo de sangue a ser transfundido e área destinada para os serviços de farmácia e enfermagem.

Quanto à limpeza, recomenda-se que diariamente todas as áreas do centro cirúrgico sejam lavadas com água e sabão durante a noite, de modo que ao início da manhã de trabalho todas as salas de cirurgias estejam higienizadas. No intervalo entre as cirurgias limpas, recomenda-se a limpeza com água e sabão de mesas, focos e pisos, fazendo-se a desinfecção apenas de áreas com matéria orgânica. No intervalo após cirurgias infectadas, deve ser feita a lavagem geral da sala com água e sabão, onde cada vez mais abolimos a desinfecção de piso e paredes, considerada des-necessária e inócua como meio de redução da taxa de infecção em cirurgia.

O PREPARO PARA A INSTRUMENTAÇÃO CIRÚRGICA

Iniciamos nosso trabalho com a troca do uniforme do hospital pelo uniforme restrito ao centro cirúrgico, composto de calça, jaleco, propé (sapatilha) e gorro. Devemos guardar no armário a roupa de área externa, assim como todos os pertences, incluindo os adornos, como relógios, pulseiras, anéis e aliança, pois não conseguiremos fazer a desinfecção destes materiais e que muito nos atrapalharão em nosso trabalho, sendo ainda fontes de contaminação.

Uniforme do Centro Cirúrgico

Os cabelos devem ser presos com grampos ou uma rede e, na ante-sala da sala de cirurgia, a máscara deve ser colocada, ou se preferir, ainda no vestiário, conforme a rotina de alguns serviços. Embora a máscara filtre um grande número de bactérias, devemos nos lembrar que a mesma não consegue filtrar um sem-número de outras, onde deduzimos que a proteção não é absoluta, sendo necessário que o instrumentador e a equipe cirúrgica fale o menos possível, durante o ato cirúrgico.

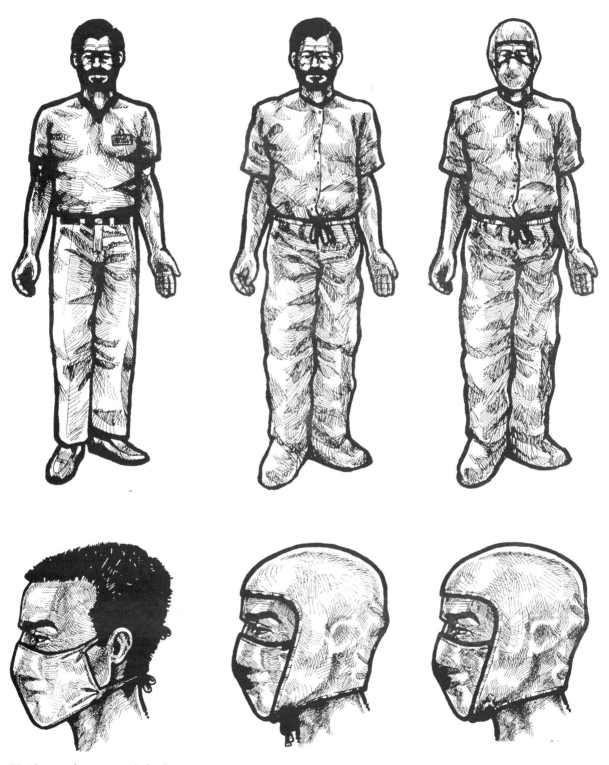

Uniforme do centro cirúrgico.

DEGERMAÇÃO DAS MÃOS, ESCOVAÇÃO E ESFREGAÇÃO

Sabemos que a pele é colonizada por bactérias, havendo uma microbiota residente e uma microbiota transitória. Face a esta realidade, em que verificamos que podemos retirar a microbiota transitória, mas é impossível a retirada da microbiota residente, recomenda-se que antes da instrumentação seja feita a degermação de mãos, antebraços e cotovelos, escovação ou esfregação, seguida de antissepsia complementar para inativação temporária desta microbiota residente.

Na degermação, devemos abrir a torneira e após molharmos as mãos, antebraços e cotovelos partindo da extremidade dos dedos até os cotovelos, devemos fazer a aplicação do sabão ou degermante, dando preferência a um produto que tenha associado à sua formulação iodo ou outro antisséptico. Após a aplicação do sabão, esfregamos com rigor as mãos, dando ênfase para as palmas e dorsos das mãos, antebraços e cotovelos, enxaguando no sentido dos dedos até os cotovelos, tendo o cuidado de mantermos os membros superiores sempre suspensos, durante a técnica da degermação.

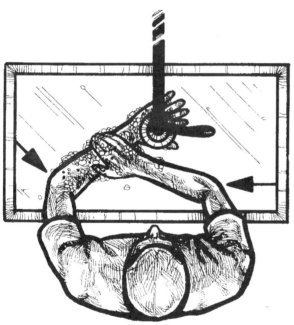

Degermação de mãos, antebraços e cotovelos.

Técnica de escovação

É prática antiga a escovação após a degermação, cuja finalidade é a retirada da microbiota residente de nossa pele. Todavia, com os novos conhecimentos sobre infecção hospitalar, verificou-se ser impossível esta prática e, atualmente, devemos apenas realizar a esfregação seguida da antissepsia complementar com a inativação das bactérias da nossa microbiota residente. Verificamos que a escovação, como era preconizada, em que escovávamos uma série de vezes, durante um tempo determinado, nossas mãos e antebraços até os cotovelos, produzia irritações na pele, às vezes, escoriações leves, que de nada adiantavam para a profilaxia de infecções cirúrgicas, provocando incômoda ardência nos membros superiores dos profissionais que diariamente executavam esta técnica.

Atualmente, utilizamos e recomendamos a esfregação pós-degermação. Nesta técnica, após a degermação com o enxágüe, ensaboamos novamente as mãos, antebraços até os cotovelos, mantendo os antebraços para cima e solicitamos a uma das auxiliares de enfermagem uma esponja ou compressa estéril, de preferência embebida com um antisséptico à base de iodo e iniciamos a *esfregação* pelo antebraço direito; os canhotos, evidentemente, farão o contrário. A esfregação deve ser lenta e demorada, abrangendo toda a mão, dedos, pregas interdigitais, palma e dorso das mãos, punho, antebraço até o cotovelo e terminada passaremos a repetir toda esta manobra e rotina no antebraço esquerdo. Deve-se dar ênfase às unhas, sempre curtas, aparadas e limpas com um palito ou similar, embebido em solução antisséptica.

Após a esfregação e limpeza das unhas, realizamos o enxágüe em água corrente no lavabo, lembrando sempre de tocar no cabo da torneira com o cotovelo, caso a mesma não tenha o acionamento por pedal ou célula fotoelétrica.

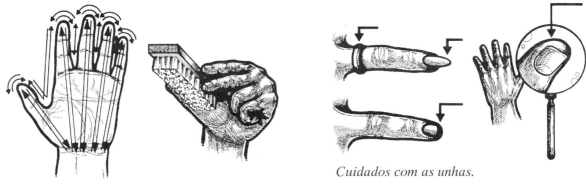

Técnica de escovação

Cuidados com as unhas.

Na escovação a seqüência é idêntica, mas utilizamos uma escova estéril, provocando sempre irritações na pele.

A degermação, escovação ou esfregação são imperiosas pelo fato de, com freqüência, ocorrerem furos nas luvas cirúrgicas, às vezes, defeitos de fabricação imperceptíveis a olho nu, possibilitando o processo de contaminação.

ANTISSEPSIA COMPLEMENTAR

Como dissemos, não conseguiremos retirar a microbiota residente de nossa pele, sendo necessário o uso de antissépticos pós-degermação, escovação ou esfregação, para a inativação desta microbiota residente.

Neste sentido, utilizamos a antissepsia complementar, feita por diversas maneiras, mas todas baseadas na ação de produtos chamados de antissépticos, capazes de inativar os microrganismos por um período determinado.

Nesta antissepsia complementar, alguns serviços utilizam bacias com uma solução de álcool a 70% e bacias com uma solução de álcool iodado a 1%, manipuladas com segurança na farmácia hospitalar, com controle de qualidade realizada pelo farmacêutico da instituição.

Quando utilizamos estas bacias, terminada a esfregação ou escovação, seguida do enxágüe, as mãos e antebraços são mantidos para cima, na posição vertical e sobre o lavabo, escorrendo a água. As mãos e antebraços são enxutos em compressa estéril para evitar várias imersões de mãos molhadas que diluam a solução das bacias, sendo a seguir imersas, no sentido das mãos em posição de concha, até os cotovelos, primeiro na bacia com álcool a 70%, que tem ação bactericida, destruindo os germes, sendo a seguir imersas na bacia com solução de álcool iodado a 1%, com ação bactericida e com complementação residual pelo iodo contido na fórmula. Os membros superiores devem ser mantidos suspensos, fazendo com que a solução escorra pelos cotovelos, evitando-se a recontaminação das mãos, deixando que sequem por evaporação, pois se utilizarmos a secagem com compressas estéreis, estaremos retirando uma boa parte de iodo, prejudicando a ação residual do mesmo. As mãos devem ser mantidas em posição vertical, separadas e, deste modo, utilizando os ombros adentramos na sala de cirurgia.

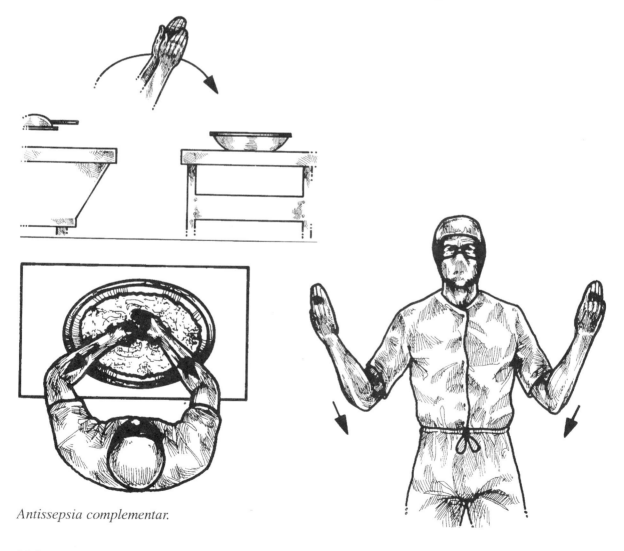

Antissepsia complementar.

Observações sobre produtos utilizados na degermação, esfregação e antissepsia complementar:
1. Em hospitais com poucos recursos financeiros, utilizamos na degermação água e sabão de coco, seguida de enxágüe em água corrente e antissepsia complementar com álcool a 70% e álcool iodado a 1%.
2. Em hospitais com mais recursos, capazes do emprego de produtos mais caros, utilizamos a degermação com solução degermante de PVPI (Polivinil pirrolidona iodo) a 1%, contendo sabão associado ao iodo, seguida do enxágüe em água corrente e aplicação de solução alcoólica de PVPR (Polivinil pirrolidona iodo) a 1% como esfregação complementar ao invés da imersão complementar em álcool iodado a 1%.
3. É necessário, para pessoas sensíveis ao iodo, que haja no centro cirúrgico soluções alternativas, como o clorohexedine (clorohex).

VESTINDO O CAPOTE ESTÉRIL

Após a entrada na sala de operações (S.O.), devemos nos dirigir à mesa auxiliar onde encontramos os pacotes com os capotes estéreis, que são abertos pela auxiliar de enfermagem, fazendo o papel de circulante de sala cirúrgica, onde com o máximo de cuidado, sem tocar em outros objetos, pegamos o capote pela gola, com os dedos indicador e polegar, levantamos o mesmo, sem tocar em nenhum objeto ou pessoa, estendemo-lo, lembrando que a face inferior do capote é a face mantida estéril e a posterior, em contato com nosso corpo, é a face contaminada. Em nenhum momento, a face estéril deve ser tocada sem o uso de luvas estéreis, e que somente a gola deve ser considerada contaminada, pois foi o local por onde pegamos o capote, entrando também em contato com o pescoço.

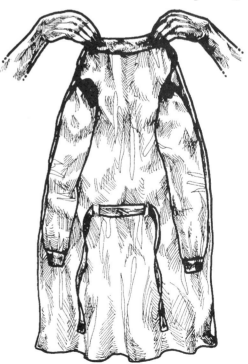

Capote estéril.

Com o capote seguro pelos dedos, na altura da gola, introduzimos o membro superior direito pela abertura que dá para o braço direito até nossa mão sair pela manga; e, a seguir, repetimos esta manobra com o membro superior esquerdo.

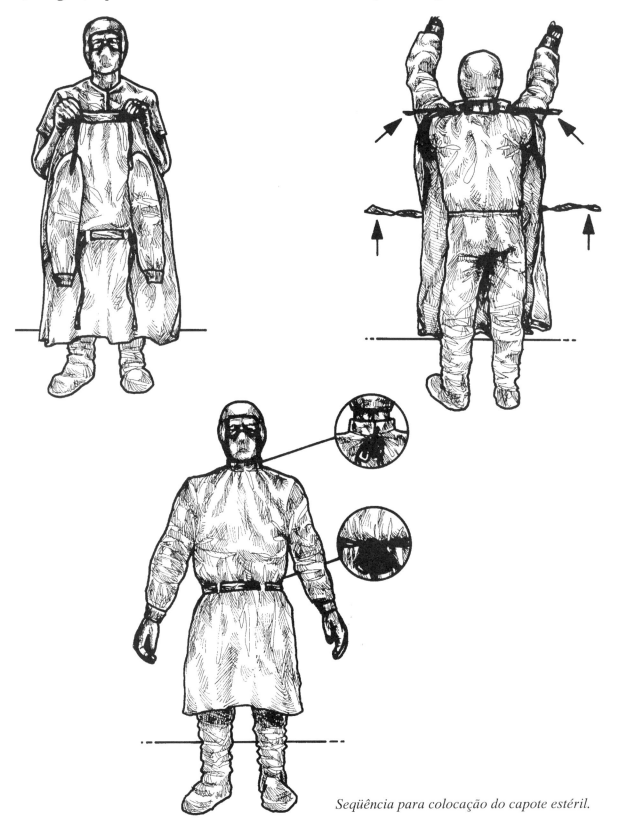

Seqüência para colocação do capote estéril.

Introduzidos nossos membros superiores no capote, cabe à circulante o término do serviço: dando as costas para a circulante, a mesma puxará a gola e a amarra no cadarço de sustentação para a parte superior do mesmo. A seguir, segurando o cinto pela extremidade, passamos a ponta para a circulante que fará o laço do cinto de sustentação.

A seguir, devemos procurar o elástico de sustentação da manga, que deve ser pego e encaixado no dedo polegar, conforme a figura.

CALÇANDO AS LUVAS

Após vestirmos o capote estéril, solicitamos à circulante que abra o pacote contendo as luvas estéreis. Pegando a gaze com talco estéril, existente no pacote, entalcamos com suavidade nossas mãos, esfregando sem fazer excesso de talco em suspensão no ar e, de preferência, sobre o hamper (armação destinada a receber material contaminado, geralmente roupa).

Retirar a luva direita da parte direita do pacote com o auxílio da mão esquerda. Segurar pela dobra do punho em envelope, na face interna. Vestir a mão direita da luva, fazendo com que cada dedo ocupe o seu lugar. Caso algum dedo entre de modo errado, não se preocupe, após vestirmos a segunda luva poderemos ajeitá-lo. Não ajeite os dedos neste momento, não toque no punho da manga do capote ou em qualquer outra parte da luva, exceto no 1/3 externo do punho. O punho dessa luva ficará dobrado para posterior acomodação. Com a mão direita já enluvada, retire a luva esquerda do pacote, vestindo os dedos enluvados da mão direita sob o envelope da mão esquerda da luva, retirando-a do pacote e, a seguir, introduzindo os dedos e a mão esquerda na luva. Ajeite os dedos das mãos, calçadas, ajustando-as também ao nível dos punhos.

INICIANDO O PREPARO DE MESAS PARA O INSTRUMENTAL CIRÚRGICO

Com o instrumentador já aparamentado, o mesmo solicita à circulante que abra os pacotes de oleados ou borrachas para forro de mesas utilizadas para colocação do instrumental, geralmente as mesas de Mayo e de Finochietto. Cabe à circulante a abertura dos pacotes e ao instrumentador pegar os oleados e, com os mesmos, forrar as referidas mesas de instrumentação sem tocá-las. No caso da mesa de Mayo, após o oleado, colocamos uma fronha estéril sobre o mesmo. Nestas mesas, ficarão colocados os instrumentais utilizados com mais freqüência, enquanto que nas demais mesas ficarão os instrumentais sobressalentes ou complementares.

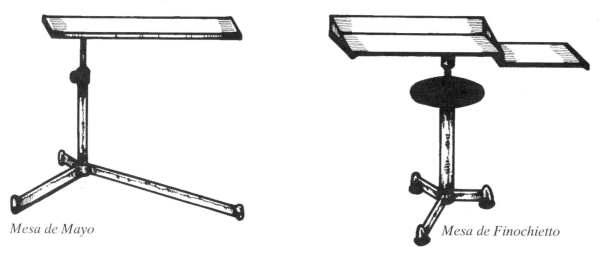

Mesa de Mayo   *Mesa de Finochietto*

Forradas as mesas para o recebimento do instrumental, solicitamos à circulante que abra as caixas ou pacotes com o instrumental cirúrgico, sendo apoiado em mesas sem forro asséptico, onde iremos manipular a face interna das caixas ou pacotes, diretamente com o instrumental, quando os ferros ou instrumentos são retirados e colocados cada um no seu devido lugar.

Caixas com instrumental cirúrgico.

Parte 4 – Instrumentação Cirúrgica

Não existe um posicionamento rígido da equipe cirúrgica e do instrumental nas mesas, pois este posicionamento varia de acordo com a cirurgia, equipe e hospital. De um modo didático, em cirurgias infra-umbilicais, o cirurgião fica à esquerda do paciente, os auxiliares à direita com o instrumentador ao lado. Nas cirurgias supra-umbilicais o cirurgião se coloca à direita do paciente e seus auxiliares e o instrumentador à esquerda do paciente.

Em cirurgias perineais o cirurgião se coloca em frente à região do períneo do paciente, com os auxiliares colocando-se um de cada lado do mesmo, juntamente com o instrumentador.

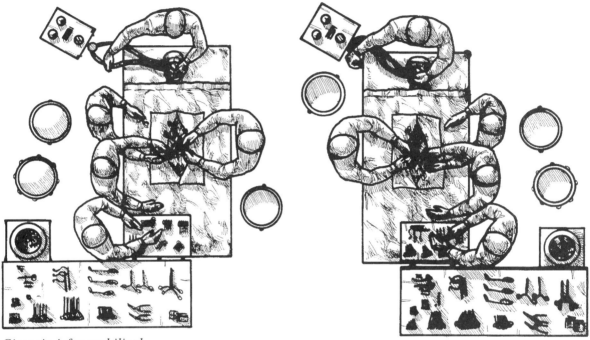

Cirurgia infra-umbilical

Cirurgia supra-umbilical

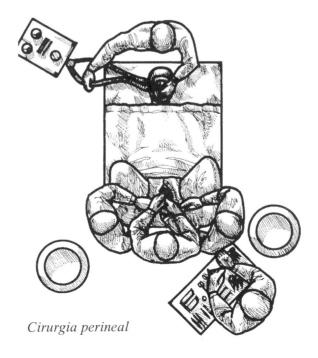

Cirurgia perineal

Quanto à distribuição do instrumental na mesa de Mayo, colocada em paralelo com a mesa cirúrgica, a mesma pode ser dividida em duas partes no sentido longitudinal, onde à direita colocamos o instrumental de diérese com bisturis, pinças de dissecção e dentes de rato, tesouras retas e curvas, pinças hemostáticas tipo Kelly retas e curvas, pinças hemostáticas tipo Kocher retas e curvas. Na parte esquerda da mesa de Mayo colocamos os afastadores Farabeut, porta-agulhas de Hegar com agulha montada com fio de catigut ou similar, de acordo com as pinças de campo de Backhaus.

Na segunda mesa, grande retangular ou semicírculo, chamada de mesa auxiliar, ficarão os demais instrumentais, menos usados ou especializados, que não são utilizados a todo momento. Nela colocamos: cuba e pinça de antissepsia, pinças hemostáticas de Halsted tipo pequenas ou mosquito, pinças de Halsted grandes retas e curvas, pinças de Kocher retas e curvas, pinças de Rochester, gazes, compressas, porta-agulhas, caixa de agulhas cortantes e cilíndricas, porta-agulhas de Hegar com agulhas montadas de vários tamanhos com vários fios, afastador de Balfour, valvas de Doyen, afastadores Farabeut, enxugadores ou tampões ou torundas e clamps diversos, além de outros instrumentos cirúrgicos, de acordo, como dissemos, com a equipe e o tipo de cirurgia a ser realizada.

A posição do instrumentador é entre estas duas mesas, ao lado dos auxiliares de cirurgia, de modo que possa dominar ambas as mesas, incluindo a visualização de campo operatório. Na extremidade da mesa auxiliar ou, de preferência, num suporte próprio, colocamos uma bacia estéril contendo fenol a 10% ou outro germicida, para a imersão de instrumentos contaminados com sangue e secreções que serão enxutos com compressas e recolocados na mesa do instrumentador. Próximo ao instrumentador, com um suporte próprio, localizamos o humper (armação para roupas sujas), onde o instrumentador deverá jogar as compressas sujas ou contaminadas, pois poderá acontecer de o cirurgião esquecer uma das compressas, cabendo ao instrumentador o controle das mesmas. Ao redor da mesa cirúrgica, ao lado do cirurgião, dos auxiliares de cirurgia e entre estes e o instrumentador existem baldes para serem desprezadas as gazes usadas. Em cirurgias perineais ou em cirurgias pequenas, o instrumentador usa apenas a mesa de Mayo, pois o bom profissional sabe da importância da economia do instrumental, dos insumos utilizados, dentro dos preceitos da moderna economia hospitalar.

Quando é utilizada a mesa de Finochietto, possuindo dois andares, no andar mais elevado colocamos os instrumentais utilizados a todo instante e no andar mais baixo aqueles instrumentais menos utilizados ou especializados.

Prontas as mesas de instrumentação, com a chegada do paciente, cabe à auxiliar de enfermagem que atua como circulante da sala de operação, o auxílio ao anestesista em sua rotina, e a seguir iniciaremos a antissepsia da pele, importante técnica pela qual reduzimos o número de germes possibilitando maior segurança no ato cirúrgico. Cabe ao instrumentador oferecer pelo cabo, uma pinça Cherron com gazes embebidas na solução antisséptica, geralmente álcool iodado a 1% ou solução de PVPI (polivinil pirrolidona iodo). Esta antissepsia é feita após a degermação da pele, realizada pelos auxiliares de cirurgia. É importante o fato de deixarmos o antisséptico secar por alguns segundos, proporcionando a ação residual do iodo. Consideramos errônea a técnica em que alguns profissionais realizam a secagem desta área com compressas.

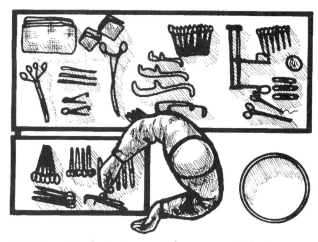

Distribuição do instrumental na mesa cirúrgica.

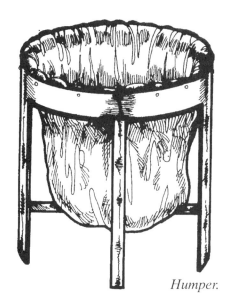

Humper.

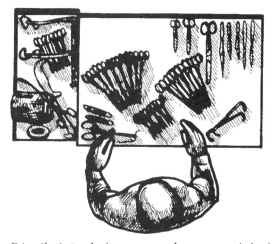

Distribuição do instrumental na mesa cirúrgica.

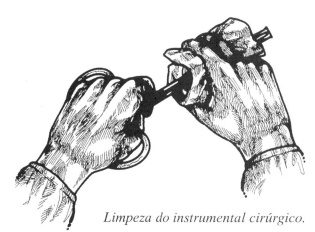

Limpeza do instrumental cirúrgico.

Após a antissepsia, o instrumentador fornece dois campos estéreis grandes aos auxiliares de cirurgia, que por sua vez colocam sobre o paciente na parte superior e inferior do corpo, dando início ao isolamento da área a ser operada. A seguir são fornecidos dois campos menores, colocados lateralmente ao corpo do paciente. Estes campos são presos entre si por pinças de campo ou pinças de Backhaus. Dependendo da equipe cirúrgica, após a incisão, serão colocados mais dois campos cirúrgicos para o isolamento da pele em relação à aponeurose, sempre realizando a fixação dos mesmos com pinças de Backhaus.

Neste ponto, lembramos que a eficiência do instrumentador depende do modo que este acompanha todos os movimentos do ato operatório, antecedendo-se ao que vai ser pedido, sempre fornecendo os instrumentais pelo cabo, conversando o mínimo possível e não desviando a atenção do cirurgião do campo operatório. O bisturi deverá ser fornecido pelo cabo, ficando a posição corte voltada para o lado do paciente. As pinças de dissecção e dentes-de-rato serão entregues fechadas, de modo que não haja ferimentos ao pegá-las.

A devolução dos instrumentais, por parte do cirurgião e auxiliares, é feita no sentido contrário, apresentando o instrumental pela lâmina ou parte da ponta, cabendo ao instrumentador segurá-los pelo cabo. Os instrumentos devem ser limpos rapidamente com uma compressa umedecida em soro fisiológico e recolocado em seu devido lugar na mesa, de modo que a mesma permaneça arrumada do início ao fim da cirurgia. Cada instrumento a ser pego na mesa do instrumentador pelo mesmo, para ser fornecido ao cirurgião ou seus auxiliares, deve ser levado diretamente com rapidez e energia à mão do cirurgião, batendo na palma da mão, mas sem violência, descrevendo uma pequena curva no ar.

A equipe cirúrgica bem treinada não solicita verbalmente os pedidos, fazendo esta prática através de sinais, os quais reproduzimos de modo reduzido, mas lembrando que os mesmos ainda variam de acordo com a equipe cirúrgica e a instituição.

O INSTRUMENTAL CIRÚRGICO

Existe um sem-número de instrumentais cirúrgicos, todos com o objetivo de facilitar a prática cirúrgica, mas com certeza colocamos neste apêndice apenas os principais, separados segundo a classificação em instrumentos de diérese, homestase e síntese.

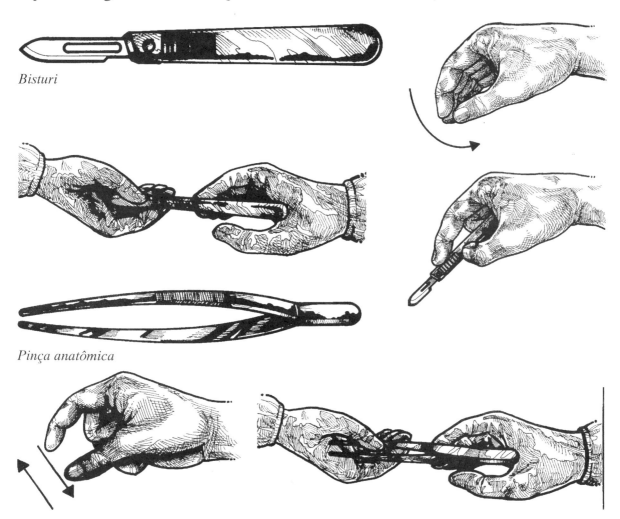

Bisturi

Pinça anatômica

Parte 4 — Instrumentação Cirúrgica

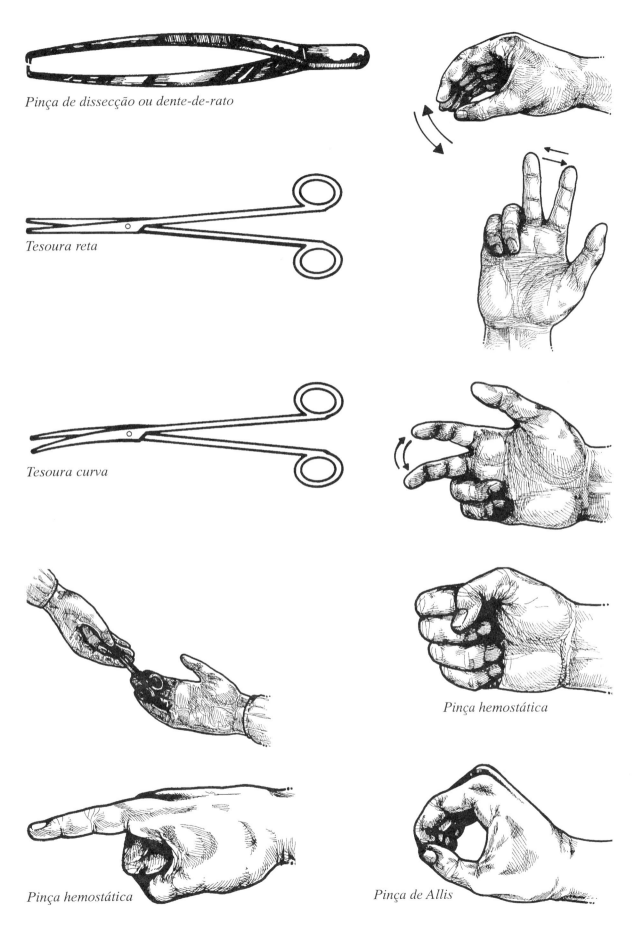

Pinça de dissecção ou dente-de-rato

Tesoura reta

Tesoura curva

Pinça hemostática

Pinça hemostática

Pinça de Allis

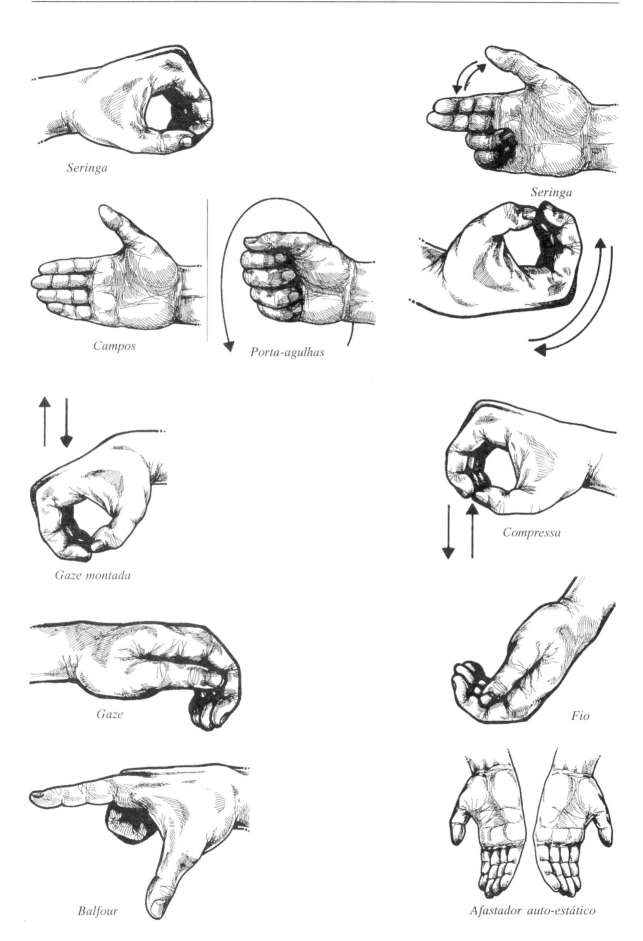

Parte 4 – Instrumentação Cirúrgica

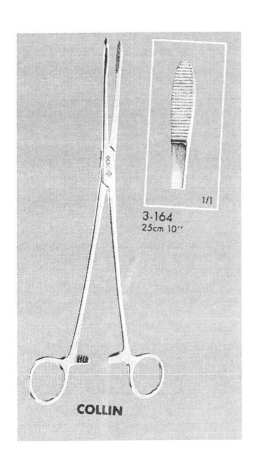

3-164
25cm 10"

COLLIN

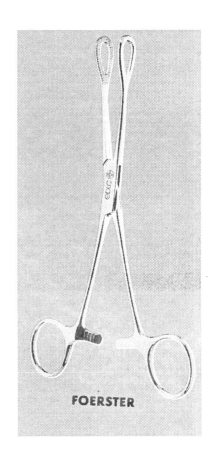

FOERSTER

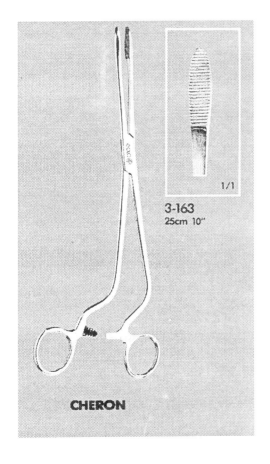

3-163
25cm 10"

CHERON

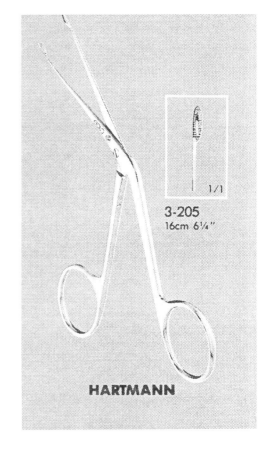

3-205
16cm 6¼"

HARTMANN

235

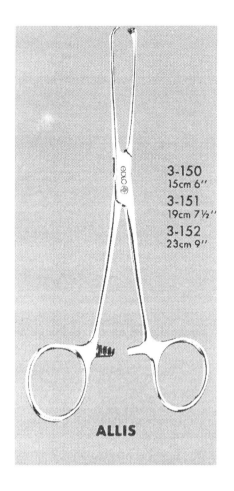

ALLIS
3-150 15cm 6"
3-151 19cm 7½"
3-152 23cm 9"

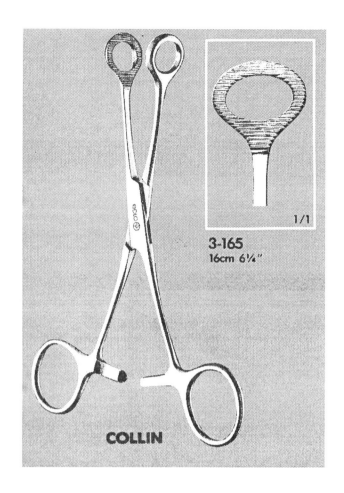

COLLIN
3-165 16cm 6¼"

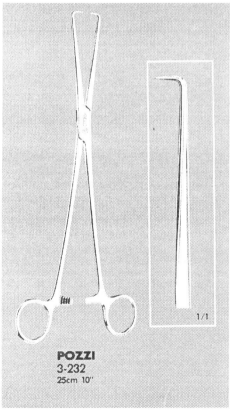

POZZI
3-232 25cm 10"

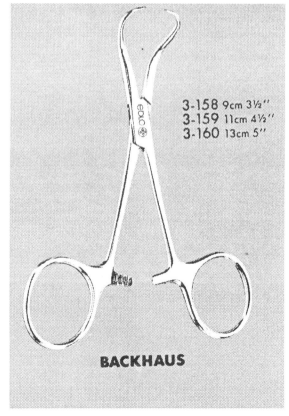

BACKHAUS
3-158 9cm 3½"
3-159 11cm 4½"
3-160 13cm 5"

Parte 4 — Instrumentação Cirúrgica

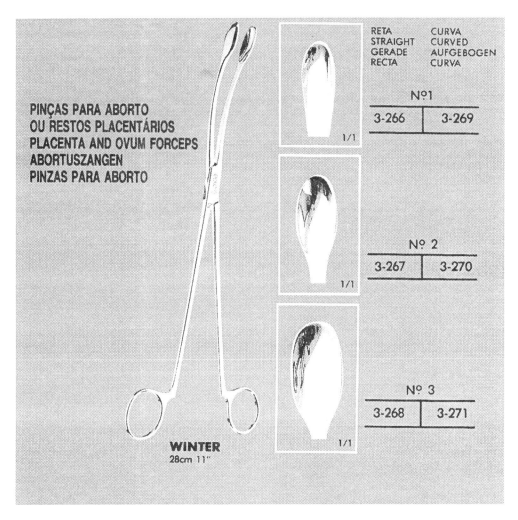

PINÇAS PARA ABORTO
OU RESTOS PLACENTÁRIOS
PLACENTA AND OVUM FORCEPS
ABORTUSZANGEN
PINZAS PARA ABORTO

RETA / STRAIGHT / GERADE / RECTA	CURVA / CURVED / AUFGEBOGEN / CURVA
Nº 1	
3-266	3-269
Nº 2	
3-267	3-270
Nº 3	
3-268	3-271

WINTER
28cm 11"

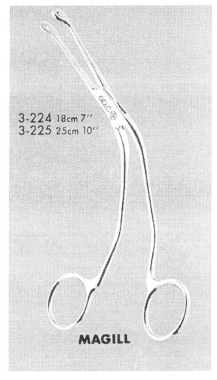

3-224 18cm 7"
3-225 25cm 10"

MAGILL

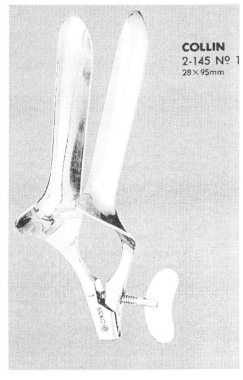

COLLIN
2-145 Nº 1
28×95mm

237

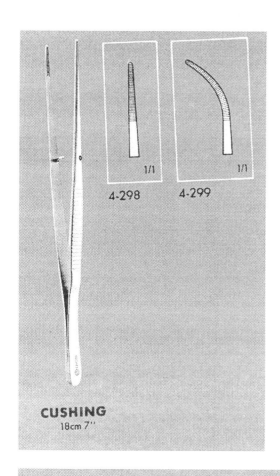

CUSHING
18cm 7"

4-298 4-299

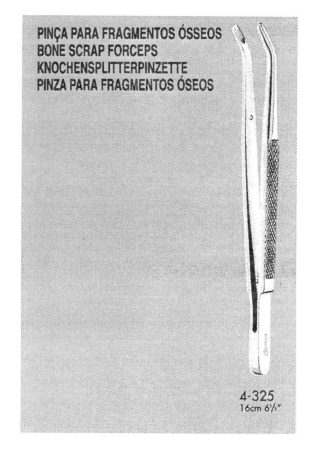

PINÇA PARA FRAGMENTOS ÓSSEOS
BONE SCRAP FORCEPS
KNOCHENSPLITTERPINZETTE
PINZA PARA FRAGMENTOS ÓSEOS

4-325
16cm 6½"

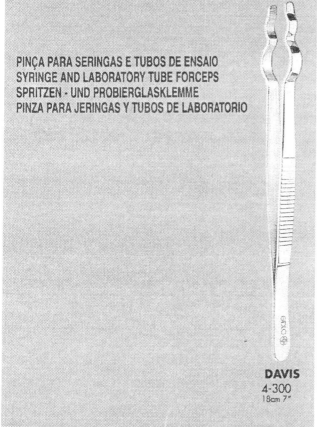

PINÇA PARA SERINGAS E TUBOS DE ENSAIO
SYRINGE AND LABORATORY TUBE FORCEPS
SPRITZEN - UND PROBIERGLASKLEMME
PINZA PARA JERINGAS Y TUBOS DE LABORATORIO

DAVIS
4-300
18cm 7"

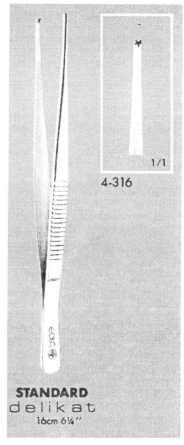

4-316

STANDARD
delikat
16cm 6¼"

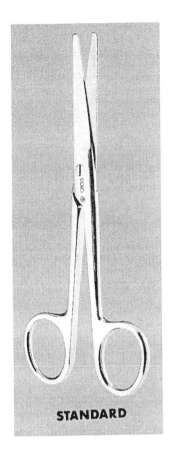

STANDARD

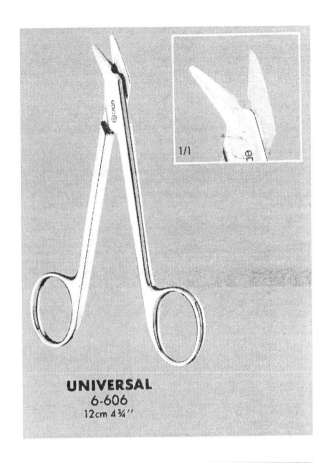

UNIVERSAL
6-606
12cm 4¾"

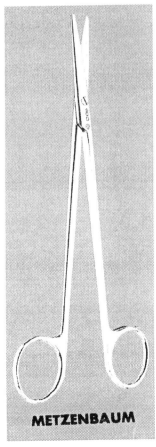

METZENBAUM

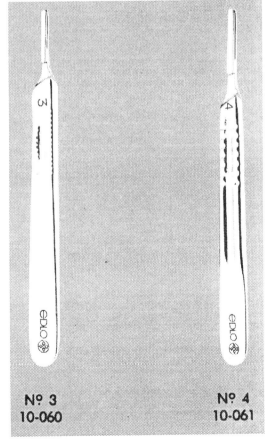

Nº 3
10-060

Nº 4
10-061

PARTE 5

PLANTAS MEDICINAIS

CAPÍTULO 1

INTRODUÇÃO AO USO DAS PLANTAS MEDICINAIS

O uso de plantas para tratamento de doenças é uma prática milenar, mas o estudo científico e divulgação destes conhecimentos estão atraindo, a cada dia, mais profissionais de saúde no Brasil e no exterior. Uma das grandes vantagens das plantas medicinais é permitir à população o acesso a remédios mais baratos e muitas vezes encontrados até no fundo do quintal ou passíveis de serem cultivados em pequenos caixotes nas áreas de apartamento.

Acreditamos que o poder público deve incentivar cada vez mais o tratamento pela *Fitoterapia*, com o acompanhamento científico e estudos sobre a eficácia das plantas medicinais, pois o mercado nacional e internacional já permite que sejam feitos plantios extensivos destas plantas.

Dentro desta ótica, resolvemos acrescentar a este *Manual de Enfermagem* uma parte sobre o uso de plantas medicinais, pois os profissionais interessados no tema encontrarão aqui subsídios mínimos para informações no que diz respeito ao cultivo das diversas espécies e o modo correto de utilização.

FITOTERAPIA

A *Fitoterapia* é uma forma terapêutica homeopática que utiliza plantas medicinais para amenizar ou curar uma doença, podendo ainda tratar o indivíduo como um todo, envolvendo-o em todas as etapas do processo de cura.

ALOPATIA

A *Alopatia* é a cura pelos contrários: o tratamento alopático visa o combate à doença com um medicamento sintético. Exemplos: antitérmico para a febre, analgésico para a dor etc.

HOMEOPATIA

A *Homeopatia* é a cura pelos semelhantes. O tratamento baseado em medicamentos naturais de origens vegetal, animal e mineral, trata o doente como um todo e não só a doença do momento.

Acreditamos no potencial do vegetal como componente farmacologicamente ativo e principalmente na sua utilização pela população e que um programa de fitoterapia deva ser integrado às Secretarias Municipais de Saúde, no sistema de atenção primária, como terapia complementar ou alternativa.

Estes programas devem começar com a realização de uma pesquisa etnobotânica referente ao uso das plantas medicinais do município, seguido de um levantamento das principais patologias passíveis de tratamento pela fitoterapia, selecionando-se as plantas para o cultivo e divulgação em larga escala. Sugere-se o esquema de trabalho em que existam a *Farmácia Verde*, o *Viveiro Didático* e a *Feira de Plantas Medicinais*. A farmácia verde é uma pequena farmácia de manipulação, onde podemos obter as plantas *in natura*, secas ou com seus princípios ativos já extraídos e envelopados. O viveiro didático deve estar localizado em cada unidade sanitária com finalidade de mostrar a planta viva, seus cuidados e ainda para fornecimento de mudas e sementes para a população. Na feira de plantas medicinais obtemos a comercialização e a troca de mudas das diferentes espécies. É um trabalho etnobotânico que envolve a participação direta da comunidade, pela troca de informações; a população é o principal protagonista nos processos de saúde.

Na busca das terapias naturais como conseqüência do movimento de conscientização ecológica, o homem está redescobrindo o valor da medicina tradicional, principalmente quanto ao uso de plantas de valor medicinal. Atualmente a fitoterapia é reconhecida pela Organização Mundial de Saúde, que recomenda a sua utilização no tratamento a nível primário.

Existem no Brasil aproximadamente 12 mil espécies de plantas medicinais e, a exemplo de outros países, que já integraram a fitoterapia na terapêutica médica, o Brasil vem desenvolvendo através da CEME (Central de Medicamentos) e de outras entidades não governamentais, uma série de pesquisas em plantas medicinais, com o objetivo de oferecer à população um tratamento alternativo e complementar natural, mais acessível, de baixo custo e sem riscos de efeitos colaterais, pois as pessoas precisam ser informadas das plantas que podem ser utilizadas e já estudadas quanto às dosagens e o tipo de planta correta para cada doença.

O objetivo do Ministério da Saúde, através da CEME, é o estudo científico das plantas medicinais, criar um banco de dados com informações da toxidade, eficácia e dosagem correta de uma centena de espécies consagradas pela medicina popular, pois não existe ainda uma *Farmacopéia de Plantas Medicinais* que permita não só o desenvolvimento de medicamentos, mas também o uso correto de chás, infusões e demais preparados. Quando os resultados destes estudos estiverem disponíveis, estará criada a primeira farmacopéia de plantas medicinais brasileiras, que abrirá a possibilidade de criar não só fitoterápicos (produtos em que o complexo de substâncias de uma planta é utilizado), mas também fitofármacos nos quais o princípio ativo é identificado e isolado. O que no momento é vendido e consumido de forma empírica será normatizado e poderá se transformar em medicamentos industrializados.

Hoje é possível avaliarmos compostos químicos de plantas (uma única espécie pode produzir até 600 compostos) e isolarmos moléculas em três semanas. Anteriormente o tempo necessário poderia chegar a oito anos. Este avanço impulsionou as pesquisas em todo o mundo, mas apenas o potencial médico de menos de um por cento das 250 mil espécies de plantas conhecidas foi até agora estudado no ocidente. Multinacionais da indústria farmacêutica já contam com um ambicioso programa de coleta e estudo de centenas de espécies, muitas das quais sul-americanas. Mais de 200 empresas (a maioria de países ricos) já pesquisam plantas medicinais, buscando, cada vez mais, usos contra a gripe, herpes, câncer e outras patologias. O governo dos Estados Unidos investe maciçamente nesta área, pois naquele país, a cada ano, se estuda 4.500 espécies de plantas de 25 países. Uma vez que o levantamento do Ministério da Saúde estiver concluído, legislação referente ao uso e à venda deverá ser criada e plantas cujo uso atualmente é questionado se transformarão ou não em fitoterápicos e fitofármacos, com o uso específico.

ORIENTAÇÕES SOBRE O USO DE PLANTAS MEDICINAIS

Primeiramente você deverá certificar-se da identificação da planta. Às vezes algumas plantas possuem nomes populares diferentes nas diversas regiões do país.

Consulte sempre seu médico. As plantas ajudam a preservar a saúde, mas só o médico poderá diagnosticar eventuais enfermidades. Não adquira qualquer preparação que não tenha o nome da planta, indicação de seu uso, dosagem, data da validade e o órgão responsável. Verifique sempre as condições da planta e, quando for utilizar chás medicinais, lembre-se que o mesmo é medicamento, não deve ser tomado à vontade e não o guarde de um dia para o outro. Não utilize misturas de plantas medicinais sem a orientação do profissional de saúde e use as dosagens corretas, pois mesmo a planta certa para seu diagnóstico pode ser prejudicial se utilizada em excesso, participe sempre da fitoterapia estudando as plantas medicinais e suas partes ativas, seja raiz, caule, folha ou flor que servem como medicamento. Procure conhecer como a planta é utilizada, pois algumas são utilizadas apenas externamente.

CUIDADOS ESPECIAIS NO USO DAS PLANTAS MEDICINAIS

Evitar pegar plantas na beira de estradas e locais poluídos, procurar saber a parte da planta a ser utilizada, o modo de preparo, a conservação e a dosagem utilizada.

Procure secar a planta em lugar ventilado, à sombra ou ao sol da manhã, na chapa do fogão ou em estufas. Guarde sempre o preparado em vidro seco, fervido antecipadamente, bem tapado e evite a luz do sol diretamente sobre o preparado. Tome sempre chás frescos e não faça os chás em panelas de metal oxidável.

Não tome o que você não conhece ou está em dúvida. Observe as condições da planta; se verificar a presença de fungos, insetos, não as utilize. As plantas secas devem ser armazenadas em lugar seco ou arejado, ao abrigo do sol e por um período máximo de um ano, não esquecendo de identificá-las antes de armazená-las. Evite o uso de plantas para emagrecer. Em caso de dúvidas sobre as plantas, consulte um serviço de saúde que tenha experiência neste tipo de tratamento.

FORMAS DE PREPARO DOS CHÁS

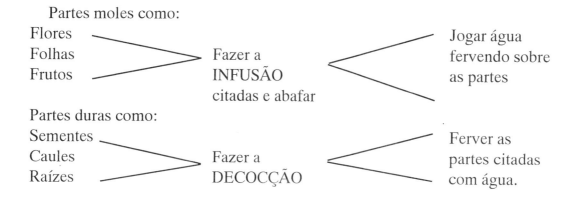

DOSAGENS UTILIZADAS PARA CHÁS

Normalmente, a dose diária para os chás é de 20 gr de erva para cada litro de água ou 1 colher de sopa para cada xícara de chá.

1 colher de café	4 gr de raízes secas
1 colher de café	2 gr de folhas verdes
1 colher de sopa	10 gr de raízes secas e cascas
1 colher de sopa	5 gr de folhas verdes
1 colher de sopa	2 gr de folhas secas
1 pitada de flores ou sementes	2 gr

PREPARAÇÃO DOS REMÉDIOS CASEIROS À BASE DE PLANTAS

Todas as plantas devem ser colhidas em lugares naturais ou cultivadas pela mão do homem, mas sem exposição a produtos químicos, como herbicidas, pesticidas e defensivos agrícolas. Não devem ser colhidas à beira de esgotos ou próximas a locais poluídos. Devemos nos medicar com flores, folhas, raízes e frutos os mais puros possíveis. Salvo indicação em contrário, devem ser colhidos em tempo seco, pela manhã, depois do orvalho e devem secar à sombra, num local arejado, pois sua eficácia depende de uma boa conservação. Para cada preparado deve-se usar as porções corretas de planta e água, pois as quantidades das infusões devem ser tomadas exatamente.

INFUSÃO

Consiste em jogar água fervente sobre as partes moles da planta (flores, folhas) deixando por vários minutos. O tempo de descanso varia de acordo com o vegetal: 3 a 5 minutos para a tília, a sálvia e a hortelã, mas pode chegar a 10 minutos quando se trata de outras ervas, como a bardana. Em alguns casos, como o do agrião, a planta é tão delicada que a água só pode estar morna. A infusão é um processo para preparo de chá de folhas, flores e caules verdes ou raízes tenras. A planta é colocada num recipiente que não deve ser de metal oxidável, onde se acrescenta água fervente e abafa-se durante alguns minutos.

DECOCÇÃO

É o cozimento da planta durante determinado tempo, deixar cozinhar entre 5 a 10 minutos as flores, folhas e partes moles. Se for a casca, raízes ou talos cozinhar por 10 a 30 minutos. O tempo de ebulição também varia conforme a resistência dos tecidos da planta ao calor.

MACERAÇÃO

Consiste em deixar descansar as partes ativas da planta num líquido, durante algum tempo (desde meio dia até uma semana). As macerações na água não podem exceder de meio dia, porque favorecem o desenvolvimento de verdadeiros "caldos de cultura" de micróbios. Por esse motivo é preferível efetuar macerações em vinho branco ou tinto, aguardente, cidra ou cerveja.

TINTURAS

A manipulação das tinturas é muito mais delicada, por causa da extrema concentração dos princípios ativos da planta. Convém prepará-la exclusivamente a partir do vegetal não tóxico. Primeiro deve-se esmagar as plantas ou parte delas em álcool a noventa graus, depois deixar descansar durante dois a três dias e, finalmente, filtrar através de um tecido muito fino. Salvo indicação em contrário, é prudente reservar a tintura para os casos graves ou empregá-la apenas externamente. Usa-se 1 copo da planta para 1/3 de copo de álcool, deixando descansar por 10 dias. Coar, colocar num recipiente e, no momento de usar, diluir uma parte da tintura para 20 partes de água.

BANHOS

Faz-se um chá forte e coloca-se este líquido junto à água do banho, devendo o doente ficar em imersão neste banho por alguns minutos.

PÓ

Em alguns casos, pode ser conveniente tomar os medicamentos vegetais na forma de pó. Para consegui-lo, é preciso deixar secar as partes ativas da planta durante algum tempo e, depois, triturá-las o mais fino possível. Toma-se este pó em colherinhas, muitas vezes misturado com mel. Como na tintura, os princípios ativos estão muito concentrados, portanto devem ser cuidadosamente respeitadas as doses de acordo com a indicação médica.

XAROPES

Cozinhar a erva, coar e levar ao fogo com açúcar. Podemos também usar a formulação de 20 colheres de sopa de açúcar com 250 ml de água, colocando para ferver até atingir o ponto desejado. Depois coloca-se o sumo da planta e mistura-se bem. Geralmente utiliza-se 1 colher de sopa, 2 vezes ao dia, para adultos e 1 colher de chá, duas vezes ao dia, para crianças.

CATAPLASMA

O cataplasma é de uso externo e, conforme o caso, geralmente aplica-se a planta sobre a pele, uma camada grossa, que deve ser mantida no local durante vários minutos, com o auxílio de um pedaço de tecido. O cataplasma pode também ser previamente introduzido num saquinho de tecido fino, a escolha da modalidade de aplicação depende do tipo de vegetal utilizado e da sua agressividade. Quando este é suave, não precisamos ter receio do seu contado com a pele, mas quando é ácido ou irritante, diminui-se sua ação protegendo a pele com o tecido. A temperatura do cataplasma não deve ser alta, porque a partir de cinqüenta graus Celsius a maior parte das plantas perde suas propriedades revulsivas, rubefaciantes ou suavizantes. Não deixar o cataplasma sobre a pele por mais de cinco minutos, sendo melhor realizar várias aplicações com um tempo de repouso, do que uma aplicação prolongada. O cataplasma também é chamado de emplastro, sempre de uso local, podendo ser utilizada a erva fresca, moída ou ralada em forma de uma papa com farinha de trigo, envolvida ou não com um tecido.

COMPRESSAS

Consiste em saturar um chumaço de algodão ou um pano de flanela dobrado com um preparado líquido (chá, infusão ou tintura) e aplicá-lo diretamente sobre a parte do corpo a ser tratada, onde se deixará a compressa por vários minutos. O tempo de aplicação depende da atividade da planta utilizada e da gravidade do transtorno.

LOÇÃO

Utilizando a técnica da infusão, faz-se um preparado especial e concentrado, aplicando-se este líquido ativo sobre a área a ser tratada, seguindo-se de uma demorada massagem no local. Se a massagem for rápida e com força, denomina-se fricção. Loção e fricção são utilizadas nos tratamentos de doenças da pele e dos cabelos.

CURATIVO

É uma compressa com um produto menos concentrado e que deixa de agir lentamente. Os primeiros curativos sobre um ferimento devem ser renovados de duas em duas horas aproximadamente, em seguida podemos deixá-los por mais tempo, porém sem ultrapassar a doze horas.

COLÍRIO

É utilizado sobre a camada córnea, nos olhos. O colírio somente deve ser preparado com plantas suaves (centáurea, calêndola) e com concentrações fracas. Os melhores colírios são infusões leves, preparadas com água fervida, lembrando que no momento da aplicação a água deve estar morna.

INALAÇÕES

Usadas para provocar expectorações e drenagem de fluidos e secreções. Neste caso devemos pôr as ervas para ferver e quando levantar o vapor, cobrimos nosso rosto e a panela com a infusão com um tecido ou toalha formando uma capa, e então inalamos os vapores desprendidos da planta.

GARGAREJOS

Prepara-se um chá, infusão ou maceração com as ervas medicinais, principalmente para afecções da boca e da garganta, lembrando que para sua eficácia devem estar quentes.

ENEMAS OU CLISTER OU LAVAGENS INTESTINAIS

São utilizados para enfermidades do intestino, tais como prisão de ventre etc., mas também são utilizados em outras afecções, incluindo problemas circulatórios e hepáticos. Devido à rápida absorção intestinal, o perigo da toxicidade é grande e ressaltamos que os preparados devem ser pouco concentrados, tais como infusões ou chás. O enema deve ser no máximo de 300 ml por dia, a uma temperatura de 37 graus.

CAPÍTULO 2

PRINCIPAIS PLANTAS MEDICINAIS

PRINCIPAIS PLANTAS MEDICINAIS E SEU USO

ABACATE
Nome científico: Presea gratissima
Uso medicinal: diurético
Modo de usar: 5 gr de folha para 250 ml de água fervendo em infusão.

AGRIÃO DA HORTA
Nome científico: Nastartium officinalis
Uso medicinal: resfriado, bronquite, expectorante
Modo de usar: xarope.

AGRIÃO DO PARÁ
Nome científico: Spilanthes acmella
Uso medicinal: expectorante, dores de dente, anestésico local
Modo de usar: como expectorante na forma de xarope, como anestésico – folhas amassadas.

ALECRIM DE JARDIM
Nome científico: Rosmarinus officinalis
Uso medicinal: expectorante e calmante
Modo de usar: infusão de 3 gr p/200 ml de água fervendo para tosse e bronquite, oferecer 2 xícaras por dia.

ALFAVACA
Nome científico: Ocimum gratissimum
Uso medicinal: amigdalite e expectorante
Modo de usar: xarope de raiz (20 gr/litro), na amigdalite 50 gr de folhas secas em 1/2 litro em decocção para gargarejo.

ALGODÃO
Nome científico: Gossypium perbaceum

Uso medicinal: artrite, reumatismo e queimaduras (folhas machucadas)

Modo de usar: chá das folhas e caroços, cerca de 3 folhas por copo, tomar 4 vezes ao dia.

ARNICA

Nome científico: Solidago microglossa

Uso medicinal: contusões e torsões

Modo de usar: tintura sobre o local traumatizado.

ARRUDA

Nome científico: Ruta graveolens

Uso medicinal: menstruação difícil, cólicas intestinais, sarnas e piolhos

Modo de usar: 1 colher de folhas para uma xícara de água fria, repousar por todo o dia e tomar com mel. No caso de piolhos, preparar chá forte para banhos.

ARTEMÍSIA

Nome científico: Artemisia vulgaris

Uso medicinal: náuseas, vômitos, cólicas menstruais

Modo de usar: 3 colheres de sopa de folhas para 1 litro de água.

BELDROEGA

Nome científico: Poctulaca oleracea

Uso medicinal: verminoses, diurético e hemostático

Modo de usar: sementes em infusão, cerca de 10 gr para 250 ml de água fervendo.

BOLDO

Nome científico: Coleus

Uso medicinal: doenças do fígado

Modo de usar: chá das folhas, cerca de 10 gr de folhas para 1 litro de água em infusão.

CAMOMILA

Nome científico: Anthemis nobilis

Uso medicinal: calmante das cólicas, enxaquecas nervosas

Modo de usar: infusão das flores.

CANA DO BREJO OU CANA DE MACACO

Nome científico: Costus spicatus

Uso medicinal: diurético e para infecções urinárias

Modo de usar: suco das hastes e folhas, infusão das hastes (20 ml por litro de água).

CAPIM CIDREIRA OU CAPIM LIMÃO

Nome científico: Androipogon schenanthus

Uso medicinal: flatulência, cólicas intestinais, diarréia

Modo de usar: folhas frescas em infusão (5 a 10 gr por litro de água).

CAPIM DE CONTAS OU CONTAS DE MILAGRE

Nome científico: Coi lacrema liu

Uso medicinal: diurético e tônico

Modo de usar: infusão de 5 gr para 200 ml de água fervendo. Tomar 2 xícaras por dia.

CARDO SANTO

Nome científico: Argemone mexicana

Uso medicinal: calmante, má digestão

Modo de usar: chá das folhas.

CARQUEJA

Nome científico: Bacharis triptera

Uso medicinal: má digestão, gastroenterite, problemas do fígado

Modo de usar: o decocto de toda a planta (20 gr/litro de água).

CHAPÉU DE COURO

Nome científico: Echinodorus macophullus

Uso medicinal: infecção urinária

Modo de usar: infusão das folhas, cerca de 20 gr folhas/litro de água em infusão.

CONFREI

Nome científico: Symphytum officinales

Uso medicinal: cicatrizante de feridas, queimaduras

Modo de usar: suco das folhas ou cataplasma.

CORDÃO DE FRADE

Nome científico: Leonotis nepetaefolia

Uso medicinal: reumatismo e diurético

Modo de usar: banhos do cozimento das folhas. Chás das folhas. Infusão de 8 gr p/200 ml de água fervendo na retenção de urina. Tomar 3 xícaras por dia.

DENTE DE LEÃO

Nome científico: Taraxacum officinale

Uso medicinal: enfermidades do fígado

Modo de usar: suco das folhas, ou salada.

DORMIDEIRA

Nome científico: Mimosa pudica

Uso medicinal: amigdalite

Modo de usar: 2 gr/250 ml de água em infusão para gargarejo.

ERVA-CIDREIRA

Nome científico: Lippia citriodora

Uso medicinal: cólicas, distúrbios digestivos, calmante, mau hálito
Modo de usar: chá das folhas (50 gr de folhas e flores secas em 300 ml de água).

ERVA-DOCE
Nome científico: Anethum foeniculum
Uso medicinal: distúrbio digestivo, estimulante da lactação, nervosismo, insônia
Modo de usar: infusão das folhas, sementes.

ERVA DE SANTA MARIA
Nome científico: Chenopodium amborsides
Uso medicinal: anti-helmíntica
Modo de usar: chá, infusão, pó das sementes (1 xícara de chá por dia para adultos,
1/2 xícara para crianças).
CUIDADO! TEM EFEITO ABORTIVO. NÃO PODE SER USADO POR GESTANTES.

ERVA TOSTÃO
Nome científico: Boerhavia diffusa
Uso medicinal: diurético
Modo de usar: 20 gr em 1 litro de água em infusão.

GIRASSOL
Nome científico: Hellianthus annus
Uso medicinal: pancadas, traumatismos
Modo de usar: sementes amassadas sobre o local.

GOIABEIRA
Nome científico: Psidium guayava
Uso medicinal: antidiarréico
Modo de usar: chá dos brotos ou das folhas novas (3 folhas em infusão).

GUANDU
Nome científico: Cajanus flavus
Uso medicinal: dores de dente e garganta
Modo de usar: decocto das folhas em gargarejos.

GUINÉ OU TIPI
Nome científico: Petiveria allicea
Uso medicinal: reumatismos, cefaléias
Modo de usar: externo das folhas machucadas em emplastros.

HORTELÃ GRAÚDA
Nome científico: Colleus barbatus

Uso medicinal: cólicas intestinais, mau hálito, anti-helmíntico (suco de folhas em jejum durante 15 dias), estimula a lactação

Modo de usar: chá das folhas com 5 gr para 1 litro de água por dia.

HORTELÃ PIMENTA

Nome científico: Colleus

Uso medicinal: problemas digestivos, combate a protozoários (suco em jejum por 15 dias), estimula a lactação

Modo de usar: chá das folhas com 5 gr por 1/2 litro de água/dia.

JURUBEBA

Nome científico: Solanum paniculatum

Uso medicinal: problemas do fígado

Modo de usar: chá das folhas ou suco das frutas.

LOSNA

Nome científico: Artemíase absiinthicum

Uso medicinal: problemas de má digestão

Modo de usar: mastigar uma folha de losna após a refeição.

MACAÉ

Nome científico: Leonurus sibiricus

Uso medicinal: problemas digestivos

Modo de usar: chá das folhas.

MASTRUÇO

Nome científico: Lepidium sativum

Uso medicinal: antiinflamatório, expectorante, resfriados e gripes

Modo de usar: chá das folhas e xarope.

MALVA ROSA

Nome científico: malvaceae

Uso medicinal: amigdalite

Modo de usar: 10 gr de folhas e flores em 1 copo de água em infusão para gargarejos.

MANJERONA

Nome científico: Origanum manjorons

Uso medicinal: diarréias, resfriados

Modo de usar: chá das flores e folhas em infusão.

MARAVILHA

Nome científico: Mirobilis jalapa

Uso medicinal: dores de ouvido

Modo de usar: suco das flores recém-espremidas, introduzir o suco no ouvido, deixar por 20 minutos e depois escorrer. Torna-se a colocar e tampona-se com algodão.

MAXIXE
Nome científico: Cucumis auguria
Uso medicinal: tratamento de pneumonia, hemorróidas
Modo de usar: raiz em decocção.

MELÃO DE SÃO CAETANO
Nome científico: Mormodica charantea
Uso medicinal: sarnas
Modo de usar: banho de folhas em cozimento.

PICÃO
Nome científico: Bidens pilosa
Uso medicinal: problemas de fígado, icterícia
Modo de usar: chá das folhas e banhos.

PIMENTA MALAGUETA
Nome científico: Capsicum brasilianum
Uso medicinal: abscessos, furúnculos
Modo de usar: as folhas untadas com azeite ou banha em emplastros nos tumores para apressar a maturação.

PITANGA
Nome científico: Stenocolyx michelis
Uso medicinal: diarréias
Modo de usar: chá das folhas.

POEJO
Nome científico: Mentha pulegium
Uso medicinal: resfriado, expectorante
Modo de usar: xarope.

QUIABO
Nome científico: Hibiscus esculentus
Uso medicinal: furúnculos e abscessos
Modo de usar: usa-se o fruto externamente em emplastros.

QUITOCO
Nome científico: Plucha suaveolens
Uso medicinal: reumatismos
Modo de usar: chá das folhas.

REBENTA PEDRA
Nome científico: Phyllanthus corcovadensis
Uso medicinal: diurético
Modo de usar: chá das folhas secas.

SABUGUEIRO
Nome científico: Sambucus australis
Uso medicinal: resfriados, amigdalite, gripes e febres
Modo de usar: chá das folhas secas e flores.

SAIÃO
Nome científico: Kolanchoe brasiliensis
Uso medicinal: feridas da pele, aftas, queimaduras, expectorante
Modo de usar: uso tópico — suco das folhas;
uso interno — na forma de suco ou xarope.

SALSA
Nome científico: Petroselinum sativum
Uso medicinal: problemas digestivos, renais e hemorragia nasal
Modo de usar: para problemas digestivos e renais usa-se o chá das folhas. Para hemorragia nasal, usa-se embeber o algodão no suco da salsa.

TANCHAGEM
Nome científico: Plantago major
Uso medicinal: amigdalite, aftas
Modo de usar: gargarejo, bochecho do chá em infusão.

CAPÍTULO 3

PRANCHAS COM AS PRINCIPAIS PLANTAS MEDICINAIS

AGRIÃO (Nasturtium officinale)

ALFAVACA (Ocimum basilicum)

ANGÉLICA (Archangelica officinalis)

ARTEMÍSIA (Artemisia vulgaris)

BABOSA

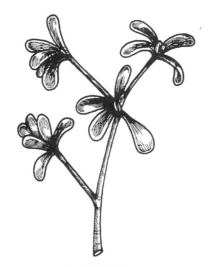
BELDOEGA

BOLDO

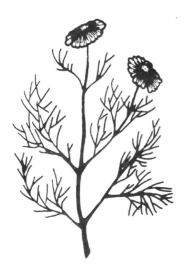
CAMOMILA

CAMOMILA-ROMANA
(*Anthemis nobilis*)

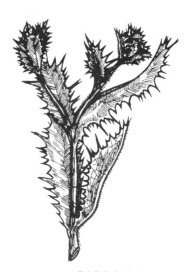
CARDO-SANTO
(*Carduus benedictus*)

CARQUEJA
(*Baccharis triptera*)

CORDÃO-DE-FRADE

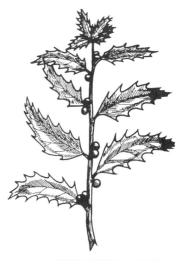
ESPINHEIRA SANTA
(*Maytenus ilicifolia*)

Parte 5 — Plantas Medicinais

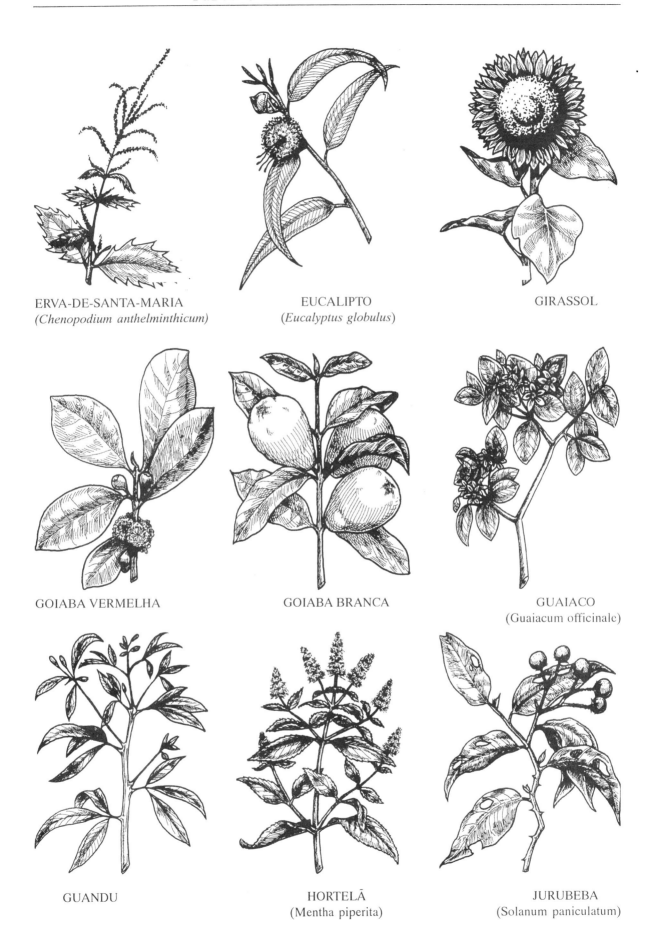

ERVA-DE-SANTA-MARIA
(*Chenopodium anthelminthicum*)

EUCALIPTO
(*Eucalyptus globulus*)

GIRASSOL

GOIABA VERMELHA

GOIABA BRANCA

GUAIACO
(Guaiacum officinale)

GUANDU

HORTELÃ
(Mentha piperita)

JURUBEBA
(Solanum paniculatum)

LOSNA
(Artemisia absinthium)

MALVA
(Malva sylvestris)

MANJERONA
(Origanum majorana)

MASTRUÇO

POEJO
(Mentha pulegium)

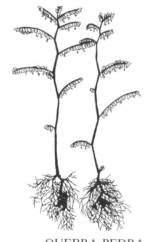
QUEBRA-PEDRA
(Phyllantus niruri)

SABUGUEIRO
(Sambucus nigra)

TANCHAM-MAIOR

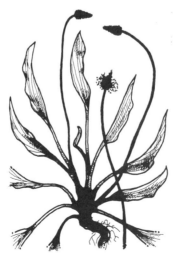
TANCHAM-MENOR

URTIGA

CAPÍTULO 4

TRATAMENTO COM AS PLANTAS MEDICINAIS

DOENÇAS DO APARELHO DIGESTIVO

DIARRÉIAS
Goiabeira — o chá do broto de goiaba, 3 folhas em infusão numa xícara de água.
Pitangueira — infusão das flores ou folhas, na ordem de 5 folhas para 1 xícara de água.
Manjerona — 1 colher de sopa de folha e flores para 1 xícara de água em infusão.
Camomila — 1 colher de sopa das flores e folhas em 120 ml de água em infusão (diarréia de dentição).
Capim cidreira — folhas frescas em infusão.
Carqueja — 20 gr de toda a planta em 1 litro de água, tomar 2 xícaras por dia.

CONSTIPAÇÃO INTESTINAL OU PRISÃO DE VENTRE
Alho — um dente machucado em infusão num copo com água.
Erva-cidreira — 20 gr de folhas e flores em 1 litro de água.
Carqueja — decocção de toda a planta.

NÁUSEAS E VÔMITOS
Alfavaca — 1 colher de folhas secas em infusão numa xícara, 4 vezes ao dia.
Erva-cidreira — 1 colher de sopa de folhas e flores em 1 copo de água em infusão, 3 vezes ao dia.

FLATULÊNCIA OU GASES
Alecrim — 3 colheres de sopa de folhas e flores em infusão em 1 litro de água.
Boldo — 1 colher de sopa de folhas verdes em 1/2 litro de água, tomar 1 xícara após as refeições.
Erva-cidreira — 20 gr de folhas e flores em 1 litro de água em decocção.
Manjericão — 1 colher de sopa em 1 copo de água em infusão após refeições.

DOENÇAS DO FÍGADO
Boldo — chá das folhas.
Losna — 2 colheres de sopa de folhas verdes em infusão em 1/2 litro de água.
Carqueja — 2 colheres de folhas verdes em 1/2 litro de água em decocção.
Jurubeba — chá das folhas e suco de frutas.
Dente de leão — suco das folhas ou salada.
Picão — chá das folhas e banhos.

MÁ DIGESTÃO
Coentro — chá das folhas. Podem também ser utilizadas: boldo, erva cidreira, erva doce, losna, macaé e salsa.

HEMORRÓIDAS
Melão de São Caetano — usa-se a planta toda em infusão, na ordem de 2 gr para 200 ml de água.
Maxixe — o fruto cortado em pedaços sobre a hemorróida.

DOENÇAS DO APARELHO RESPIRATÓRIO

TOSSE
Hortelã — folhas em infusão ou xarope.
Poejo — xarope.
Manjericão — cozimento das folhas e flores em infusão ou xarope.
Assa-peixe — sumo das folhas dissolvido num copo de leite ou na forma de xarope.
Saião — suco das folhas.

Alfavaca — xarope de raiz (20 gr para 1 litro de água).
Alecrim — 1 colher de sopa de folhas secas em 300 ml de água em infusão.
Agrião da Horta — salada ou extrato da planta em infusão a frio (1 xícara de água/ punhado de folhas deixando descansar por 12 horas). Infusão a quente 4 gramas para 200 ml de água fervendo. Beber em jejum.

RESFRIADOS

Mastruço — xarope das folhas ou infusão, 3 gr para 250 ml de água fervendo.
Alho — um dente em infusão num copo de água.
Poejo — xarope das folhas.
Eucalipto — 20 gr de folhas em 1 litro de água.
Hortelã — 10 gr em 1 copo para inalação.
Limão — xarope das folhas.
Manjerona — 10 gr de folhas e flores em 1 litro de água.
Sabugueiro — chá das folhas e flores secas.
Saião — suco das folhas.

AMIGDALITES

Alfavaca — 50 gr de folhas secas em meio litro de água em decocção para gargarejo.
Confrei — Decocto da raiz para gargarejo (20 gr/litro de água).
Malva rosa — 10 gr de folhas e flores em 1 copo de água em infusão para gargarejo.
Dormideira — 2 gr para 250 ml de água em infusão para gargarejo.
Guandu — decocto das folhas para gargarejo.
Romã — o decocto das cascas do fruto para gargarejo.
Tachaghem — chá das folhas em infusão para gargarejo.

REUMATISMOS

Guiné — uso externo das folhas machucadas em emplastros.
Quitoco — chá das folhas em infusão.
Melão de São Caetano — chá das folhas em infusão.
Cordão de Frade — banho do cozimento das folhas.
Alfavaca — folhas em infusão para banhos quentes.
Artemísia — suco das folhas em cataplasmas.

PROBLEMAS DE PELE

CICATRIZANTES

Algodão — sumo das folhas.
Confrei — suco das folhas.
Hortelã graúda — folhas machucadas sobre o local.

IMPIGEM

Algodão — sumo das folhas.

SARNA

Melão de São Caetano — suco das folhas ou banho de folhas em cozimento.
Arruda — chá forte para banhos ou sumo das folhas sobre a pele.

ABSCESSOS OU FURÚNCULOS

Pimenta — folhas em emplastros.
Dormideira — folhas em emplastros.
Cana de macaco — folhas frescas em emplastros.
Confrei — folhas frescas em emplastros.
Malva rosa — folhas frescas em emplastros.
Quiabo — usa-se o fruto externamente em emplastros.

PIOLHOS

Arruda — chá forte, na ordem de 50 gr para cada litro de água. Após lavar a cabeça, banhar com o chá.

PROBLEMAS GINECOLÓGICOS

CÓLICAS MENSTRUAIS

Algodão — 5 gr de semente em 1 copo de água fria/dia.
Canela — 1 pauzinho em 1 xícara em decocção.
Arruda — 1 colher das folhas/1 xícara de água ao dia.
Coentro — sementes em infusão.

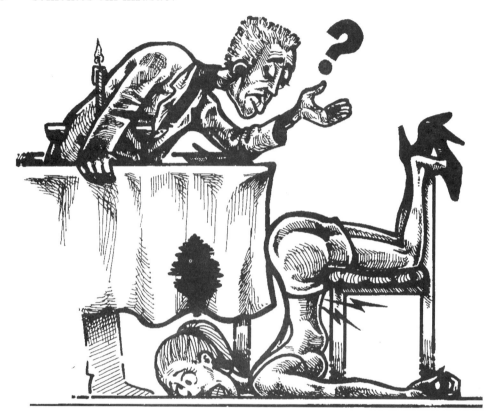

ALEITAMENTO

Erva-doce — infusão das folhas.
Sabugueiro — chá das folhas.
Hortelã — 20 gr das folhas em litro de água em infusão.

SISTEMA NERVOSO

Erva-cidreira — 50 gr de folhas frescas em 300 ml de água/dia.
Erva-doce — 30 gr de folhas em 1 litro de água/dia.
Hortelã — chá das folhas verdes.
Cardo santo — chá das folhas.
Alecrim — chá das folhas.
Macassá — raiz em decocção ou folhas 4 gr/250 ml de água em infusão.

DORES DE CABEÇA

Erva-cidreira — 20 gr/litro de flores e folhas em decocção, beber pequenas quantidades várias vezes ao dia.
Camomila — folhas em infusão, 1 colher de sopa de folhas e flores secas em 1 xícara de água.

PANCADAS E CONTUSÕES

Girassol — sementes amassadas sobre o local.
Arnica — para banhos — 50 gr da planta para 1 litro de água em infusão.

DORES DE DENTE

Agrião do Pará — tintura das flores sobre o dente ou mastigar as folhas verdes.
Hortelã — o sumo embebido em algodão no local da dor.
Gandu — o decocto das folhas em bochecho.
Tanchagem — usa-se a tintura.

PARASITOSES INTESTINAIS

HELMINTOS (VERMES)

Alho comum — ferver dentes esmagados com açúcar em 1/2 litro de leite, tomar 2 a 3 colheres/dia durante 7 dias.
Beldoegra — sementes em infusão.
Hortelã graúda — suco das folhas em jejum por 15 dias.
Mastruz — 8 gr de sementes em pó para 1 xícara em infusão por dia para adultos.
Losna — colocar uma colher de sopa de flores em 1 litro de água fervente. Deixar por uma hora e beber pela manhã.

PROTOZOÁRIOS

Hortelã miúda — suco adoçado com mel ou açúcar. Tome em jejum por 15 dias.

DORES DE OUVIDO

Maravilha — suco das flores recém-espremidas, introduzir o suco no ouvido e deixar por 20 minutos e depois escorrer. Depois torna-se a colocar e tampa-se com algodão.

APARELHO URINÁRIO

Abacate — 3 a 4 folhas em 1 litro em decocção.
Cana de macaco — suco das hastes maduras e folhas.
Capim de contas — 5 gr para 200 ml de água.
Erva tostão — 20 gr em 1 litro de água.
Quebra-pedra — 20 a 25 gr da raiz seca em 1 litro de água em infusão.
Chapéu de couro — 20 gr de folhas em 1 litro de água em infusão.
Cordão de frade — chá das folhas, 8 gr/200 ml de água.
Milho — 4 mãos cheias de cabelo de milho em 1 litro de água em decocção/dia.

REFERÊNCIAS BIBLIOGRÁFICAS

ACHARAM, M.: *As plantas que curam*. São Paulo, Libra, 1984.

ALVES, O. J.: *Noções de primeiros socorros*. Rio de Janeiro, Guanabara, 1967.

AQUINO, C. S.: *Curso de noções básicas de controle de infecção hospitalar*, CCIH do HBDF, 1987.

BALBACH, A.: *As hortaliças na medicina doméstica*. São Paulo, EDEL, 1976.

BRUNING, J.: *Cuide bem da sua saúde*. 13ª ed., Paraná, ASSOESTE, 1990.

CASTELLANOS, B. P. *Injeções: modos e médotos*, São Paulo, Ática, 1987.

Dicionário Médico Blakiston, Andrei Editora.

ESTRELA, R. M.: *Fundamentos de Enfermagem*, Rio de Janeiro, SENAC, 1990.

FERRAZ, E.: *Manual de controle de Infecção em cirurgia*, São Paulo, EPV, 1984.

FUERST, E. V.: *Fundamentos de enfermagem*, 5ª ed., Rio de Janeiro, Interamericana, 1975.

FRANCO, G. R. M.: *Manual de procedimentos básicos para o auxiliar de enfermagem*, São Paulo, Lilly, 1987.

LANE, J. C.: *Reanimação*, Guanabara, 1981.

LEITE, J. L.: *Enfermagem moderna e unidade de terapia intensiva*, Rio de Janeiro, BORSOI, 1969.

MAYES, M. E.: *Manual do auxiliar de enfermagem*, 3ª ed., Interamericana, 1980.

PAULINO, I.: *Noções básicas sobre o controle e a profilaxia da infecção hospitalar*, Paraná, Relisul, 1991.

SACRAMENTO, H. T.: *Plantas medicinais*, Cachoeiro de Itapemirim, ES, PMCI, 1986.

SANTA CASA DE MISERICÓRDIA DE CACHOEIRO DO ITAPEMIRIM / Comissão de Controle de Infecção Hospitalar. Relatório anual da CCIH, C. Itapemirim, ES, 1986.

SCHWARTZ, E.: *Emergências médicas*, Interamericana, 1985.

SOUZA, E. F.: *Novo manual de enfermagem*, 5ª ed., Rio de Janeiro, BRUNO BUCCINI, 1972.

Terminologia Básica em Saúde, 2ª ed., brasileira. Centro de Documentação do Ministério da Saúde.

ZANON, U.; NEVES, J.: *Infecções hospitalares*, Medsi, Rio de Janeiro, 1987.

APÊNDICE

1. CÓLERA

1.1. Conceito

A cólera é uma doença infecciosa intestinal aguda de veiculação predominantemente hídrica, causada pela enterotoxina do *V. cholerae 01*. Após a identificação do *V. cholerae 0139,* em dezembro de 1992, como causador de uma epidemia de cólera em Bangladesh, já se aceita, dentro da definição de cólera, como sendo também causada por este sorogrupo.

As manifestações clínicas ocorrem de formas variadas, desde infecções inaparentes até casos graves com diarréia profusa, que pode levar a desidratação rápida, acidose e colapso circulatório. Os quadros leves e as infecções assintomáticas são muito mais freqüentes do que as formas graves.

1.2. Etiologia

O agente etiológico da cólera é o *Vibrio cholerae,* bacilo gram-negativo, com flagelo polar, aeróbio ou anaeróbio facultativo, isolado por Koch, no Egito e na Índia, em 1884, inicialmente denominado de *Kommabazilus* (bacilo em forma de vírgula).

Existem dois biotipos de *V. cholerae*: o clássico, descrito por Koch, e o El Tor, isolado por Gotschlich em 1906, de peregrinos provenientes de Meca, examinados na estação de quarentena de El Tor, no Egito.

Ambos os biotipos são indistingüíveis bioquímica e antigenicamente, enquadram-se na espécie *Vibrio cholerae* e integram o sorogrupo 01, o qual apresenta três sorotipos, denominados Ogawa, Inaba e Hikojima. O biotipo El Tor somente foi associado a episódios graves da doença e aceito como agente etiológico em 1961, exatamente no início da 7ª pandemia.

O biotipo El Tor é menos patogênico que o biotipo clássico, e causa com muito mais freqüência infecções assintomáticas e leves. A relação entre o número de doentes e o de portadores com o biotipo clássico é de 1:2 a 1:4, com o biotipo El Tor esta relação é de 1:20 a 1:100. Outro fator que favorece a disseminação do biotipo El Tor é a sua maior resistência às condições externas, a qual lhe permite sobreviver por mais tempo do que o biotipo clássico no meio ambiente. Estas características do El Tor dificultam significativamente as ações de vigilância epidemiológica, e na prática impedem o bloqueio efetivo dos surtos de cólera, principalmente quando ocorrem em áreas deficientes de saneamento.

Até pouco tempo atrás acreditava-se que entre todos os sorogrupos conhecidos, apenas o *01* era responsável pela ocorrência de epidemias, mas em dezembro de 1992 foi identificado o *Vibrio cholerae 0139*, também conhecido como *Bengal*, primeiro *vibrio* não *01* responsabilizado por grande epidemia com considerável mortalidade, que vem se alastrando pelo sul da Ásia.

Outros sorogrupos não *01* do *Vibrio cholerae* já foram identificados em todo o mundo, sabendo-se que podem ocasionar patologias extra-intestinais e diarréias com desidratação severa semelhante à cólera. No entanto, até o presente, estes sorogrupos têm sido associados a casos esporádicos ou surtos muito limitados e raros de diarréia.

1.3. Ecologia

O *Vibrio cholerae* é um microrganismo originalmente integrado ao ambiente marinho, com progressiva adaptação aos ecossistemas aquáticos dulcícolas e estuarinos. No que tange às condições ambientais, sua sobrevivência está relacionada a fatores bióticos, servindo de exemplo sua associação com organismos vivos mais diferenciados; nesta situação, liga-se à quitina de constituintes do zooplâncton (copépodes) ou de peixes, o que pode ocasionar a contaminação passiva da ostra e do mexilhão, no processo de filtração da água contendo o plâncton. O fitoplâncton não favorece o fenômeno de adsorção do *V. cholerae*.

Dentre os fatores abióticos, mais estreitamente relacionados à sobrevivência do agente da cólera, destacam-se:

a) *A temperatura da água* — a faixa mais favorável situa-se entre 10 e 32º C, na qual o *V. cholerae* tende a se localizar na superfície. Abaixo de 10° C a bactéria tende a se localizar no sedimento, aumentando o seu tempo de viabilidade.

b) *A salinidade* — na faixa de 0,3 a 1,79% concorre para a maior viabilidade do vibrião. Abaixo de 0,3%, essa viabilidade passa a depender da concentração de nutrientes orgânicos e da temperatura mais elevada, particularmente em água doce; a sazonalidade dos vibriões na água apresenta, também, uma certa relação com o nível mais elevado de cloretos, provenientes das descargas de efluentes com contaminação por fezes humanas.

c) *O pH* — mais favorável na faixa de 7.0 a 9.0, com limites de tolerância de 5.5 a 10.0, principalmente no caso do biotipo El Tor.

d) *A umidade* — o *V. cholerae* não resiste à dissecação.

Experimentalmente, o *V. cholerae* pode sobreviver de 10 a 13 dias, em temperatura ambiente, e até 60 dias em água do mar sob refrigeração. Em água doce sua sobrevivência atinge até 19 dias, e em forma de gelo de 4 a 5 semanas.

As observações em ambiente marinho assinalam a maior sobrevivência em águas costeiras e estuarinas, em contraposição às de alto mar. Seja por alteração de qualidade e quantidade de organismos marinhos, ou da salinidade, o fato é que o *V. cholerae* não é detectado em pescados de alto mar. Entretanto, seu isolamento nas águas doces superficiais e de estuários somente é possível quando a contaminação fecal é constante. Isto significa que, aparentemente, não há fixação ou multiplicação da bactéria no ambiente de água doce, ao contrário das observações de água marinha costeira.

1.4. Patogenia e fisiopatologia

Toda a patogenia da cólera – tipicamente, uma diarréia secretória — resulta da ação exercida pela exotoxina, produzida pelo *V. cholerae*, sobre os enterócitos do intestino delgado.

Os vibriões penetram no organismo humano por via oral e os que conseguem escapar à acidez gástrica – que constitui a primeira linha de defesa do hospedeiro contra a cólera – localizam-se no intestino delgado, cujo meio alcalino lhes favorece a proliferação, resultando, posteriormente, em profusa liberação de uma exotoxina que atua sobre as células da mucosa intestinal, causando uma ruptura no seu equilíbrio fisiológico e fazendo com que seja secretada grande quantidade de líquido isotônico.

A capacidade do vibrião de produzir infecção intestinal está determinada por vários fatores de virulência. A mucinase, elaborada pelo *V. cholerae*, favorece a ultrapassagem da barreira representada pela camada de muco intestinal. Ao alcançar a mucosa do intestino delgado (duodeno e jejuno principalmente), o vibrião adere à borda ciliada das células epiteliais, graças ao fator de aderência. Em seguida, produz uma enterotoxina, constituída por 2 subunidades: A (interna) e B (externa). A subunidade B une-se ao gangliosídio GM 1, substância receptora presente nas células do epitélio intestinal; a seguir, as ligações sulfidrila (que mantêm unidas as subunidades A e B) se rompem, e a subunidade A penetra através da parede celular, atingindo o interior do enterócito e ativando a adenilciclase. Disso resulta um acúmulo de AMP-cíclico, que determina o aumento da secreção intestinal, levando à diarréia e à desidratação.

Esse fluido é pobre em proteína e rico em Na^+, K^+, Cl^- e HCO^{3-}, e sua perda maciça conduz, rapidamente, ao quadro de desidratação. Contudo, a bomba de Na^+ é preservada, o que permite a reabsorção do sódio em presença de glicose, explicando a notável eficiência da reidratação oral no tratamento da doença.

A perda de eletrólitos e líquidos da circulação e espaços intercelulares é considerável, podendo ser fatal se não corrigida a tempo. Com o tratamento adequado, baseado na rápida administração de líquidos e eletrólitos em quantidade equivalente às perdas gastrointestinais, todas as alterações físicas e bioquímicas desaparecem em curto prazo. Por outro lado, o tratamento tardio ou insuficiente pode ser incapaz de evitar a evolução do quadro para graves alterações fisiopatológicas: a insuficiência renal aguda, os transtornos próprios da hipocalemia, atonia intestinal, arritmias cardíacas, hipotensão e, finalmente, colapso cardíaco.

1.5. Epidemiologia

1.5.1. Distribuição Histórico-geográfica

A cólera existe sob a forma endêmica, desde épocas remotas, nas planícies do delta dos rios Ganges e Bramaputra, na parte oriental da Índia e em Bangladesh. Dessas zonas endêmicas o bacilo tem-se propagado a várias regiões do globo, causando epidemias e pandemias de gravidade variável.

Antes de 1900 ocorreram 5 pandemias de cólera, todas presumivelmente ocasionadas pelo biotipo clássico do *Vibrio cholerae,* a saber:

    — a primeira,   de 1817 a 1823;
    — a segunda,   de 1826 a 1837;
    — a terceira,   de 1846 a 1862;
    — a quarta,   de 1864 a 1875;
    — a quinta,   de 1887 a 1896.

A primeira pandemia estendeu-se do Vale do Rio Ganges a outras regiões da Ásia e da África. Nas quatro seguintes, a disseminação da cólera acompanhou as rotas de comércio atingindo, além da Ásia e da África, a Europa, a América do Norte e a América do Sul.

Em 1855, a cólera entrou no Brasil pelo estado do Pará, através de navio procedente da cidade do Porto (Portugal), atingindo posteriormente outros estados das regiões Norte, Nordeste, Sul e Sudeste, tendo sido registrados até 1867 aproximadamente 200.000 óbitos. Novas ocorrências foram constatadas no ano de 1893, no estado de São Paulo, e em 1895, no estado do Rio de Janeiro.

A sexta pandemia registrou-se no início deste século (1902-1923), com epidemias severas na Ásia e surtos limitados na África e na Europa, sem atingir, contudo, o continente americano. Da mesma forma como ocorreu com as cinco primeiras, presume-se que a sexta pandemia tenha sido causada pelo biotipo clássico do *Vibrio cholerae.*

A sétima pandemia, ainda em curso, iniciou-se em 1961, quando o *Vibrio cholerae,* biotipo El Tor, espalhou-se, através dos movimentos migratórios, a partir de um foco endêmico na Indonésia, por quase toda a Ásia, região oriental da Europa, norte da África e Península Ibérica, atingindo a Itália em 1973, ano em que se registrou um caso nos Estados Unidos (Texas), de origem não identificada. Em 1974 ocorreu um caso importado no Canadá. Em 1977 e 1978 registraram-se pequenos surtos no Japão. Em 1978 ocorreram infecções esporádicas na Louisiana (E.U.A), com 8 casos e 3 infecções assintomáticas. Em 1981 um surto afetou 16 pessoas no Texas.

Casos esporádicos importados têm aparecido em viajantes que regressaram à Europa Ocidental, ao Canadá, aos Estados Unidos e à Austrália, procedentes de áreas com circulação de *V. cholerae.*

A propagação da doença por mar, terra e ar, em três continentes, durante os últimos trinta anos, deve-se aos seguintes fatores: a característica do biotipo El Tor de produzir, na maioria dos casos, infecções assintomáticas e leves, o que torna difícil identificar portadores e distinguir a cólera das outras doenças diarréicas agudas; ao significativo incremento dos fluxos migratórios, de turismo e de comércio; às condições precárias de saneamento, prevalentes em extensas áreas de alguns países; aos meios rápidos de transporte e à falta de uma vacina eficaz.

Assim, pela primeira vez neste século, o Hemisfério Ocidental viu-se ameaçado diretamente pela cólera, devido ao grande volume do tráfego aéreo e marítimo procedente de focos endêmicos da doença, na África e na Ásia.

A sétima pandemia foi introduzida na América Latina através do Peru, atingindo posteriormente o Brasil e outros países sul-americanos. Esta introdução ocorreu entre os dias 23 e 29 de janeiro de 1991, em cidades do litoral peruano. Nas 3 semanas seguintes, a epidemia expandiu-se de forma explosiva ao largo desse litoral, estendendo-se posteriormente pelas regiões da Cordilheira dos Andes e Amazônia Peruana, de forma que, entre 14 e 20 de abril, a epidemia já havia atingido todo o país.

No decorrer de 1991 a cólera propagou-se pelo continente americano, atingindo 14 países, com 391.750 casos confirmados e causando 4.002 óbitos; em 1992, 20 países notificaram 353.810 casos e 2.400 óbitos, e, de janeiro a agosto de 1993, 143.999 casos e 1.442 óbitos. Deve-se salientar que 65% dos casos notificados em todo o mundo, no ano de 1993, eram procedentes de países desse continente.

Os primeiros casos de cólera no Brasil foram detectados no município de Benjamin Constant (AM), fronteira com o Peru, em abril de 1991. A epidemia alastrou-se progressivamente pela região Norte até o Pará e o Amapá, seguindo o curso do Rio Solimões/ Amazonas e seus afluentes, principais vias de deslocamento de pessoas da região. No final de 1991 atingiu o município de São Luiz do Maranhão.

Em fevereiro de 1992 a cólera foi detectada no sertão da Paraíba e logo em seguida no agreste de Pernambuco. Até o final de 1992 todos os estados do Nordeste foram atingidos, tendo ainda sido registrado um caso autóctone no Rio de Janeiro e um no Espírito Santo.

Em 1993 observou-se o recrudescimento da cólera em alguns estados do Nordeste e seu avanço para as regiões Sudeste e Sul, tendo sido registrados casos em Minas Gerais, Espírito Santo, Rio de Janeiro, São Paulo e Paraná.

Em 1994 a cólera continuou em franca expansão; desde o início do ano até a primeira quinzena do mês de abril, foi registrado um número de casos correspondente a quase 50% do total de casos notificados no ano de 1993. Observou-se um recrudescimento em todos os estados do Nordeste, que registrou 47.366 casos e 386 óbitos até 28/12/94, destacando-se os estados do Ceará, Paraíba, Rio Grande do Norte e Alagoas, por apresentarem os maiores coeficientes de incidência.

Os estados que, desde o início da epidemia no Brasil até dezembro de 1994, ainda não apresentavam casos autóctones confirmados da doença são Tocantins, Mato Grosso do Sul, Goiás, Santa Catarina, Rio Grande do Sul e o Distrito Federal.

1.5.2. Reservatório e fontes de infecção

O único reservatório comprovado é o homem. A doença mantém-se através do ciclo de transmissão homem-meio ambiente-homem.

Alguns animais, que vivem em locais contaminados, têm sido encontrados albergando o microrganismo e expelindo-o passivamente, mas não existem provas de que constituam reservatórios reais. Todavia, recentes observações sugerem que certas plantas aquáticas e frutos do mar (crustáceos e bivalvos) talvez desempenhem papel de reservatórios e tenham sido responsáveis por surtos ocorridos nos Estados Unidos e Austrália.

São fontes de infecção os doentes no período de incubação, na fase das manifestações clínicas e na convalescença, bem como os portadores assintomáticos. Os bacilos são eliminados pelas fezes e pelo vômito.

Quanto aos doentes, são importantes como fontes de infecção, tanto os que apresentam a forma grave da doença, como as formas oligossintomáticas, que passam facilmente despercebidas. Mais de 90% dos casos de cólera correspondem às formas leves e moderadas, tornando difícil distingui-los de outras doenças diarréicas agudas.

Os germes desaparecem rapidamente das fezes dos doentes e dos portadores sadios; em geral, não são mais eliminados ao término de 10 dias.

Têm sido observados casos de portadores crônicos do biotipo El Tor, ou seja, pessoas que o albergam por mais de 3 meses, eliminando-o durante várias semanas e, às vezes, por mais de um ano. Ao que parece, os portadores crônicos são raros e seu papel na manutenção da infecção ainda não foi esclarecido. Entretanto, há evidências de que esse papel é mais importante do que se pensava até alguns anos atrás.

Não se conhece o mecanismo pelo qual o agente etiológico sobrevive durante os períodos interepidêmicos. Embora, em geral, os indivíduos infectados eliminem o vibrião durante uma ou duas semanas, a elevada proporção de infecções assintomáticas assegura a manutenção do ciclo de transmissão.

A persistência da infecção nas zonas endêmicas é facilitada, também, pela curta duração da imunidade pós-infecciosa, o que permite freqüentes reinfecções.

1.5.3. Modo de transmissão

A transmissão faz-se, primariamente, através da ingestão de água contaminada com as fezes ou vômitos de pacientes ou pelas fezes de portadores; e, secundariamente, pela ingestão de alimentos que entraram em contato com a água contaminada, por mãos contaminadas de doentes, de portadores e de manipuladores dos produtos, e pelas moscas, sem esquecer o consumo de gelo fabricado com água contaminada. Peixes, crustáceos e bivalvos, marinhos ou dulcícolas, provenientes de águas contaminadas, comidos crus ou mal cozidos, têm sido responsabilizados por epidemias e surtos isolados em vários países.

A transmissão da doença de pessoa a pessoa, através de contato direto, foi responsabilizada por uma epidemia, em 1970, que afetou regiões africanas desérticas, em plena estação seca, onde praticamente não existiam reservatórios de água. Fatores como a concentração de pessoas e o contato interpessoal direto, que rege a vida africana (saudação mão-boca-fronte, refeições comuns com o uso das mãos) estavam sempre presentes no contexto de transmissão. Os autores afirmam que onde não há uma diluição da densidade microbiana, pela ausência de água, os surtos comportam-se de forma explosiva, afetando populações inteiras. Isto pode explicar alguns surtos importantes ocorridos no sertão nordestino, na alta estação da seca.

São fatores essenciais para a disseminação da doença as condições deficientes de saneamento e, em particular, a falta de água potável em quantidade suficiente para atender às necessidades individuais e coletivas. Geralmente, a cólera é confinada aos grupos de baixo nível socioeconômico. Mesmo em epidemias severas, a taxa de ataque da doença raramente excede a 2%.

As moscas podem transportar, mecanicamente, aos alimentos, os vibriões das dejeções dos indivíduos infectados. Embora não desempenhem papel importante na propagação da doença, é necessário telar as janelas e portas das enfermarias onde se encontrem doentes de cólera.

Às vezes, as epidemias de cólera evoluem lentamente durante várias semanas, apresentando um pequeno número de casos diários ou semanais. Em geral, esse tipo de epidemia é devido à transmissão hídrica. Habitualmente é uma grande coleção de água, um rio, um canal contaminado, um açude ou lagoa, que expõem a população a concentrações relativamente baixas de vibriões. No decorrer do tempo pode ser infectado um grande número de pessoas na comunidade, embora os casos com manifestações clínicas só apareçam esporadicamente. Nesses casos, uma investigação cuidadosa freqüentemente revela numerosas infecções inaparentes, e pequenos surtos explosivos em grupos familiares que utilizam uma fonte comum de abastecimento de água e de alimentos.

A contaminação maciça de mananciais e reservatórios com menor volume de água, e/ou do lençol freático, e a intermitência de distribuição de água na rede de abastecimento, possibilitando a passagem de águas contaminadas para dentro das tubulações, quase sempre são responsáveis por epidemias explosivas que apresentam um grande número de casos com formas graves.

1.5.4. Período de incubação

O período de incubação da doença varia de algumas horas a 5 dias; geralmente é de 2 a 3 dias.

1.5.5. Período de transmissibilidade

É de duração imprecisa. Perdura enquanto há eliminação de vibriões nas fezes, o que ocorre, via de regra, até poucos dias após a cura. Para se obter uma margem de segurança, o período aceito como padrão é de 20 dias.

Os portadores normalmente eliminam o vibrião de forma intermitente, e vale lembrar que a capacidade infectante está associada à quantidade de microrga-nismos eliminados por grama de fezes. Raramente, o estado do portador persiste por meses ou anos em casos de infecção biliar crônica.

1.5.6. Susceptibilidade e resistência

A susceptibilidade é variável, sendo que o risco de adoecer pode ser aumentado por fatores que diminuem a acidez gástrica como acloridria, gastrectomia, uso de alcalinizantes, bem como pela quantidade e a natureza dos alimentos ingeridos.

A quantidade de vibriões necessários para ocasionar a doença, que usual-mente varia 10^9 a 10^{12} em uma pessoa com acidez gástrica normal em jejum, baixa para 10^3 microrganismos quando da existência dos fatores acima mencionados.

Outras causas subjacentes que determinam baixa imunidade, como o sarampo e a desnutrição, podem tornar o indivíduo mais susceptível.

A infecção produz aumento de anticorpos e confere imunidade por tempo limitado, ao redor de seis meses. Nas áreas endêmicas, as repetidas infecções tendem a incrementar a resposta IgA secretora e produzir constantes estímulos à memória imunológica, que é capaz de manter a imunidade local de longa duração. Este mecanismo pode explicar a resistência demonstrada pelos adultos, como também a proteção conferida pelo aleitamento materno aos lactentes, nessas áreas.

1.5.7. Morbidade, mortalidade e letalidade

Estes indicadores têm como objetivo avaliar o impacto da epidemia na população, e estão diretamente relacionados às condições socioeconômicas, densidade populacional, meios de transporte, acesso a serviços de saúde e outros fatores de risco. As altas taxas de ataque são comuns em áreas que apresentam deficiência na oferta de água potável e destino inadequado de dejetos e resíduos.

A taxa de letalidade, em casos graves, pode atingir 50%. Porém, quando a reidratação é instituída precocemente, verifica-se a redução dessa taxa para níveis inferiores a 2% nas formas graves

Desde a introdução da cólera no país, o número de casos vem aumentando progressivamente, passando de 2.103 em 1991 para 37.572 em 1992, e 59.960 em 1993. Os coeficientes de incidência desses anos foram de 1.4, 25.1 e 39.3/100.000 habitantes, respectivamente. Evidentemente, estes números não refletem totalmente a realidade nacional, pois, além da significativa subnotificação, deve-se considerar a distribuição irregular dos casos por região e mesmo por Unidade Federada: a Região Nordeste registrou, em 1993, um coeficiente de incidência de 117/100.000 habitantes, com destaque nos estados do Ceará (323/100.000 habitantes) e Paraíba (209/100.000 habitantes).

A taxa de letalidade tem oscilado em torno de 1.3 %.

O reduzido número de casos confirmados em 1991, em comparação com os anos subseqüentes, deve-se ao critério diagnóstico utilizado no primeiro ano da epidemia, e que foi exclusivamente laboratorial. Somente a partir de 1992 foi sendo introduzido o critério clínico-epidemiológico para a confirmação dos casos.

A implantação/implementação de um sistema de informação organizado, ágil e sensível em todos os níveis, são medidas de fundamental importância para garantir a precisão e a confiabilidade destes indicadores.

1.5.8. Área de risco e área de circulação do V. cholerae

Considera-se como *"área de risco para cólera"*, o local ou região onde o conjunto de condições socioeconômicas e ambientais favorece a instalação e rápida disseminação do *V. cholerae.*

Algumas áreas têm um risco potencial que deve ser considerado com especial atenção, como, por exemplo: localidades ao longo de eixos rodoviários ou ferroviários, áreas periportuárias, locais com populações assentadas abaixo do ponto de despejos de esgotamento sanitário ou às margens de coleções hídricas que recebam esgotos.

É necessário delimitar o micro ou macroambiente e os locais de suposta circulação de *V. cholerae*, para definir o caráter e a abrangência das ações preventivas/assistenciais de saúde pública. A delimitação dessas áreas deve ser definida a nível local, não precisando, necessariamente, obedecer aos limites impostos por fronteiras político-administrativas. A área de risco pode ser uma única residência, uma rua, um bairro etc.

Fatores ambientais, populacionais e de serviços, que devem ser considerados para definição e delimitação de áreas de risco:
- Ausência, deficiência ou intermitência do abastecimento de água;
- destino e tratamento inadequado dos dejetos;
- ausência ou deficiência de coleta, transporte, destino ou tratamento do lixo;
- solos baixos e alagadiços que permitam a contaminação da água por materiais fecais (principalmente em áreas com ciclos de cheias e secas);
- alta densidade populacional;
- baixa renda *per capita;*
- populações confinadas (presídios, asilos, orfanatos, hospitais psiquiátricos, quartéis etc.);
- hábitos higiênicos pessoais inadequados que propiciam a contaminação fecal/oral;
- pólos receptores de movimentos migratórios;
- eventos com grandes aglomerações populacionais (festas populares, feiras, romarias etc.);
- déficit na oferta de serviços de atenção à saúde;
- difícil acesso à informação/analfabetismo;
- população residente em áreas periportuárias, ribeirinhas e ao longo de eixos rodo-ferroviários.

Considera-se como *"área de circulação de V. cholerae"*, aquela área onde já foi isolado o *V. cholerae 01* em pelo menos 5 amostras (clínicas autóctones e/ou ambientais).

Com a finalidade de delimitar esta área, é de fundamental importância que o nível local associe os dados referentes ao isolamento do agente etiológico aos fatores mencionados acima. As medidas sanitárias a serem adotadas deverão considerar as condições ambientais (fatores bióticos e abióticos) que possam favorecer a sobrevivência do *V. cholerae* nas áreas em questão.

1.6. Aspectos clínicos

Diarréia e vômito são as manifestações clínicas mais freqüentes.

Na forma leve (mais de 90% dos casos), o quadro costuma iniciar de maneira insidiosa, com diarréia discreta, sem distinção das diarréias comuns. Também pode apresentar vômitos. Tem importância epidemiológica por constituir a grande maioria dos casos, participando significativamente na manutenção da cadeia de transmissão. Este quadro é comum em crianças, podendo acompanhar-se de febre, o que o torna ainda menos característico, e exigindo métodos laboratoriais para a sua confirmação.

Nos casos graves, mais típicos, embora menos freqüentes (menos de 10% do total), o início é súbito, com diarréia aquosa, abundante e incoercível, com inúmeras dejeções diárias. As fezes podem apresentar-se como água amarelo-esverdeada, sem pus, muco ou sangue. Em alguns casos poderá haver, de início, a presença de muco. É característico o odor peculiar de peixe, mas nem sempre está presente. Embora não seja comum em nosso meio, as fezes podem apresentar um aspecto típico de "água de arroz" (riziforme).

A diarréia e os vômitos dos casos graves determinam uma extraordinária perda de líquido, que pode ser da ordem de 1 a 2 litros por hora. Este quadro decreta rápida e intensa desidratação que, se não tratada precoce e adequadamente, leva a graves complicações e até ao óbito.

A evolução deste processo pode apresentar-se com muitas manifestações do desequilíbrio hidroeletrolítico e metabólico, expressas por: sede, rápida perda de peso, perda do turgor da pele, principalmente nas mãos ("mãos de lavadeira"), prostração, olhos fundos com olhar parado e vago, voz sumidiça e cãibras. O pulso torna-se rápido e débil, surge hipotensão e a ausculta cardíaca revela bulhas abafadas. Há cianose e esfriamento de extremidades, colapso periférico, anúria e coma.

As cãibras decorrem do distúrbio hidroeletrolítico a nível muscular e podem atingir a musculatura abdominal, de membros superiores e de membros inferiores (panturrilhas principalmente).

Existem relatos de algumas variações do quadro, como a "cólera tifóide", em que a temperatura eleva-se a 40ºC ou mais, acompanhada de complicações e evoluindo para o óbito. Também existem registros de "cólera seca", em que grande quantidade de líquido fica retida na luz intestinal e a desidratação ocorre sem que a perda de líquido seja evidente, o que pode trazer dificuldades iniciais para o diagnóstico.

1.7. Complicações

As complicações na cólera decorrem fundamentalmente da depleção hidrossalina, imposta pela diarréia e pelos vômitos, e ocorrem mais freqüentemente nos indivíduos idosos, diabéticos, ou com patologia cardíaca prévia.

A desidratação não corrigida levará a uma deterioração progressiva da circulação, da função renal e do balanço metabólico, produzindo dano irreversível a todos os sistemas do organismo e, conseqüentemente, acarretando:
— Choque hipovolêmico;
— necrose tubular renal;
— íleo paralítico/atonia intestinal;

Apêndice

– hipocalemia, levando a arritmias cardíacas;
– hipoglicemia, com convulsões e coma em crianças;
– aborto e parto prematuro em casos com choque hipovolêmico.

As complicações podem ser evitadas com hidratação precoce e adequada.

1.8. Diagnóstico

1.8.1. Diagnóstico diferencial

Com todas as outras doenças diarréicas agudas, principalmente nos casos ocorridos em crianças.

1.8.2. Diagnóstico laboratorial

Consiste, habitualmente, no cultivo de fezes e/ou vômitos em meios apropriados, visando o isolamento e a identificação bioquímica do *V. cholerae,* e na sua subseqüente caracterização sorológica.

Recomenda-se a pesquisa laboratorial de todos os casos suspeitos apenas em áreas sem evidência de circulação do *V. cholerae.*

Em áreas de circulação comprovada, o diagnóstico laboratorial deverá ser utilizado em torno de 10% dos casos em adultos, e 100% em crianças menores de 5 anos. Porém, o tamanho da amostra dependerá do volume dos casos e da capacidade operacional do laboratório. Estes exames visam aferir a propriedade do diagnóstico clínico-epidemiológico, monitorizar a circulação do *V. cholerae* patogênico na população e avaliar a resistência aos antibióticos e possíveis mudanças de sorotipo em casos autóctones ou importados. Outros patógenos devem ser pesquisados, principalmente nos casos negativos para *V. cholerae.*

1.8.3. Diagnóstico clínico-epidemiológico

É o critério utilizado na avaliação de um caso suspeito, no qual são correlacionadas variáveis clínicas e epidemiológicas, capazes de definir o diagnóstico sem investigação laboratorial.

Deve ser utilizado frente a pacientes maiores de 5 anos com diarréia aguda, em áreas onde há evidência de circulação do *V. cholerae,* ou seja, onde este último foi isolado em 5 ou mais amostras humanas e/ou ambientais.

O uso do critério clínico-epidemiológico possibilita maior agilidade ao processo de diagnóstico, aumenta a sensibilidade do sistema de vigilância epidemiológica na detecção de casos, e diminui os custos operacionais do laboratório, liberando-o para o desempenho de outras atividades, como, por exemplo, os testes de sensibilidade e resistência aos

285

antibióticos, e a pesquisa de *V. cholerae* em amostras ambientais e de alimentos, além da identificação de outros microrganismos causadores de diarréia.

2. TRATAMENTO

O diagnóstico e o tratamento precoce dos casos de cólera são fatores fundamentais para a recuperação do paciente, além de diminuírem a contaminação do meio ambiente e propiciarem a identificação e a vigilância epidemiológica dos comunicantes. A terapêutica correta se fundamenta na substituição rápida e completa da água e dos eletrólitos perdidos pelas fezes e vômitos. Os líquidos serão adminis-trados por via oral ou parenteral, segundo o estado do paciente, e sua implantação **independe** dos resultados de exames laboratoriais.

O paciente suspeito, ou com cólera confirmada, deverá **obrigatoriamente** iniciar seu tratamento no local onde receber o primeiro atendimento.

2.l. Avaliação clínica do paciente

A observação dos sinais e sintomas é fundamental para que se possa classificar o paciente de qualquer idade, quanto ao seu estado de hidratação no decorrer da diarréia de qualquer etiologia, inclusive a causada pela cólera, com a finalidade de identificar o grau de desidratação e decidir o plano de reposição.

Apêndice

Quadro 1. SINAIS E SINTOMAS PARA AVALIAR O GRAU DE DESIDRATAÇÃO DO PACIENTE

1. Observe

ESTADO GERAL	Bem alerta	Irritado, intranqüilo	COMATOSO, HIPOTÔNICO
OLHOS	Normais	Fundos	Muito fundos e secos
LÁGRIMAS	Presentes	Ausentes	Ausentes
BOCA E LÍNGUA	Úmidas	Secas	Muita secas
SEDE	Bebe normal Sem sede	Sedento, bebe rápido e avidamente	BEBE COM DIFICULDADE OU NÃO É CAPAZ DE BEBER

2. Explore

SINAL DA PREGA	Desaparece rapidamente	Desaparece lentamente	DESAPARECE MUITO LENTAMENTE (mais de 2 segundos)
PULSO	Cheio	Rápido, débil	MUITO DÉBIL OU AUSENTE
ENCHIMENTO CAPILAR (1)	Normal (até 3 segundos)	Prejudicado (3-5 segundos)	MUITO PREJUDICADO (mais de 5 segundos)

3. Classifique

GRAU DE DESIDRATAÇÃO	Não tem sinais de desidratação	Não apresenta dois ou mais sinais, tem desidratação	Se apresenta dois ou mais sinais, incluindo pelo menos um em maiúsculas, tem DESIDRATAÇÃO GRAVE

4. Decida

PLANO DE **REPOSIÇÃO**	Plano "A"	Plano "B"	Plano "C"

(1) Prova de enchimento capilar: O examinador comprime, com a própria mão, a mão fechada da criança, durante 15 segundos. O examinador retira sua mão e observa o tempo para a volta da coloração normal da palma da mão da criança. Esta prova não é feita em pacientes adultos.

OBS.: Em crianças maiores de 5 anos e adultos, a hipotensão arterial associada a pulso radial imperceptível é um sinal de desidratação grave. O sinal da prega cutânea pode estar prejudicado em pacientes desnutridos ou obesos, As lágrimas são um sinal importante em lactentes e crianças menores.

2.2. Critérios de internação

Deve-se considerar que uma parcela dos pacientes do setor de triagem será transferida para o setor de internação.

A princípio devem ser internados:
- pacientes com desidratação grave, com ou sem complicações;
- pacientes com patologias sistêmicas associadas (diabetes, hipertensão arterial sistêmica, cardiopatias);
- crianças com desnutrição grave;
- pacientes idosos;
- gestantes;
- pacientes desacompanhados, portadores de doença crônica;
- pacientes residentes em locais distantes, que não tenham tolerância oral plena.

2.3. Fluidoterapia

A avaliação do estado de hidratação indica a conduta terapêutica, como se segue:

2.3.1. Plano A — Pacientes sem sinais de desidratação

O tratamento é domiciliar, com a utilização de:
- Solução de sais reidratação oral (SRO), e
- líquidos disponíveis no domicílio (chás, cozimento de farinha de arroz, água de coco, soro caseiro etc.).

Tais líquidos devem ser usados após cada episódio de evacuação ou vômito, de acordo com as indicações abaixo:
- Menores de 2 anos: 50 a 100 ml.
- Maiores de 2 anos: 100 a 200 ml.
- Adultos: a quantidade que aceitarem.

É importante ressaltar que os refrigerantes não devem ser utilizados, pois além de ineficazes, podem agravar a diarréia.

A alimentação habitual dever ser mantida e estimulada. Os pacientes, ou seus responsáveis, deverão ser orientados para o reconhecimento dos sinais de desi-dratação, e no sentido de procurar imediatamente o serviço de saúde mais próximo, na eventual ocorrência destes, ou se a diarréia se agravar, apresentar sangue nas fezes (disenteria), ou febre alta.

2.3.2. Plano B — Pacientes com desidratação

Todos os pacientes desidratados, mas com capacidade de ingerir líquidos, devem ser tratados com solução de sais de reidratação oral (SRO). Não é necessário determinar o volume exato a ser administrado, mas recomenda-se que seja contínuo, conforme a sede do paciente, até a completa recuperação do estado de hidratação.

Deve-se observar se a ingestão é superior às perdas.

Para crianças, a orientação é de 100 ml/kg, administrados num período não superior a 4 horas.

Se o paciente vomitar, pode-se reduzir o volume e aumentar a freqüência das tomadas. A solução de SRO pode ser administrada através de sonda nasogástrica, quando necessário. Os vômitos geralmente cessam após 2 a 3 horas do início da reidratação.

Os lactentes amamentados devem continuar recebendo o leite materno. Para os demais pacientes administrar apenas SRO até completar-se a reidratação.

Os sinais clínicos de desidratação desaparecem paulatinamente, durante o período de reidratação. Todavia, devido à possibilidade de ocorrer maior perda de volume rapidamente, os pacientes devem ser avaliados com freqüência, visando identificar, oportunamente, necessidades eventuais de volumes adicionais de solução de SRO.

Uns poucos pacientes, que apresentam perdas fecais intensas, podem ter dificuldades para beber um volume de SRO necessário para manter o estado de hidratação. No caso de apresentarem fadiga intensa, vômitos freqüentes ou distensão abdominal, deve-se suspender a reidratação oral e iniciar a hidratação endovenosa — 50ml/kg em 3 horas. Após este período geralmente é possível reiniciar o tratamento por via oral.

2.3.3. Plano C — Pacientes com desidratação grave ou choque

Se o paciente apresentar sinais e sintomas de desidratação grave, com ou sem choque (palidez acentuada, pulso radial filiforme ou ausente, hipotensão arterial, depressão do sensório), a sua reidratação deve ser iniciada imediatamente por via endovenosa, conforme o esquema:

2.3.3.1. Adultos

a) Via venosa periférica – 1 ou 2 veias – administrar solução fisiológica (NaCI a 0,9%) tanto volume quanto for necessário para fazer desaparecer os sinais de choque (pulso palpável e melhoria do estado de consciência). Poderá ser necessário infundir até 2 litros em 30 minutos.

b) A seguir, reduzir a velocidade da infusão para 70 ml/kg, em 2 horas e 30 minutos, utilizando-se uma das soluções seguintes, em ordem de preferência:

– Solução polieletrolítica – composição em mMol/l

Sódio 90

Potássio 20

Cloro 80

Acetato 30

Dextrose 111

Osmolaridade 311   mOsm/kg H_2O

– Solução de *Ringer Lactato* – composição em mEq/l

Sódio 131

Potássio 4

Cloro 3

Lactato 28

– Solução a ser preparada localmente

Sol. glicose 5% .... 1.000 ml

Cloreto de sódio 20% ....15 ml

Cloreto de potássio 10% ....15 ml

Bicarbonato de sódio 8,4% .... 20 ml

Obs.: A utilização de solução de glicose isoladamente é ineficaz e não deve ser prescrita; provoca diurese osmótica, aumentando ainda mais as perdas, até choque com hiponatremia e hiperglicemia.

c) Administrar concomitantemente a solução de SRO, em doses pequenas e freqüentes, tão logo o paciente a aceite. Isto acelera a recuperação do paciente, e reduz drasticamente risco de complicações pelo manejo inadequado.

d) Suspender a hidratação endovenosa quando o paciente apresentar perdas inferiores a 500 ml/h, diurese regular (cada 3-4 horas) e boa tolerância à SRO.

2.3.3.2. Crianças

Até que se instale a reidratação endovenosa, deve-se administrar a solução de SRO, através de sonda nasogástrica ou conta-gotas.

a) A reidratação endovenosa deverá seguir o seguinte esquema:

TRATAMENTO PARA PACIENTES MENORES DE 5 ANOS
FASE RÁPIDA (DE EXPANSÃO)

SOLUÇÃO 1:1	VOLUME TOTAL	TEMPO DE ADMINISTRAÇÃO
Metade de soro glicosado a 5% e metade de soro fisiológico	100 ml/kg	2 horas

OBS.:Na fase rápida não se recomenda a utilização de solução de Ringer lactato, ou de outras que também possam induzir hipernatremia, principalmente em crianças menores de 2 anos. Não utilizar solução glicofisiológica disponível no mercado, pois as concentrações de cloreto de sódio e de glicose são diferentes da solução 1:1 de SF e SG 5%.

FASE DE MANUTENÇÃO E REPOSIÇÃO

		Peso até 10Kg	100 ml/kg
	(SG 5%)4:1(SF)	Peso de 10-20Kg	1000 ml + 50 ml/Kg para cada Kg de peso
Volume para	Manutenção	Peso acima de 20Kg	1500 ml + 20 ml para cada Kg de peso acima de 20 Kg
	KCl a 10%	Qualquer peso	2 ml/100 ml do volume calculado para manutenção
Volume para Reposição	(SG 5%) 1:1 (SF)	Qualquer peso	Iniciar com 50 ml/Kg/24hs

Exemplo de prescrição de fase de manutenção e reposição
Criança de 5Kg — Previsão para 24 horas:
Volume para manutenção — 5 x 100 = 500ml
Volume para reposição — 5 x 50 = 250ml

Solução	Manutenção	Reposição	Manutenção + Reposição
SG 5%	400 ml	125 ml	525 ml
SF 0,9%	100 ml	125 ml	225 ml
KCl 10%	10 ml	——————	10 ml

Nos locais onde a solução polieletrolítica for disponível, não haverá neces-sidade de fazer quaisquer outros cálculos, além do volume, conforme descrito para as necessidades de líquidos para manutenção e reposição.

b) Administrar a solução de SRO, tão logo a criança aceite.

c) Suspender a hidratação endovenosa quando o paciente estiver reidratado, sem vômitos num período de 2 horas, e com ingestão suficiente para superar as perdas.

Com o emprego destes esquemas terapêuticos, a expectativa é de que a hidratação endovenosa possa ser dispensada, a partir de 3 a 4 horas de sua administração ininterrupta. Um bom indicador de que o paciente saiu do estado de desidratação grave, ou choque, é o restabelecimento do pulso radial, em termos de freqüência e amplitude (pulso cheio e regular).

O paciente que tenha passado à hidratação oral deve ficar sob constante avaliação clínica, considerando, inclusive, a possibilidade de seu retorno à reidratação endovenosa, situação que somente deve ocorrer em reduzido número de casos.

A hospitalização prolongada desnecessária deve ser evitada, sabido que os pacientes, já em reidratação oral, podem receber alta, desde que a ingesta oral seja suficiente para cobrir as perdas. No momento da alta, os pacientes devem ser providos com dois ou mais envelopes de SRO e devidamente instruídos quanto ao seu preparo e uso, alimentação adequada e ingestão de líquidos.

IMPORTANTE: A experiência tem mostrado que alguns pacientes que não apresentavam sinais de desidratação, no momento da primeira avaliação, mas com história de diarréia aquosa e abundante, e que eram liberados para o domicílio com SRO, voltavam ao serviço após 3-4 horas apresentando desidratação grave. Estes pacientes deverão ser avaliados cuidadosamente, tanto na história clínica quanto no exame físico, e iniciar a administração da solução de SRO na Unidade de Saúde por um período de 4 horas antes da sua liberação.

2.4. Antibioticoterapia

É feita nos casos graves de cólera, já que contribui para reduzir o volume e a duração da diarréia, quando instituída no decurso das primeiras 24 horas, a partir do início dos sintomas. Sua administração dever ser por via oral quando cessam os vômitos, em geral após um período de 3 a 4 horas do início da reidratação. A utilização de preparados injetáveis, mais onerosos, não apresenta nenhuma vantagem (lembrar que o *V. cholerae* não invade a mucosa, razão pela qual o uso de antibiótico por via parenteral é pouco efetivo).

A antibioticoterapia é especialmente benéfica nos casos de desidratação grave. O uso de antibióticos no tratamento dos outros casos, que são a grande maioria, pode acelerar o aparecimento de cepas resistentes de *V. cholerae,* e não traz nenhum benefício aos pacientes.

Deve-se ressaltar que os estudos feitos quanto à resistência aos antibióticos mantêm a tetraciclina como primeira opção terapêutica, inclusive nos casos devidos ao *V.*

cholerae 0139 que tem-se mostrado resistente à furazolidona e ao sulfametoxazol + trimetoprim. Deve-se suspeitar de resistência ao antibiótico quando a diarréia persiste por mais de 48 horas após o início de sua administração.

Quadro 2. MEDICAMENTOS CONTRA-INDICADOS NA DIARRÉIA AGUDA

ANTIEMÉTICOS
(Metoclopramida, Clorpromazina etc.)

Podem provocar manifestações extrapiramidais, depressão do sistema nervoso central e distensão abdominal. Podem dificultar ou impedir a ingestão do soro oral.

ANTIESPASMÓDICOS
(Elixir paregórico, Atropínicos, Loperamida, Difenoxilato etc.)

Inibem o peristaltismo intestinal, facilitando a proliferação de germes e, por conseguinte, o prolongamento do quadro diarréico. Podem levar à falsa impressão de melhora.

ADSTRINGENTES
(Caolin-Pectina, Carvão etc.)

Têm apenas efeitos cosméticos sobre as fezes, aumentando a consistência do bolo fecal, além de expoliar sódio e potássio.

ANTIPIRÉTICOS
(Dipirona etc.)

Podem produzir sedação, prejudicando a tomada do soro oral.

LACTOBACILOS etc.

Não há evidência de sua eficácia, apenas onera o tratamento.

2.5. Alimentação

Paralelamente à administração de solução de SRO, deve-se permitir ao paciente a ingestão de água. A alimentação pode ser reiniciada assim que esteja concluída a sua reidratação e tenham cessado os vômitos, o que geralmente ocorre após 3 a 4 horas de tratamento. Nos lactentes deverá ser incentivada a manutenção do aleitamento materno.

As crianças com aleitamento misto ou artificial devem continuar a receber a dieta habitual. Os alimentos, inclusive o leite de vaca, não devem ser diluídos para não reduzir o aporte calórico.

É importante lembrar que os líquidos de hidratação oral, inclusive a solução de SRO, não substituem a alimentação.

2.6. Critérios de alta

Somente devem receber alta os pacientes que estejam reidratados, apresentem tolerância oral e função renal normal. Em resumo, devem enquadrar-se na primeira coluna do "Quadro 1. Sinais e sintomas para avaliar o grau de desidratação do paciente".

2.7. Complicações devidas ao manejo inadequado

O uso de soro endovenoso em excesso pode levar a um quadro de edema pulmonar, principalmente quando não se corrige a acidose metabólica. É mais freqüente quando se utiliza soro EV exclusivamente, sem associá-lo à reidratação por via oral com SRO. Seguindo-se as orientações corretamente, o risco de edema pulmonar é praticamente ausente. A solução de SRO jamais será a causa de edema pulmonar.

Por outro lado, a insuficiência renal pode surgir como conseqüência do uso insuficiente de solução endovenosa, ou pelo choque hipovolêmico prolongado ou de repetição, principalmente em pacientes maiores de 60 anos. Deve ser evitada através da correção rápida da desidratação grave e da manutenção do estado de hidratação, de acordo com as orientações deste capítulo.

Fonte: MINISTÉRIO DA SAÚDE

Apêndice

AIDS / SIDA
Síndrome da Imunodeficiência Adquirida

O VÍRUS DA AIDS (HIV)

O vírus da AIDS, o HIV, também chamado de vírus da imunodeficiência adquirida, é um retrovírus humano, descoberto em 1984 por pesquisadores franceses e americanos. Dentro do seu sofisticado mecanismo de ação o HIV, ao infectar a célula, se transforma num gen humano. Os gens controlam as funções e características das células. O HIV, uma vez integrado à célula com um gen, passa a programar essa célula para produzir suas próprias proteínas, transformando-a numa verdadeira fábrica de vírus. Os novos HIV produzidos irão infectar novas células do sistema de defesa do corpo, *o sistema imunológico*, num processo contínuo que leva à destruição desse sistema.

Como o HIV se transforma num gen humano, será muito difícil conseguir cura para essa doença. Seria como se existissem medicamentos que controlassem gens humanos. Algo como tomar remédio que fosse capaz de modificar nossas características genéticas como a cor dos olhos, os cabelos etc. Essa tecnologia ainda está muito longe de ser obtida.

No organismo humano, o HIV infecta a célula mais importante do nosso sistema imunológico: *o linfócito CD-4* ou *T4*. O linfócito CD-4 funciona como o principal organizador do sistema de defesa do corpo. Com o tempo, a população de linfócitos CD-4 diminui, levando o sistema imunológico à falência. O estado de falência do sistema imunológico é chamado de *Imunodeficiência*. Daí o nome da AIDS: *Síndrome da Imunodeficiência Adquirida*. O HIV é capaz de infectar e destruir várias células humanas diferentes, mas o faz de forma mais intensa com os linfócitos CD-4 ou T4.

É muito difícil o desenvolvimento de resistência natural a essa doença, como já aconteceu com várias outras, porque o HIV destrói exatamente o sistema imunológico, que é o sistema capaz de organizar o desenvolvimento dessa resistência natural. Com o sistema imunológico destruído, aparece o que conhecemos como AIDS. Nessa fase, as pessoas desenvolvem alguns tipos de câncer, e infecções oportunistas, assim chamadas por só causarem doenças quando as defesas do organismo se encontram diminuídas. Essas infecções, normalmente consideradas simples, são mortais para as pessoas com AIDS.

Formas de transmissão do vírus

As formas de transmissão do HIV, cientificamente comprovadas, são:
– Relação sexual com pessoa contaminada;
– Uso de agulhas e seringas contaminadas;
– Transfusões de sangue e derivados sem teste específico para o HIV;
– Durante a gravidez, parto ou amamentação.

Outras formas como picada de mosquito, beijo, uso comum de utensílios, roupas, suor, lágrima, não foram comprovadas como capazes de transmitir o vírus. O HIV também não se transmite através de contato no trabalho, escolas, ônibus e trens, na convivência em família.

É importante deixar claro que a ciência já comprovou, em inúmeros trabalhos publicados desde 1986, que o HIV é transmitido sexualmente do homem para a mulher, da mulher para o homem, e do homem para outro homem.

Tanto a relação sexual vaginal quanto a anal transmitem o vírus. Embora o risco seja bem menor, o sexo oral é considerado como uma possível forma de transmissão do HIV.

Sinais e sintomas

A infecção pelo vírus HIV pode apresentar dois estágios principais:

Estado de portador do vírus: nesta fase inicial o paciente encontra-se assinto-mático, porém é capaz de transmitir o vírus para outras pessoas através de relação sexual ou através do sangue. Esta fase pode durar 9 anos ou mais.

AIDS: nesta fase o paciente começa a apresentar sinais e sintomas, tais como emagrecimento intenso, cansaço acentuado, febre, tosse, diarréias prolongadas, aumento dos gânglios (ínguas), pneumonias freqüentes, manchas arroxeadas pelo corpo. Mas, é bom lembrar que o aparecimento de um desses sintomas não significa que a pessoa esteja com AIDS. Isso torna essencial que se procure auxílio médico para que seja feito o diagnóstico e o tratamento correto.

Tratamento

Infelizmente, hoje, a AIDS não tem cura. O tratamento existente consiste em lutar contra as infecções e tumores oportunistas que se aproveitam do sistema imunológico danificado do paciente. Eles causam doenças que o organismo de uma pessoa sadia poderia facilmente combater, como, por exemplo, infecções por certos fungos, vírus e também alguns tipos de câncer. Felizmente, alguns progressos têm sido feitos no controle dessas infecções e tipos de câncer.

Até agora não existe qualquer droga antiviral que possa livrar o corpo permanen-temente dos efeitos do HIV. No momento, os agentes mais eficazes para a terapia anti-retroviral são aqueles que inibem a transcriptase reversa, que é uma enzima de fundamental importância na reprodução destes microrganismos. As drogas deste tipo que estão, atualmente, disponíveis são: o AZT e o DDI.

As pesquisas também prosseguem na área das vacinas, com alguns pro-gressos. As características do HIV tornam difícil conseguir uma vacina segura e eficaz. Ao que tudo indica, ainda levará muitos anos até que se obtenha uma vacina eficiente para o uso em larga escala.

296

Desenvolvimento de drogas – Rotina

O desenvolvimento de drogas anti-retrovirais exige um conhecimento do metabolismo do vírus para que, posteriormente, sejam identificados os agentes capazes de bloquear estes mecanismos. Uma vez identificados estes agentes, são iniciados estudos para se verificar a possibilidade de uma apresentação (cápsulas, comprimidos ou líquidos para o uso oral ou injetável) adequada ao uso em humanos. Depois disso, a droga é submetida a estudos de toxicologia em animais e a seguir liberada para os ensaios clínicos. Existem diferentes fases de ensaios clínicos antes que uma droga possa ser utilizada na prática médica rotineira.

Na fase I dos ensaios clínicos, um pequeno número de pacientes, fora de possibilidades convencionais de tratamento, recebe a droga. O objetivo desta fase é verificar a dose máxima tolerada, a toxicidade limitante ao uso da droga à sua posologia, ao mesmo tempo em que estudos de farmacodinâmica são realizados. Os efeitos terapêuticos são de importância secundária nesta fase.

Na fase II um grupo maior de pacientes, também fora das possibilidades terapêuticas convencionais, recebe a droga. Aqui o objetivo é verificar os efeitos terapêuticos, a relação dose-resposta terapêutica e a relação da toxicidade com o efeito terapêutico.

Na fase III um número substancial de pacientes, usualmente virgens de tratamento, são estudados. Nesta fase, os pacientes são divididos em dois grupos: um recebe a droga a ser testada e o outro recebe o tratamento convencional. O objetivo desta fase é verificar se a droga testada é mais eficaz do que a droga anteriormente conhecida e utilizada rotineiramente. Algumas vezes, nesta fase é incluído um grupo-controle que recebe placebo (substância inócua).

O tempo médio entre a descoberta de uma droga e a sua liberação no mercado é de, aproximadamente, 10 anos.

Meios de transmissão

Os principais meios de transmissão do vírus da imunodeficiência humana são:
- relação sexual com pessoa contaminada, principalmente sem o uso de preservativo;
- transfusão de sangue não testado;
- contato com sangue contaminado através do uso de agulhas e seringas, ou qualquer outro material cortante ou perfurante;
- transmissão da mãe contaminada para o seu filho através da placenta ou durante o parto e/ou durante a amamentação.

Transmissão sexual

O sêmen do homem contaminado e a secreção vaginal da mulher contaminada contêm o vírus que pode ser transmitido a seus parceiros sexuais através da mucosa genital ou retal tanto masculina quanto feminina. Esta transmissão muitas vezes é facilitada por ferimentos na região genital. O vírus também poderá ser transmitido quando houver introdução do pênis na boca, principalmente no momento da ejaculação. Portanto, a ejaculação na boca do parceiro(a) deve ser evitada, mas se ocorrer, o sêmen não deve ser engolido. O contato da boca com a vagina representa um risco baixo, mas deve ser evitado.

A forma de mais alto risco de transmissão do vírus através de relação sexual é a introdução do pênis no reto. A outra forma é a introdução do pênis na vagina. Em qualquer dessas circunstâncias, o risco será substancialmente reduzido se for utilizada a camisinha e for evitado o contato com parceiros de comportamento de risco.

O preservativo (camisinha) deve ser utilizado em todas as relações sexuais.

Uso de drogas injetáveis

O uso compartilhado de seringas e agulhas por viciados em drogas injetáveis é, depois da transmissão sexual, a forma mais freqüente de contaminação pelo vírus da AIDS. Além disso, o emprego de drogas injetáveis expõe a saúde dos usuários a muitas outras doenças. Se, apesar do conhecimento destes riscos, ainda houver a decisão de persistir nessa prática, recomendam-se as seguintes medidas de prevenção:

1 – nunca compartilhar o uso de seringas e agulhas;

2 – utilizar, de preferência, seringas e agulhas descartáveis;

3 – caso sejam empregadas seringas e agulhas não descartáveis, lavá-las em água fervida e esterilizá-las antes e após cada uso, submetendo-as à fervura em água durante pelo menos 30 minutos ou imergindo-as em álcool ou água sanitária por 30 minutos;

4 – antes de se submeter a procedimentos de acupuntura e tatuagem, certificar-se de que as agulhas foram previamente esterilizadas. A mesma precaução deve ser adotada em relação aos instrumentos empregados por manicures e pedicures;

5 – de preferência, não compartilhar o uso de instrumentos cortantes como lâmina de barbear e alicates de unha.

Transfusão de sangue e derivados

Esta forma de transmissão deve tornar-se rara em futuro muito próximo, como conseqüência da seleção cuidadosa dos doadores de sangue e da realização rotineira do teste sorológico, que detecta anticorpos contra o HIV. Até que isto ocorra, algumas precauções devem ser adotadas, tais como:

1 – certificar-se de que o sangue a ser transfundido foi previamente testado;

2 – restringir as indicações de transfusões de sangue, plasma e de outros derivados, limitando-se aos casos em que sejam absolutamente indispensáveis;

3 – elecionar os candidatos a doadores de bancos de sangue através de questionários padronizados e triagem sorológica (testando o sangue doado);

4 – empregar nos hemofílicos apenas fatores de coagulação previamente submetidos a procedimentos que garantam a inativação do vírus da AIDS (HIV).

Transmissão da mãe para o feto ou bebê

Toda mulher infectada pelo HIV deve ser desestimulada a engravidar. Por sua vez, toda mulher que tenha dúvidas deve procurar orientação médica para afastar a possibilidade de estar infectada antes de engravidar.

É possível a ocorrência de transmissão do HIV pelo leite materno, entretanto, a amamentação é desaconselhada apenas quando a mulher está comprovadamente infectada. Só através de um diagnóstico seguro, feito por um médico, é que a amamentação deve ser suspensa.

Transmissão no ambiente de trabalho hospitalar

Há evidente preocupação dos profissionais da área de saúde e de outros indivíduos que no seu trabalho entram em contato com pessoas infectadas pelo HIV. Tal preocupação está relacionada com a possibilidade de adquirir a infecção por exposição ao sangue ou à secreção dos pacientes. Entretanto, já está demonstrado que o risco de infecção acidental, em pessoas com atividades em hospitais ou clínicas odontológicas e em laboratórios clínicos, é praticamente nulo, se adotadas as normas internacionais de proteção. Mesmo nos acidentes com agulhas contaminadas, a probabilidade de infecção pelo HIV é muito pequena, em torno de 0,5%, bem menor do que o risco de infecção pelo vírus da hepatite B.

O que não transmite o vírus da AIDS (HIV)

De um modo geral, o que desperta muito medo nas pessoas é o fato de a AIDS, uma vez desenvolvida, levar o indivíduo à morte no fim de poucos meses ou anos. O receio de adquirir a infecção tem gerado a divulgação de falsos conceitos que causam preocupações desnecessárias. Assim, a própria família dos doentes da AIDS, muitas vezes, não aceita que eles continuem vivendo na mesma casa por medo da doença. As famílias bem informadas concordam em compartilhar o mesmo ambiente com o portador do vírus ou com o doente de AIDS. O HIV não se transmite pelo ar, ou de pessoa a pessoa. Não há risco de contaminação ao se usar as mesmas instalações sanitárias ou objetos de uso diário, como talheres, copos, toalhas e outros. Basta apenas respeitar os cuidados comuns de higiene, cuja prática normalmente adotamos nas nossas casas.

A AIDS também não é adquirida no uso de bebedouros e telefones públicos, no uso de bancos de ônibus ou de salas de espera e ao doar sangue. O vírus da AIDS não é transmitido pelo uso de saunas ou piscinas, e não há nenhuma constatação científica de que pessoas tenham se contaminado por picadas de mosquitos.

Um outro lado da AIDS

A AIDS possui características muito especiais por ser, geralmente, uma doença de transmissão sexual, envolvendo escolhas e relações íntimas dos indivíduos, isto é, está ligada ao comportamento sexual.

A epidemia começou atingindo um grupo que já sofria discriminação social: os homossexuais. Disseminou-se, também, entre os viciados de drogas injetáveis, outro grupo estigmatizado. Finalmente, o vírus ultrapassou os tradicionais "grupos de risco". Passou a ser transmitido aos heterossexuais através de relação sexual com parceiros usuários de drogas e bissexuais. Portanto, a AIDS não é, como muitos ainda acreditam erroneamente, uma doença apenas de homossexuais e de viciados em drogas. AIDS é uma doença de *comportamentos de risco.*

Apesar de muita gente já saber que só se adquire AIDS por contato com sangue ou em relacionamento sexual, existe um medo irracional e não justificável do contato social com os portadores do vírus, gerando discriminação. Este medo deve ser trabalhado por cada um de nós e pela sociedade, de modo a criar uma postura de solidariedade, e não de discriminação.

Os portadores aceitos no convívio social tendem a sentir-se mais seguros e responsáveis para não transmitirem a doença através dos meios de transmissão conhecidos e já apresentados anteriormente. Motivados, poderão lutar a favor da prevenção, divulgando os meios de evitar a propagação da doença e alertando para as práticas de risco.

Precisamos transmitir a informação de forma convincente e suficiente para provocar mudanças de comportamento de risco, principalmente entre os jovens, indivíduos em idade sexualmente ativa, que têm sido os mais atingidos.

A discriminação é um comportamento indesejável, que deve ser combatido. Sendo fruto da desinformação, provoca uma reação contrária ao que se deseja. O portador do vírus prefere continuar no anonimato para não ser discriminado, não recebendo, desse modo, cuidados médicos, apoio emocional e informações tão necessários para o seu conforto e controle da epidemia.

Enquanto não há cura ou vacina, todos nós precisamos participar da divulgação das informações corretas que possam ajudar todos a se protegerem contra o vírus da AIDS. A educação constante, persistente e continuada é a "vacina" de que dispomos hoje.

Repercussões econômicas da AIDS

A AIDS tem atingido, em todos os países, a população economicamente ativa e os mais jovens. No Brasil, AIDS atinge mais as pessoas entre 25 e 35 anos. Estas pessoas, quando doentes, deixam de participar do processo produtivo e passam a representar mais um encargo para a sociedade. O custo do tratamento ambulatorial e hospitalar de pessoas portadoras da AIDS é alto e atingirá números exorbitantes no caso do crescimento desordenado da doença. As repercussões e preocupações internacionais com a epidemia da AIDS são muitos grandes. Relembrando a nossa história, sabe-se que a epidemia da febre amarela chegou a tal ponto, no início do século, que os navios se recusavam a atracar em nossos portos. Se a epidemia da AIDS chegar a este ponto, não teremos mais meios de controlar a propagação da doença sem grandes custos e traumas para o país. A AIDS é mais devastadora e muito mais dispendiosa do que todas as outras epidemias da história.

Os custos econômicos desta epidemia poderão ser quase insustentáveis. Avaliações preliminares mostram que um doente de AIDS custa, em um hospital universitário, cerca de 300 doláres por dia. Cada paciente de AIDS, no período entre o diagnóstico da doença e a sua morte, necessita de cerca de 50 dias de hospitalização. Isto corresponderia a 15 mil dólares de gastos com hospitalização por paciente.

Os custos indiretos da doença são ainda maiores. Por causa da morte precoce, principalmente de pessoas entre 25 a 35 anos, onde a incidência de AIDS é maior, tudo o que foi investido e tudo o que poderia ser produzido por essas pessoas acaba se perdendo. Os custos indiretos da AIDS nos Estados Unidos são 6 a 8 vezes maiores que os custos diretos. Os Estados Unidos esperam mais de 200 mil casos acumulados em 1991. Há uma grande preocupação quanto à perda precoce de recursos humanos causada pela AIDS, que poderá influir no próprio desenvolvimento econômico dos países.

Alguns países da África já estão sofrendo reflexos negativos em suas economias por causa da epidemia da AIDS. A indústria de turismo está falindo e as grandes empresas não se aventuram a investir mais naqueles países, onde a epidemia de AIDS está fora de controle.

O infectado pelo vírus (HIV) de hoje é o doente de amanhã. As estatísticas de infecção mostram o que nos espera nos próximos anos. Sabe-se que 30% das pessoas infectadas pelo HIV desenvolvem AIDS entre 5 e 7 anos após a infecção e 50% costumam desenvolver a doença entre 9 e 10 anos após terem sido infectadas. Se hoje, com 21.023 casos, já estamos enfrentando uma série de problemas assistenciais, haverá, num futuro muito próximo, uma situação quase caótica no atendimento dos 90 mil doentes.

Somando-se as dificuldades já existentes no sistema de assistência à saúde aos problemas que podem surgir pela demanda aumentada por uma epidemia, especialmente por doentes de AIDS, que necessitam de maiores cuidados e são mais dispendiosos que a média dos outros doentes, pode-se esperar uma situação mais difícil de ser contornada com relação ao atendimento aos doentes.

Um outro problema do sistema assistencial de AIDS é que a rede hospitalar ainda não está toda envolvida no atendimento específico aos doentes de AIDS. Alguns Centros de Referências foram criados, mas hoje são insuficientes para atender à enorme demanda existente, dado o crescimento do número de casos. Nossa estrutura assistencial e hospitalar necessita ser urgentemente revista e fortalecida.

AIDS e o trabalho

Dentre os diversos problemas acarretados pela doença, destaca-se a dificuldade que os doentes encontram para competir no mercado de trabalho. A população mal informada ignora que a doença não se transmite na convivência profissional e social, o que agrava significativamente a situação. Assim como em outras tantas doenças, a pessoa infectada pelo vírus da AIDS deverá continuar trabalhando enquanto sua condição física permitir.

Esses trabalhadores precisam de condições de trabalho, suporte social e assistência médica assegurados pelo seu empregador. Depoimentos prestados por doentes de AIDS reforçam a importância do trabalho e da sua integração na sociedade para mantê-los em condições dignas. O empregador é livre para decidir a quem deve empregar, mas não lhe é permitido exigir o teste sorológico como condição de admissão ou manutenção do emprego ou cargo público. Isto seria caracterizar interferência indevida na intimidade dos trabalhadores, restrição ou discriminação não prevista na C.L.T. e no Código Penal Brasileiro.

Hemofílicos e homossexuais, independentemente da AIDS, já encontravam dificuldade em conseguir e manter seus empregos. Ao serem diagnosticados como portadores da doença e terem sua capacidade de trabalho comprometida, muitas vezes não tinham período de carência (12 meses de contribuição à previdência social) e não podiam ser encaminhados para pedido de benefício (Auxílio-Doença). Esta situação, felizmente, foi solucionada pela Lei nº 7.670, de 8 de setembro de 1988. A referida lei estende aos portadores de SIDA/AIDS os seguintes benefícios:

I – A concessão de:
a) licença para tratamento de saúde;
b) aposentadoria com proventos integrais nos termos da Lei nº 8.112, de 11 de dezembro de 1990;
c) reforma militar;
d) pensão especial;
e) Auxílio-doença ou aposentadoria, independentemente do período de carência, para o assegurado, que após filiação à Previdência Social, vier a manifestar a doença, bem como a pensão por morte a ser concedida a seus dependentes.

II – Levantamento dos valores correspondentes ao FGTS, independentemente de rescisão de contrato individual de trabalho ou de qualquer outro tipo de pecúlio a que o paciente tenha direito.

Intervenção psicossocial

Os portadores do vírus da AIDS (HIV) necessitam de informações precisas sobre a doença para que possam conviver com ela de uma forma menos dramática. Mas, talvez, o que seja de maior importância para a pessoa doente é a sua aceitação pessoal. Seu equilíbrio emocional vai depender da qualidade da relação que mantiver com a família, parceiros e amigos. Recebendo informações seguras, certamente terão menos ansiedade. Sentindo-se aceitos e apoiados, estarão mais preparados para enfrentar a situação.

Os soropositivos, ou seja, aqueles que apresentam resultado positivo no teste anti-Aids, se beneficiam do contato com outras pessoas que têm o mesmo problema. A existência de um grupo de auxílio pode diminuir o sentimento de rejeição. Qualquer pessoa doente, de um modo geral, demonstra uma grande necessidade de contato, encorajamento e amparo. No portador do HIV e, principalmente, no doente de Aids, estas carências tomam uma proporção muito maior dada a dramaticidade e complexidade da doença.

As conseqüências psicológicas, éticas e legais causadas pela AIDS são complexas, daí a necessidade de se estimular uma mudança de comportamento das pessoas frente ao problema, para que, juntos, possamos minorar as angústias e frustações que advêm de uma epidemia de tamanha proporção.

FONTE: MINISTÉRIO DA SAÚDE

Pabx: (011) 4178 05 22 fax ramal: 30
provografica.com.br